STEVEN D. LEVITT
STEPHEN J. DUBNER

FREAKONOMICS

O LADO OCULTO E INESPERADO DE TUDO QUE NOS AFETA

EDIÇÃO REVISTA E AMPLIADA

Tradução
Regina Lyra
Professora de Tradução da PUC-RJ

Revisão Técnica
Ronaldo Fiani
Professor adjunto do Instituto de Economia da UFRJ
Autor de *Teoria dos Jogos*

ALTA CULT
EDITORA
Rio de Janeiro, 2019

Freakonomics - O lado oculto e inesperado de tudo que nos afeta

Publique seu livro com a Alta Books. Para mais informações envie um e-mail para autoria@altabooks.com.br

Obra disponível para venda corporativa e/ou personalizada. Para mais informações, fale com projetos@altabooks.com.br

---

Editoração Eletrônica
Estúdio Castellani

Revisão Gráfica
Mariflor Brenlla Rial Rocha e Ana Paula Campos

Foto de Capa
James Meyer

Produção Editorial
Elsevier Editora - CNPJ: 42.546.531./0001-24

Erratas e arquivos de apoio: No site da editora relatamos, com a devida correção, qualquer erro encontrado em nossos livros, bem como disponibilizamos arquivos de apoio se aplicáveis à obra em questão.

Acesse o site www.altabooks.com.br e procure pelo título do livro desejado para ter acesso às erratas, aos arquivos de apoio e/ou a outros conteúdos aplicáveis à obra.

Suporte Técnico: A obra é comercializada na forma em que está, sem direito a suporte técnico ou orientação pessoal/exclusiva ao leitor.

A editora não se responsabiliza pela manutenção, atualização e idioma dos sites referidos pelos autores nesta obra.

Dados Internacionais de Catalogação na Publicação (CIP)

Levitt, Steven D.
Freakonomics : o lado oculto de tudo que nos afeta / Steven D. Levitt, Stephen J. Dubner ; tradução Regina Lyra ; revisão técnica Ronaldo Fiani. – 1. ed. rev. e atual. – Rio de Janeiro : Alta Books, 2019.

Título original: Freakonomics
ISBN 978-85-508-1115-4

1. Economia – Aspectos psicológicos 2. Economia – Aspectos sociais I. Dubner, Stephen J.. II. Título.

07-5982. CDD-330

Índices para catálogo sistemático:
1. Economia 330

ALTA BOOKS EDITORA

Rua Viúva Cláudio, 291 — Bairro Industrial do Jacaré
CEP: 20.970-031 — Rio de Janeiro (RJ)
Tels.: (21) 3278-8069 / 3278-8419
www.altabooks.com.br — altabooks@altabooks.com.br
www.facebook.com/altabooks — www.instagram.com/altabooks

ASSOCIADO CBL Câmara Brasileira do Livro

Prefácio à edição ampliada

Quando estávamos escrevendo *Freakonomics*, tínhamos sérias dúvidas sobre se alguém iria realmente lê-lo – e com certeza não previmos a necessidade desta edição revisada e ampliada. Mas estamos muito felizes, e agradecidos, por ter errado.

Por que, então, nos dar ao trabalho de partir para uma edição revisada?

Por um punhado de razões. A primeira é que o mundo é algo vivo, pulsante e mutante, enquanto um livro não é nada disso. Quando fica pronto, os originais ficam ali, mortos na água, durante quase um ano até que o editor o considere apto a fazer sua estréia. Isso não representa um problema se você tiver escrito, digamos, sobre a Terceira Guerra Púnica. Mas como *Freakonomics* explora todo tipo de questões do mundo real moderno, e porque o mundo moderno costuma mudar muito rápido, demos um passeio pelo livro e fizemos uma série de pequenas atualizações.

É preciso dizer, também, que cometemos alguns erros. Quase sempre era um leitor que chamava a nossa atenção para um ou outro deles e somos muito gratos por essas contribuições. Cumpre dizer que praticamente todas essas alterações foram muito pouco significativas.

A parte mais profundamente revisada do livro é o início do Capítulo 2, que conta a história da cruzada de um homem sozinho contra a Ku Klux Klan. Vários meses após a publicação da primeira edição de *Freakonomics*, soubemos que o relato feito por esse homem sobre a própria cruzada, bem como sobre vários outros tópicos relativos à Klan, fora consideravelmente exagerado. Por mais desagradável que seja reconhecer este erro, e reduzir a reputação de um homem adorado em muitos lugares, sentimos que era importante pôr os pingos nos is do registro histórico.

Também alteramos um pouco na arquitetura do livro. Na versão original, cada capítulo é antecedido de um trecho do perfil que um de nós (Dubner) elaborou sobre o outro (Levitt), publicado na *New York Times Magazine*, matéria que acabou nos levando a escrever o livro juntos. Como alguns leitores consideraram tais transcrições intrusivas (e/ou cabotinas, e/ou bajuladoras), nós as retiramos, optando por transcrever a íntegra do perfil da *New York Times* no final desta edição. Assim, é fácil para o leitor pulá-la, se quiser.

O restante do material extra é o que justifica chamar esta edição de "ampliada", além de "revisada". Pouco após a publicação da primeira edição de *Freakonomics*, em abril de 2005, começamos a escrever uma coluna mensal para a *New York Times Magazine*. Incluímos nesta edição vários desses artigos, abordando assuntos que vão do comportamento dos cidadãos nas eleições ao aspecto econômico das preferências sexuais, passando pelo cocô de cachorro.

Incluímos, ainda, diversas mensagens postadas no nosso blog (www.freakonomics.com/blog/) que, como esta edição revisada, não foi planejado. No início, criamos um site na meramente para cumprir funções de arquivo e comunicação. Blogávamos com relutância, timidamente, só de vez em quando. Mas conforme os meses iam passando, e à medida que fomos descobrindo uma platéia de leitores de *Freakonomics* ansiosa para debater suas idéias, nosso entusiasmo aumentou.

Um blog, na verdade, é o antídoto perfeito do escritor para aquela sensação de estar morto na água depois que o livro fica pronto, principalmente no caso de um livro como este, um livro de idéias. Nada mais inebriante do que ser capaz de ampliar essas idéias, de continuar a refiná-las, desafiá-las e brigar com elas, mesmo enquanto o mundo prossegue em sua marcha.

Prefácio à edição brasileira

Conheci Steven Levitt em 1999 na Universidade de Chicago, onde ele leciona. Simpático, cara de garoto, vestido de forma simples e, ao contrário de muitos jovens economistas menos brilhantes do que ele, sem nenhuma arrogância. Durante a conversa deu para perceber uma outra característica sua, a de que seus interesses estão longe de ser os de um economista tradicional, pelo menos de acordo com o papel que se espera de um economista no Brasil. Aqui, associamos economia a assuntos macroeconômicos, como inflação, juros e câmbio, e espera-se que todo economista discorra com extrema segurança e sapiência sobre estes temas e que faça projeções definitivas sobre o rumo da economia.

Dado este cenário, a conversa com Steven Levitt foi um sopro de ar fresco. Ele se define incompetente para analisar e comentar quaisquer daqueles assuntos. Apesar de ter um doutorado pelo MIT, uma das melhores e mais prestigiadas universidades americanas, ele não se considera proficiente em matemática, em econometria ou em macroeconomia. Não acompanha conjuntura, não dá opiniões sobre política fiscal ou monetária e muito menos faz projeções, a não ser sobre temas não-usuais, como quais serão os nomes mais populares de crianças nos Estados Unidos em 2015.

O que fez então Steven Levitt para merecer a medalha Clark, prêmio dado a cada dois anos ao economista americano de menos de quarenta anos de idade com contribuições notáveis à profissão? O que ele fez foi formular perguntas – e responder a elas – sobre temas originais e instigantes que desafiam a "sabedoria convencional". Este termo, segundo explicado no terceiro capítulo deste livro, foi cunhado pelo conhecido economista John Kenneth Galbraith, e se refere à associação entre verdade e conveniência. O comportamento econômico e social na vida real é extremamente complexo. Entendê-lo e analisá-lo com profundidade requer trabalho e tempo, fora do alcance ou da vontade da maioria das pessoas. Logo, estas tendem a aderir a uma visão do tema em questão que seja simples de entender, conveniente, confortável e que esteja de acordo com seus credos e valores, ainda que muitas vezes incorreta. Questionar a "sabedoria convencional" em tópicos relevantes tem sido o tema constante do trabalho de Steven Levitt, e seu sucesso neste campo lhe rendeu a medalha Clark.

Após ter ganho a medalha, Levitt foi entrevistado por um jornalista da *The New York Times Magazine*, Stephen Dubner. A extensa matéria, publicada na edição de domingo do jornal em agosto de 2003, fez enorme sucesso, incentivando os dois a estendê-la e complementá-la, gerando este livro. A parceria com Dubner funcionou muito bem. Pelo fato de o estudo de economia ter sido dominado pelo rigor de modelos matemáticos complexos e técnicas de estimação sofisticadas, com ênfase em demonstrações formais e não em argumentação, os jovens economistas geralmente escrevem mal. Para quem leu a matéria no *Times* fica claro que se o conteúdo do livro é puro Levitt, a forma é puro Dubner. A junção das duas competências torna o livro ao mesmo tempo profundo e agradável de ler, o que é raro em livros do gênero. Não à toa, *Freakonomics* se tornou um best-seller nos Estados Unidos, chegando a estar em primeiro lugar na lista do *Boston Globe*.

Dentre os tópicos abordados no livro, um se destaca por ser uma das especialidades de Levitt e por ter causado comoção nos Estados Unidos: as causas da forte redução da criminalidade a partir de 1990. Este é um assunto repleto de "sabedorias convencionais". O crime é função da pobreza e do desemprego, e o importante é inovar no policiamento, controlar a venda de armas, fazer a economia crescer e dar sentenças alternativas que permitam a reinserção mais rápida do preso na sociedade.

O problema é que estas teorias são muitas vezes validadas por correlações que não significam necessariamente causa e efeito. Tome-se, por exemplo, a idéia de que mais prisões com sentenças mais duras ou o aumento do policiamento são inúteis. Um número maior de presos não está diretamente associado a um aumento da criminalidade? Se quando o número de crimes aumenta o de policiais e de presos também aumenta, o que adianta colocar mais policiais na rua e prender mais gente? Não será este um caso típico de alta correlação entre as variáveis, mas de relação causa e efeito equivocada? No verão aumenta o número de mosquitos assim como a venda de inseticidas. Isto quer dizer que se fossem vendidos menos inseticidas teríamos menos mosquitos? Ou que usar inseticidas é inútil?

O difícil é provar a relação correta de causalidade. Dada a forte correlação entre uma coisa e outra, precisaríamos de um fato novo, não previsto (o que os economistas chamam de "evento exógeno"), que afetasse a variável de estudo para que a relação de causa e efeito possa ser demonstrada. Em geral, mudanças de legislação ou outros eventos do gênero que impliquem descontinuidades de comportamento são particularmente úteis para este fim.

No caso de criminalidade, dois fatores geraram ótimas oportunidades de análise. O primeiro foi a mudança de costumes e percepções da sociedade americana nos anos 70, que gerou uma tendência à leniência quanto a criminalidade e a sentenças mais brandas, junto com a reversão desta tendência nos anos 90. O segundo foi o fato de que, para angariar votos, os prefeitos normalmente aumentam o policiamento das cidades pouco antes das eleições. Como as eleições não são sincronizadas, pode-se comparar o efeito isolado do aumento do policiamento. A conclusão da análise daqueles dois fatores foi inequívoca: mais policiais na rua e mais detenções junto com sentenças mais duras reduzem a criminalidade, ao contrário do que propõe a "sabedoria convencional".

Entretanto, aqueles dois fatores explicam, em conjunto, apenas 40% da redução observada na criminalidade nos Estados Unidos a partir de 1990. O que explicaria o resto? Crescimento da economia? Pouco, uma vez que 1% de redução no desemprego gera apenas igual redução na criminalidade. Técnicas policiais inovadoras como a do famoso inspetor William Bratton, de Nova York? Muita espuma e pouco efeito. Controle de venda de armas? Não, dada a facilidade com que criminosos continuavam tendo acesso a elas. O que então teria sido?

Mais uma vez, uma importante mudança na legislação, ocorrida alguns anos antes e fora do radar da "sabedoria convencional" teria sido decisiva: a legalização do aborto, ocorrida nos Estados Unidos em 1973. Embora em alguns estados, como Nova York e Califórnia, ele já fosse permitido, a decisão abrangeu todo o país. Ora, pobreza na infância e um lar com pai (ou mãe) ausente são dois importantes previsores de futuro comportamento criminoso. Como a maioria dos cerca de um milhão e meio de mulheres que abortaram, anualmente, utilizando-se da legalização eram pobres, adolescentes e solteiras, era de se esperar que, caso aquelas crianças tivessem nascido, o número de criminosos quinze a vinte anos à frente teria sido maior. Logo, a redução da criminalidade teria sido um bônus, não previsto, da legalização do aborto. Usando técnicas estatísticas sofisticadas, Levitt estima que a legalização do aborto explica cerca de metade da queda do nível de criminalidade nos Estados Unidos entre 1990 e 2000.

Embora Levitt não faça julgamentos morais e nem políticos em seus estudos, este trabalho sobre aborto, compreensivelmente, lhe gerou críticas e ataques de todos os lados. De grupos religiosos de direita por estar atribuindo um benefício social ao que eles vêem como crime injustificável. Da esquerda por ter associado crime à pobreza, implicando que a redução no número de marginalizados, em geral membros de minorias étnicas, poderia ser melhor para a sociedade. Em função das críticas, os autores no livro fazem uma rápida análise custo-benefício mostrando que a perda de vidas pelo aborto não teria compensado os ganhos gerados pela redução da criminalidade. Terreno pantanoso. Teria sido melhor que tivessem suprimido a análise e simplesmente mostrassem os fatos, deixando que cada um tirasse suas conclusões.

A ligação entre aborto e criminalidade é uma das idéias mais originais do estudo recente das ciências sociais. Mas a originalidade de Levitt não pára aí. O que há de comum entre professores de escolas públicas americanas e lutadores de sumô? Será que os dois grupos trapaceiam, os primeiros manipulando os testes de seus alunos em exames de aferição estaduais e os segundos deixando-se vencer em lutas cujo resultado implicaria o rebaixamento do adversário? Como você provaria isto? Qual a semelhança entre a Ku Klux Klan e os corretores de imóveis? O que os fere de morte? Que fatores relativos à infância e à educação no lar afetam o desempenho escolar das crianças? Pode estar certo de que não são os que parecem óbvios. O que se pode inferir sobre os nomes que os pais dão a seus filhos? Esses nomes têm alguma influência sobre o destino das crianças? O tráfico de drogas é rentável para quem?

Além de original, Levitt é sem dúvida eclético em seus interesses. Mas originalidade e ecletismo só não bastam. A grande qualidade de Levitt é ter a habilidade extraordinária de pesquisar, obter, analisar e decifrar bancos de dados extensos e complexos, usando princípios econômicos e ferramentais estatísticos para provar seu ponto. Estes fatores, aliados à sua juventude, fazem com que ele possa continuar a nos surpreender e deleitar com descobertas que irão contradizer a "sabedoria convencional" ainda por muitos anos. Aguardo, com muita expectativa, o seguimento deste livro.

CLAUDIO L. S. HADDAD
Presidente do Ibmec São Paulo

Nota de esclarecimento

No verão de 2003, a *The New York Times Magazine* encarregou o escritor e jornalista Stephen J. Dubner de elaborar um perfil de Steven D. Levitt, um jovem economista badalado da Universidade de Chicago.

Dubner, que na época fazia pesquisas para um livro sobre a psicologia do dinheiro, vinha entrevistando vários economistas, tendo descoberto que o inglês dos mesmos correspondia a uma quarta ou quinta língua. Levitt, que acabara de receber o prêmio John Bates Clark (concedido a cada biênio ao melhor economista de menos de quarenta anos), vinha sendo entrevistado por diversos jornalistas, tendo descoberto que o raciocínio dos mesmos não era muito... consistente, como diria um economista.

Mas Levitt concluiu que Dubner não era um rematado idiota. E Dubner descobriu que Levitt não era uma régua de cálculo humana. O escritor ficou fascinado pela criatividade dos trabalhos do economista e por seu talento para explicá-los. Apesar das excelentes credenciais de Levitt (diploma de Harvard, PhD no MIT e uma coleção de prêmios), ele falava de economia de um jeito nada ortodoxo. Dava a impressão de ver as coisas não como um acadêmico, mas como um pesquisador extremamente inteligente e curioso – à maneira de um diretor de documentários ou um investigador policial, ou, quem sabe, de um bookmaker cujos negócios abranjam do esporte ao jogo do bicho, passando pela cultura pop.

Parecia pouco interessado pelo tipo de questões financeiras que logo vêm à cabeça quando se pensa em economia; de certa forma, exalava modéstia. "Não entendo muito de economia", disse a Dubner a certa altura. "Não sou bom em matemática, não domino econometria e também sou fraco em teoria. Se pedirem a minha opinião sobre se as ações vão subir ou cair, se me perguntarem se a economia vai crescer ou encolher, se deflação é uma coisa boa ou ruim, ou se quiserem que eu fale de impostos, eu seria um charlatão se opinasse sobre qualquer um desses temas."

Levitt se interessa pelo dia-a-dia e seus enigmas. Suas pesquisas fariam a festa de qualquer pessoa que buscasse entender como o mundo realmente funciona. Sua postura atípica foi retratada no artigo escrito por Dubner:

> *Na visão de Levitt, a economia é uma ciência com instrumentos excelentes para chegar a respostas, mas sofre de uma tremenda escassez de perguntas interessantes. O talento notável de Levitt é a capacidade de formular tais perguntas. Por exemplo: Se os traficantes de drogas ganham tanto dinheiro, por que ainda moram com suas mães? O que é mais perigoso, uma arma ou uma piscina? Qual foi, realmente, o fator responsável pela queda do índice de criminalidade na década passada? Por que os casais negros dão aos filhos nomes que podem prejudicar suas chances profissionais? Os professores trapaceiam para conseguir boas avaliações? O sumô é um esporte corrupto?*
>
> *Muita gente – inclusive um bom número de seus colegas – talvez não chamasse de economia o que Levitt faz. No entanto, ele apenas depura a chamada ciência soturna, levando-a ao que é o seu objetivo primeiro: explicar como as pessoas conseguem o que querem. Ao contrário de muitos estudiosos, Levitt não tem medo de usar comentários pessoais e curiosidades, do mesmo jeito que não foge das piadas e das histórias (mas foge dos cálculos matemáticos). É um intuitivo. Mergulha numa pilha de dados para descobrir algo ainda não descoberto por ninguém. Inventa uma maneira de medir um efeito que economistas veteranos rotularam de imensurável. Seus interesses prioritários – embora ele afirme que jamais se envolveu pessoalmente com eles – são a fraude, a corrupção e o crime.*

A insaciável curiosidade de Levitt revelou-se atraente para milhares de leitores da *The New York Times Magazine*, que se apressaram a lhe mandar perguntas e dúvidas, enigmas e pedidos – desde a General Motors e o time dos Yankees de Nova York até senadores americanos, além de presidiários, pais de família e de um homem que há vinte anos vinha registrando com exatidão a quantidade de broas que vendia. Um ex-campeão do Tour de France ligou para Levitt pedindo sua ajuda para provar que a competição vive atualmente atolada no doping, e a CIA quis saber de Levitt como usar dados econômicos para apanhar quem faz lavagem de dinheiro e terroristas.

A atenção de toda essa gente foi despertada pela força da crença básica de Levitt: a de que o mundo moderno, a despeito de aparentemente confuso, complicado e ostensivamente enganoso, não é impenetrável, não é indecifrável e – desde que sejam feitas as perguntas certas – é ainda mais intrigante do que imaginamos. Basta adotar uma nova maneira de vê-lo.

Em Nova York, os editores insistiram com Levitt para escrever um livro.

"Escrever um livro?", disse ele. "Não quero escrever um livro." Já lhe sobravam enigmas para decifrar e faltava tempo para fazê-lo. Por outro lado, Levitt não se via como escritor e por isso recusou. Não estava interessado – "a não ser", propôs, "que Dubner e eu trabalhássemos juntos".

Escrever em parceria não funciona para todo mundo. Mas os dois – doravante "nós" dois – decidiram discutir o assunto para ver se a empreitada seria viável. Concluímos que sim. Esperamos que você concorde.

Sumário

FREAKONOMICS

INTRODUÇÃO:
O lado oculto de tudo

Qualquer pessoa que morasse nos Estados Unidos no início dos anos 90 e prestasse um mínimo de atenção aos jornais e telejornais diários teria motivos para viver morta de medo.

A vilã era a criminalidade, que vinha crescendo incessantemente – um gráfico mostrando a escalada dos índices de criminalidade em qualquer cidade americana nas décadas anteriores assemelhava-se a uma montanha – e agora parecia prenunciar o fim do mundo. Mortes provocadas por armas de fogo, intencionais ou não, eram lugar-comum. O mesmo acontecia com o roubo de carros, o tráfico de crack, os assaltos e os estupros. A violência virara uma companheira funesta e constante. E a situação estava prestes a piorar. Piorar muito, afirmavam todos os especialistas.

A causa: o chamado superpredador. Na época, só se falava nele. Andava nas capas das revistas semanais e nos gordos relatórios da segurança pública. "Ele" era um adolescente magricela da cidade grande, com uma arma barata na mão e muito ódio no coração. Havia milhares deles, segundo se dizia, uma geração de assassinos prontos a mergulhar o país no mais profundo caos.

Em 1995, o criminologista James Alan Fox elaborou um relatório para o ministro da Justiça dos Estados Unidos detalhando em cores sombrias a escalada dos homicídios cometidos por adolescentes. Fox apresentou um cenário otimista e outro pessimista.

No otimista, a taxa de homicídios adolescentes cresceria 15% na década seguinte; no pessimista, ele previa um crescimento de mais que o dobro desse percentual. "A próxima onda de crimes será tão terrível", disse ele, "que nos fará sentir saudades de 1995".

Outros criminologistas, cientistas políticos e observadores igualmente bem-informados previam o mesmo futuro tenebroso, incluindo-se nesse coro o Presidente Clinton. "Sabemos que dispomos de uns seis anos para reverter a escalada do crime juvenil", disse Clinton, "ou o nosso país irá mergulhar no caos e meus sucessores não mais falarão das grandes oportunidades da economia global, pois estarão tentando manter vivos nas ruas os habitantes de nossas cidades". As apostas, nitidamente, se concentravam nos criminosos.

Então, em vez de subir e de continuar subindo, os índices de criminalidade começaram a baixar. A baixar e a continuar baixando. A queda da criminalidade surpreendeu em vários aspectos: foi ubíqua, com os índices de todos os crimes caindo em todas as cidades do país. Foi persistente, caindo cada vez mais a cada ano. E foi totalmente inesperada – principalmente para os especialistas que haviam previsto precisamente o oposto.

O tamanho da virada foi impressionante. O índice dos crimes praticados por adolescentes, em vez de subir 100% ou mesmo os 15% preconizados por James Alan Fox, caiu mais de 50% em cinco anos. Em 2000, o índice nacional de homicídios nos Estados Unidos havia atingido seu nível mais baixo em 35 anos e o mesmo acontecera com quase todos os crimes, dos assaltos aos roubos de automóvel.

Embora os especialistas não houvessem antecipado a queda da criminalidade – que, na verdade, já vinha ocorrendo à época de suas catastróficas previsões –, eles se apressaram a explicá-la. De modo geral, as teorias pareciam lógicas. O acelerado crescimento econômico dos anos 90 ajudou a frear o crime, concluiu-se. O mérito é da proliferação das leis de controle sobre as armas, disseram eles, ou das inovadoras estratégias políticas adotadas em Nova York, onde os crimes caíram de 2.245 em 1990 para 596 em 2003.

Essas teorias não eram apenas lógicas, mas também *encorajadoras*, pois atribuíam a queda da criminalidade a iniciativas humanas específicas e recentes. Se o crime fora detido pelo controle sobre as armas, por estratégias políticas inteligentes e empregos que pagavam melhor, o poder para neutralizar os criminosos estivera ao nosso alcance o tempo todo. E voltaria a estar, caso – Deus nos livre – a criminalidade voltasse a crescer com tanto fôlego.

Essas teorias passaram, ao que tudo indica, sem questionamentos, da boca dos especialistas para os ouvidos dos jornalistas e, daí, para a cabeça do público. Em pouco tempo viraram "sabedoria convencional".*

Só havia um problema: não estavam corretas.

Um outro fator em *muito* contribuiu para a maciça queda da criminalidade nos anos 90. Ele adquirira forma mais de 20 anos antes e tivera como protagonista uma jovem de Dallas chamada Norma McCorvey.

Como o proverbial espirro dado num continente que acaba causando um terremoto em outro, Norma McCorvey, sem querer, alterou drasticamente o curso dos acontecimentos. Ela queria apenas fazer um aborto. Aos 21 anos era pobre, alcoólatra e usuária de drogas. Tinha baixa escolaridade e nenhuma aptidão profissional. Já entregara dois filhos à adoção e, em 1970, se viu novamente grávida. No Texas, como em quase todos os estados americanos então, o aborto era ilegal. A causa da jovem acabou encampada por gente mais poderosa que ela, tornando-a autora de uma ação coletiva em prol da legalização do aborto. O poder público foi representado por Henry Wade, o procurador-geral do Condado de Dallas. O caso acabou na Suprema Corte, sendo que, nessa época, Norma McCorvey já figurava na ação como Jane Roe. No dia 22 de janeiro de 1973, o tribunal decidiu a favor da Srta. Roe, o que acarretou a legalização do aborto em todo o país. Naturalmente a essa altura já era tarde de-

**Nota da Tradutora:* A expressão *conventional wisdom*, em português corrente "senso comum", será traduzida aqui por "sabedoria convencional" por motivos que serão vistos adiante.

mais para a Srta. McCorvey/Roe fazer um aborto. A criança havia nascido e sido adotada. (Anos mais tarde, Norma McCorvey renunciou à sua antiga causa e se tornou uma ativista pró-vida.)

Como, então, *Roe x Wade* pode ter contribuído, uma geração depois, para a maior queda da criminalidade na história contemporânea?

Acontece que, quando se trata de criminalidade, nem todas as crianças nascem iguais. Ou mesmo parecidas. Décadas de estudo demonstraram que uma criança nascida em um ambiente familiar adverso tem muito mais probabilidade que outras de se tornar um bandido. E os milhões de mulheres com mais probabilidade de fazer um aborto na esteira de *Roe x Wade* – pobres, solteiras e adolescentes para as quais, no passado, os abortos ilegais costumavam ser caros demais ou pouco acessíveis – eram, em sua maioria, exemplos rematados de adversidade, ou seja, precisamente as mulheres cujos filhos, se nascidos, teriam mais probabilidade do que outras crianças de se tornarem criminosos. Devido, contudo, ao caso *Roe x Wade*, essas crianças *não* nasceram. Esse famoso processo viria a produzir um efeito drástico no futuro distante: anos mais tarde, justamente quando essas crianças não-nascidas atingiriam a idade do crime, o índice de criminalidade começou a despencar.

Não foi o controle sobre as armas nem uma economia em crescimento ou as novas estratégias políticas o que finalmente reverteu a onda americana de criminalidade, mas, entre outros, o fato de o número de criminosos potenciais ter minguado drasticamente.

Agora vejamos: quando os especialistas em queda de criminalidade (os ex-profetas da catástrofe) apresentaram à mídia suas teorias, quantas vezes a legalização do aborto foi mencionada?

Nenhuma.

Trata-se da típica mistura de negócios e companheirismo: você contrata um corretor para vender a sua casa.

Ele capta o charme do imóvel, tira umas fotos, faz a avaliação, bola um anúncio sedutor, mostra o local como bom profissional, negocia as ofertas e acompanha a venda até a escritura. Lógico que é trabalhoso, mas ele está levando uma boa fatia do bolo. Na venda de uma casa de $300 mil, a comissão habitual de 6% de corretagem chega a $18 mil. Dezoito mil é um bocado de dinheiro, mas você sabe que, sozinho, jamais teria vendido a casa por $300 mil. O corretor soube – qual foi mesmo a frase que ele usou? – "maximizar o valor do imóvel". E conseguiu um ótimo preço para você, não foi?

Não foi?

Um corretor de imóveis é um especialista diferente de um criminologista, mas tão especialista quanto este último, ou seja, conhece sua área de trabalho melhor do que o leigo em nome do qual atua. Está mais bem-informado sobre o valor da casa, sobre as condições do mercado imobiliário e até quanto às expectativas do comprador. Você depende dele para esse tipo de informação. Foi por isso, aliás, que contratou um especialista.

À medida que o mundo foi ficando mais especializado, inúmeros desses especialistas se fizeram igualmente indispensáveis. Médicos, advogados, empreiteiros, corretores de ações, mecânicos, estrategistas financeiros: todos eles dispõem de uma gigantesca superioridade no capítulo "informações". E utilizam essa superioridade para ajudar você, a pessoa que os contrata, conseguindo precisamente o que você quer pelo melhor preço.

Certo?

Seria ótimo acreditar que sim, mas os especialistas são humanos e os seres humanos reagem a incentivos. Assim, o tratamento que você vai receber de qualquer especialista depende de como os incentivos dele funcionam. É possível que funcionem a seu favor. Por exemplo: um estudo com os mecânicos da Califórnia descobriu que eles cobravam pouco para regular os carros para a vistoria obrigatória. O motivo? Mecânicos camaradas são recompensados com a fidelidade do cliente. Mas há casos em que os incentivos do especialista podem funcionar contra você. Um estudo médico revelou que os obstetras que atuam em áreas com índices de nascimento em queda estão muito mais propícios a realizar cesarianas do que os obstetras de áreas cujos índices de nascimento se encontram em ascensão. Infere-se daí que, quando o trabalho escasseia, os médicos tentam impingir procedimentos mais caros.

Uma coisa é especular sobre o abuso dos especialistas, outra é provar que ele existe. A melhor maneira de fazê-lo seria comparar a forma como o especialista trata você com a forma como ele age quando faz o mesmo serviço para si próprio. Infelizmente um cirurgião não opera a si mesmo, e sua ficha médica não está aberta ao público. Também não temos acesso às notas dos serviços que um mecânico realiza no próprio carro.

As vendas de imóveis, porém, *estão* sujeitas ao escrutínio público, e os corretores com freqüência vendem suas próprias casas. Um conjunto recente de dados abrangendo a venda de aproximadamente 100 mil casas nos arredores da cidade de Chicago mostra que mais de 3 mil delas pertenciam aos próprios corretores.

Antes de mergulhar nos dados, vale a pena fazer uma pergunta: Qual é o incentivo do corretor de imóveis ao vender a própria casa? É simples: conseguir o melhor negócio possível. Supostamente esse também é o incentivo que move você quando se trata da venda da sua casa. Assim, à primeira vista o seu incentivo e o do corretor estão em perfeita sintonia. Afinal, a comissão que lhe cabe é calculada sobre o preço de venda.

Quando falamos de incentivos, porém, as comissões são algo complicado. Em primeiro lugar, a taxa habitual de 6% de corretagem costuma ser repartida entre o corretor do comprador e o do vendedor. Cada um deles entrega a metade da sua parte à agência, o que significa que apenas 1,5% do preço de venda entra, efetivamente, no bolso do corretor.

Por isso, pela venda da sua casa de $300 mil, o corretor abocanha, da comissão de $18 mil, não mais que $4.500. Ainda é uma boa quantia, você diz. E se a casa, na verdade, valesse mais de $300 mil? E se, com um pouquinho mais de esforço e paciência e alguns anúncios adicionais nos jornais, ele pudesse conseguir $310 mil? Descontada a comissão, isso significaria $9.400 extras no seu bolso. Só que a parcela adicional no bolso do corretor – o

1,5% líquido que lhe caberia sobre $10 mil – seria de meros $150. Se o seu lucro chega a $9.400 enquanto o dele não passa de $150, talvez os incentivos de vocês dois não estejam tão sintonizados assim (principalmente porque é ele quem paga os anúncios e tem todo o trabalho). Será que o corretor estaria disposto a investir todo esse tempo, dinheiro e energia extras em troca de míseros $150?

Existe uma maneira de descobrir: pesquisar a diferença entre os dados de venda das casas que pertencem a corretores e os das casas que eles vendem em nome de clientes. Utilizando os dados das vendas daqueles 100 mil imóveis de Chicago e respeitando todas as variáveis – localização, idade e estado da casa, aparência etc. – verifica-se que um corretor mantém sua própria casa no mercado, em média, por um período 10 dias maior e a vende por um preço 3% mais alto – ou seja, $10 mil, no caso de um imóvel de $300 mil. Quando se trata da venda da própria casa, um corretor espera a melhor oferta; quando a casa é do cliente, ele o estimula a aceitar a primeira proposta decente que surgir. Como um corretor de ações almejando comissões, o corretor quer fechar negócios. E rapidamente. Por que não? A parte que lhe cabe no caso de uma oferta melhor – $150 – é um incentivo muito insignificante para encorajá-lo a agir de outro modo.

De todos os truísmos relativos à política, um é considerado mais verdadeiro do que os demais: o dinheiro compra votos. Arnold Schwarzenegger, Michael Bloomberg, Jon Corzine são apenas alguns exemplos chamativos recentes do truísmo na prática. (Esqueça, por um momento, os exemplos contrários de Howard Dean, Steve Forbes, Michael Huffington e, principalmente, Thomas Golisano, que nas últimas três campanhas eleitorais em Nova York gastou $93 milhões do próprio bolso, conseguindo, respectivamente, 4, 8 e 14% dos votos.) A maioria das pessoas diria que o dinheiro exerce uma influência exagerada nas eleições e que somas excessivas são gastas nas campanhas políticas.

É verdade que os dados eleitorais demonstram que o candidato que gasta mais numa campanha costuma ganhar a eleição. Mas será o dinheiro a *razão* da vitória?

Parece lógico pensar que sim, da mesma forma como pareceu lógico creditar a redução da criminalidade ao crescimento econômico acelerado dos anos 90. No entanto, apenas porque duas coisas são correlatas isso não implica que uma delas tenha como conseqüência a outra. Uma correlação aponta simplesmente para a existência de uma relação entre dois fatores – *X* e *Y*, digamos –, mas nada revela.

Reflitamos sobre tal correlação: as cidades com muitos homicídios também costumam ter muitos policiais. Tomemos agora a correlação polícia/homicídio numa dupla de cidades reais. Denver e Washington têm mais ou menos a mesma população – mas a força policial de Washington é quase três vezes maior do que a de Denver, e a capital também tem oito vezes mais homicídios. A menos que você disponha de mais informações, porém, é difícil dizer qual fator é a causa disso. Algum desavisado poderia examinar esses números e concluir que esses policiais a mais sejam a razão do número maior de crimes. Esse raciocínio obtuso, que tem uma longa história, em geral produz uma reação obtusa, como na lenda do czar que foi informado de que a província com maior incidência de doenças era também a que contava com mais médicos. Sua solução? Mandou imediatamente fuzilar todos os médicos.

Voltando à questão dos gastos de campanha: para descobrir a relação entre o dinheiro e as eleições, vale a pena considerar os incentivos em jogo no financiamento de campanhas eleitorais. Digamos que você seja o tipo de pessoa disposta a doar $1 mil para um candidato. Essa decisão ocorrerá, provavelmente, em uma destas duas situações: um pleito apertado em que lhe pareça que o dinheiro possa influir no resultado, ou uma eleição em que um dos candidatos seja favorito absoluto e apeteça a você tirar partido dessa glória ou receber algo em troca no futuro. Com toda certeza, seu dinheiro *não* irá para o azarão (basta perguntar a qualquer postulante à presidência que fracasse inapelavelmente em Iowa e New Hampshire). Assim, os favoritos e os candidatos à reeleição levantam muito mais fundos do que os que têm menos chances de vencer. E quanto ao gasto desse dinheiro? Obviamente, os favoritos e os candidatos à reeleição dispõem de mais numerário, mas só o gastam quando se vêem diante de um risco real de derrota, pois que sentido faz detonar uma poupança que poderá ser mais útil no futuro, quando um adversário mais forte aparecer?

Imaginemos agora dois candidatos: um intrinsecamente atraente e outro nem tanto. O candidato atraente arrecada muito mais dinheiro e vence com facilidade. Mas terá sido o dinheiro o responsável por lhe conseguir votos, ou terá sido o seu charme o responsável pelos votos *e* pelo dinheiro?

Eis uma pergunta crucial, mas muito difícil de responder. Afinal, charme de candidato é difícil de quantificar. Como poderíamos medi-lo?

Na verdade não podemos, salvo em uma circunstância especial. A dica é comparar um candidato a... si próprio, ou seja, o Candidato A de hoje provavelmente será igual ao Candidato A de daqui a dois ou quatro anos. O mesmo se aplica ao Candidato B. Basta que o Candidato A dispute com o Candidato B duas eleições consecutivas, porém gastando quantias diferentes em cada uma delas. Nesse caso, sendo mais ou menos constante o charme do candidato, poderíamos medir o impacto do dinheiro.

Com efeito, os mesmos dois candidatos concorrem um contra o outro em eleições consecutivas o tempo todo – para ser exato em quase mil campanhas para o Congresso americano desde 1972. O que dizem os números nesses casos?

Aqui está a surpresa: o volume de dinheiro gasto pelos candidatos *praticamente não faz diferença*. Um candidato vencedor pode cortar pela metade seu gasto e perder apenas 1% dos votos. Enquanto isso, um candidato derrotado que dobre seu gasto não conseguirá aumentar sua votação senão em percentual idêntico a esse. O que realmente faz a diferença quando se trata de um político *não* é a quantia de dinheiro despendida; o que faz a diferença é quem ele é (o mesmo pode ser dito – e será, no Capítulo 5 – a respeito dos pais). Alguns políticos exercem uma atração inerente sobre os eleitores e outros, simplesmente, não. E não há nada que o dinheiro possa fazer para reverter esse quadro (os Srs. Dean, Forbes, Huffington e Golisano, é lógico, já estão fartos de sabê-lo).

E quanto à outra metade do truísmo eleitoral – a de que os fundos para financiamento de campanha são obscenamente volumosos? Em um típico período eleitoral que inclua campanhas para a presidência, o Senado e a Câmara, cerca de $1 bilhão é gasto por ano – o que parece um bocado de dinheiro, salvo se você comparar essa quantia a algo menos importante que uma eleição democrática.

Esse mesmo bilhão de dólares os americanos gastam, por exemplo, anualmente com chicletes.

Este não é um livro sobre o preço do chiclete *versus* gastos de campanha nem sobre corretores de imóveis espertinhos ou o impacto da legalização do aborto sobre a criminalidade. Ele decerto abordará tais cenários e dezenas de outros, da arte de ser pai à mecânica da embromação, do funcionamento interno da Ku Klux Klan à discriminação racial no programa de televisão *The Weakest Link*. O que este livro *faz* é descamar levemente a superfície da vida moderna e descobrir o que acontece por debaixo dela. Faremos um bocado de perguntas, algumas frívolas e outras envolvendo questões cruciais. As respostas muitas vezes soarão estranhas, mas, em retrospectiva, também bastante óbvias. Buscaremos tais respostas nos dados – sejam eles oriundos das notas dos alunos de escolas primárias ou da estatística dos crimes cometidos em Nova York ou, ainda, do balanço financeiro de um traficante de crack (várias vezes lançaremos mão de padrões presentes, porém deixados de lado – como a esteira de fumaça que um avião traça no céu –, nesses dados). É bom e salutar opinar ou teorizar sobre determinado assunto, como a humanidade tem o hábito de fazer, mas quando o moralismo é substituído por uma aceitação honesta dos dados, o resultado costuma ser novo e surpreendente.

Poderíamos dizer que o moralismo representa a forma como as pessoas gostariam que o mundo funcionasse, enquanto a economia representa a forma como ele *realmente* funciona. A economia é, acima de tudo, uma ciência feita para medir. Possui um conjunto incrivelmente eficiente e flexível de ferramentas capaz de acessar de maneira confiável uma variedade de informações a fim de identificar o efeito de qualquer fator isolado ou mesmo o efeito integral. No final das contas, a "economia" é isso: uma variedade de informações sobre empregos, imóveis, finanças e investimentos. Mas as ferramentas da economia também podem ser utilizadas com relação a temas mais... Ora, mais *interessantes*.

Por isso este livro foi escrito a partir de uma visão de mundo muito específica, baseada em algumas idéias fundamentais:

Os incentivos são a pedra de toque da vida moderna. Entendê-los – ou, na maior parte das vezes, investigá-los – é a chave para solucionar praticamente qualquer enigma, dos crimes violentos à trapaça nos esportes ou ao namoro na Internet.

A sabedoria convencional em geral está equivocada. Não havia escalada da criminalidade nos anos 90, o dinheiro sozinho não ganha eleições e – surpresa! – ninguém jamais comprovou que ingerir oito copos de água por dia faça bem à saúde. A sabedoria convencional costuma ser mal fundamentada e muitíssimo difícil de investigar, mas isso não é impossível.

Causas distantes e até mesmo sutis podem, muitas vezes, provocar efeitos drásticos. A solução de um determinado enigma nem sempre está diante dos nossos olhos. Norma McCorvey teve um impacto bem maior sobre a criminalidade do que a combinação do controle de armas, do crescimento econômico e das estratégias policiais inovadoras. É possível dizer o mesmo, como veremos adiante, de um homem chamado Oscar Danilo Blandon, também conhecido como Johnny Rei do Crack.

Os "especialistas" – dos criminologistas aos corretores de imóveis – usam suas informações privilegiadas em benefício próprio. No entanto, eles podem ser vencidos em seu próprio jogo. Além disso, com o advento da Internet, sua superioridade em termos de informação cada dia encolhe mais – como comprova, entre outras coisas, a queda de preço dos caixões e dos seguros de vida.

Saber o que medir e como medir faz o mundo parecer muito menos complicado. Quando se aprende a examinar os dados de forma correta, é possível explicar enigmas que do contrário pareceriam insolúveis, pois nada como o poder dos números para remover camadas e camadas de desconhecimento e contradições.

Assim, a meta deste livro é explorar o lado oculto de... tudo. É possível que seja até frustrante. Haverá momentos em que a sensação será a de espiar o mundo através de um canudo ou a de visitar a sala dos espelhos de um parque de diversões. A idéia, porém, é buscar vários cenários e examiná-los de uma maneira como poucas vezes se fez. Sob alguns aspectos, esse é um tema estranho para um livro. A maioria deles se propõe a apresentar um único assunto, secamente expresso em uma frase ou duas, e depois contar toda a história acerca do mesmo: a história do sal; a fragilidade da democracia; o uso e o mau uso da pontuação. Este livro não tem um tema unificador nesse sentido. Chegamos a pensar, durante uns cinco minutos, em escrever um livro que girasse em torno de um único tema – a teoria e a prática da microeconomia aplicada, que tal? – mas optamos, em vez disso, por uma espécie de caça-ao-tesouro. É certo que a nossa abordagem emprega as melhores ferramentas de análise que a economia tem a oferecer, mas também nos permite acompanhar toda e qualquer curiosidade excêntrica que nos ocorra. Daí o nosso campo de estudo inventado: *Freakonomics*.* As histórias contadas aqui não costumam fazer parte das aulas de economia, mas talvez isso mude no futuro. Como a ciência da economia é, em princípio, um conjunto de ferramentas e não uma matéria em si, nenhum tema, por mais alheio que lhe pareça, deve ser considerado fora do seu alcance.

* *Nota da Tradutora*: Intraduzível em uma só palavra, o termo cunhado pelos autores significa economia excêntrica.

Vale a pena lembrar que Adam Smith, o fundador da economia clássica, foi, antes de tudo, um filósofo. Esforçou-se para ser um moralista e, nesse processo, se tornou um economista. Quando publicou *A teoria dos sentimentos morais* em 1759, o capitalismo moderno dava seus primeiros passos. Smith ficou fascinado com as mudanças radicais que essa nova força acarretou, mas os números não foram o único foco do seu interesse. Ele concentrou sua atenção no efeito sobre as pessoas, no fato de as forças econômicas estarem alterando profundamente a maneira de pensar e de agir de uma pessoa em uma determinada situação. O que levava alguém a trapacear ou a roubar enquanto outro se abstinha de fazê-lo? Como a escolha – boa ou ruim – aparentemente inofensiva de alguém afetava várias pessoas ao longo da corrente? Na época de Smith, o fenômeno causa-efeito sofreu uma incrível aceleração; os incentivos foram multiplicados por dez. A gravidade e o impacto dessas mudanças foram tão avassaladores para os cidadãos de então quanto a gravidade e o impacto da vida moderna o são para nós atualmente.

O verdadeiro tópico de estudo de Smith era o conflito entre o desejo individual e as normas sociais. O historiador do pensamento econômico Robert Heilbroner, escrevendo em *The Wordly Philosophers*, especulou sobre como Smith fora capaz de separar os feitos do homem, uma criatura autocentrada, do grande plano moral em que atua. "Smith defendia que a resposta está na nossa capacidade de nos colocarmos na posição de um terceiro, um observador imparcial", concluiu Heilbroner, "e dessa maneira construir uma noção dos méritos objetivos de uma questão".

Considere-se, pois, leitor, na companhia de um terceiro – ou, se preferir, de dois terceiros – ansioso para investigar os méritos objetivos de questões interessantes. Tais investigações costumam partir de uma pergunta simples nunca dantes formulada. Por exemplo: O que os professores têm em comum com os lutadores de sumô?

1 O que os professores e os lutadores de sumô têm em comum?

Imagine-se por um momento como administrador de uma creche. Sua política claramente assumida é a de que as crianças devem ser apanhadas às 16h. No entanto, com freqüência os pais se atrasam. O resultado é que no final do dia você precisa lidar com algumas crianças ansiosas e, no mínimo, um professor, que é forçado a esperar que os pais apareçam. O que fazer?

Uma dupla de economistas cientes desse dilema – que se revelou, aliás, bastante comum – apresentou uma solução: multar os pais atrasados. Afinal de contas, por que teria a creche que cuidar dessas crianças gratuitamente?

Os economistas decidiram testar sua solução elaborando um estudo de dez creches situadas em Haifa, Israel. O estudo levou 20 semanas, mas a multa não foi introduzida de imediato. Durante as primeiras quatro semanas, os economistas simplesmente calcularam o número de pais que se atrasavam. Em média, ocorriam oito atrasos por semana em cada uma das creches. Na quinta semana, a multa foi introduzida. Avisou-se aos pais de que qualquer atraso superior a dez minutos seria punido com o pagamento de $3 por criança e a multa adicionada à mensalidade, em torno de $380.

Depois da adoção da multa, o número de atrasos logo... aumentou. Em pouco tempo já somavam 20 por semana, mais que o dobro da média original. O tiro saíra pela culatra.

A economia é, em essência, o estudo dos incentivos: como as pessoas conseguem o que querem, ou aquilo de que precisam, principalmente quando outras pessoas querem a mesma coisa ou dela precisam. Os economistas adoram incentivos. Adoram bolá-los e pô-los em prática, estudá-los e brincar com eles. O economista-padrão acredita que o mundo ainda não inventou um problema cuja solução ele não possa inventar, desde que lhe seja dada carta branca para elaborar o esquema de incentivo apropriado. Essa solução nem sempre é bonita – ela pode incluir coação ou multas exorbitantes, bem como a violação das liberdades civis –, mas o problema original com certeza será resolvido. Um incentivo é uma bala, uma alavanca, uma chave: geralmente um objeto pequeno com incrível poder de alterar uma situação.

Aprendemos a reagir a incentivos, negativos e positivos, desde o início da vida. Se você engatinhar até o forno quente e encostar a mão nele, vai queimar o dedo, mas se trouxer apenas notas 10 da escola, o prêmio é uma bicicleta nova. Se for flagrado com o dedo no nariz durante a aula, você vira piada, mas se vencer campeonatos para o time de basquete, passa a ser o líder da turma. Se chegar em casa depois da hora, o castigo é certo, mas se tirar boas notas no colégio, carimba o passaporte para uma boa universidade. Se levar bomba no curso de direito, vai precisar trabalhar na seguradora do papai, mas caso se destaque a ponto de uma empresa concorrente disputar seu passe, ganha a vice-presidência, não precisando mais trabalhar para o papai. Se a euforia do novo cargo o levar a exceder o limite de velocidade na volta para casa, fará jus a uma multa de $100, mas se no final do ano atingir sua meta de vendas, embolsando uma gratificação polpuda, não só os $100 da multa se transformam em mixaria, como você vai poder comprar aquele fogão estupendo no qual seu filho, na fase de engatinhar, poderá queimar o próprio dedinho.

Incentivos não passam de meios para estimular as pessoas a fazer mais coisas boas e menos coisas ruins. Mas a maioria deles não surge espontaneamente. Alguém – um economista, um político, os pais – tem que criá-lo. Seu filho pequeno comeu verduras e legumes a semana toda? Merece uma visita à loja de brinquedos. Uma grande usina de aço emite fumaça demais? A empresa é multada por cada decímetro cúbico de poluentes que exceda o limite legal. Um número exagerado de americanos está sonegando o imposto de renda? O economista Milton Friedman foi quem ajudou a encontrar uma solução para isso: desconto automático do imposto de renda na fonte.

Os incentivos existem em três tipos de sabores básicos: econômico, social e moral. É muito comum que um único esquema de incentivos inclua as três variedades. Tomemos a campanha antitabagista dos últimos anos. O acréscimo da "taxa do pecado" de $3 em cada maço é um forte incentivo econômico contra a compra de cigarros. A proibição do fumo em restaurantes e bares é um poderoso incentivo social. E a afirmação do governo americano de que os terroristas angariam fundos com a venda de cigarros no mercado negro atua como um incentivo moral bastante estridente.

Alguns dos mais convincentes incentivos foram postos em prática para coibir a criminalidade. Considerando esse fato, seria válido pegar uma pergunta batida – por que há tantos crimes na sociedade moderna? – e virá-la ao contrário: por que não existem muito *mais* crimes?

Afinal, cada um de nós descarta regularmente várias oportunidades de lesar, roubar e fraudar. A possibilidade de acabar preso – e com isso perder o emprego, a casa e a liberdade, punições essas de caráter econômico – decerto é um incentivo de peso. Mas quando se trata de criminalidade, as pessoas também reagem a incentivos morais (não querem cometer um ato que consideram errado) e a incentivos sociais (não querem ser vistas pelos outros como alguém que age errado). Para determinados tipos de comportamento, os incentivos sociais detêm enorme poder. Numa reminiscência da letra escarlate de Hester Prynne, várias cidades americanas atualmente combatem a prostituição com uma ofensiva "constrangedora", difundindo fotografias de clientes (e prostitutas) condenados em sites na Internet e nas televisões abertas locais. O que representa um freio mais amedrontador: uma multa de $500 por utilizar os serviços de uma prostituta ou a idéia de que seus amigos e a família vejam seu rosto em www.prostitutas&clientes.com?

Assim, por meio de uma complicada, fortuita e constantemente reestruturada rede de incentivos econômicos, sociais e morais, a sociedade moderna faz o melhor possível para combater o crime. Alguns diriam que não estamos trabalhando direito, mas olhando para trás, comprova-se que isso não é verdade. Consideremos a tendência histórica do homicídio (excluindo-se as guerras), que é, ao mesmo tempo, o crime de mensuração mais confiável e o melhor termômetro do índice geral de criminalidade de uma sociedade. Os números abaixo, compilados pelo criminologista Manuel Eisner, retratam os índices históricos de homicídio em cinco regiões européias.

A queda acentuada desses números ao longo dos séculos sugere que, no que se refere à mais séria das preocupações humanas – ser assassinado – os incentivos que fabricamos coletivamente estão cada vez funcionando melhor.

Então, o que havia de errado com o incentivo das creches de Israel?

HOMICÍDIOS
(para cada 100.000 pessoas)

	Inglaterra	Holanda e Bélgica	Escandinávia	Alemanha e Suíça	Itália
Séculos XIII e XIV	23,0	47,0	nenhum	37,0	56,0
Século XV	nenhum	45,0	46,0	16,0	73,0
Século XVI	7,0	25,0	21,0	11,0	47,0
Século XVII	5,0	7,5	18,0	7,0	32,0
Século XVIII	1,5	5,5	1,9	7,5	10,5
Século XIX	1,7	1,6	1,1	2,8	12,6
1900-1949	0,8	1,5	0,7	1,7	3,2
1950-1994	0,9	0,9	0,9	1,0	1,5

Você provavelmente já concluiu que a multa de $3 era simplesmente pequena demais. A esse custo, um pai ou mãe de um só filho podia se dar ao luxo de se atrasar diariamente pagando apenas $60 extras todo mês – um sexto da mensalidade básica. Considerando-se o salário de uma babá, esse preço é bem barato. E se a multa fosse de $100 em lugar de $3? Certamente teriam fim os atrasos, embora isso também fosse gerar um bocado de má-vontade (todo incentivo é inerentemente uma compensação; o segredo é equilibrar os extremos).

A multa da creche envolvia ainda um outro problema: substituía com um incentivo econômico (os $3) o incentivo moral (a suposta culpa dos pais quando se atrasavam). Por apenas alguns dólares diários, os pais podiam se isentar dessa culpa. Além disso, o baixo valor da multa sugeria aos pais que o atraso para buscar as crianças não era algo tão grave assim. Se o problema resultante para a creche do atraso dos pais equivalia a apenas $3, para que se preocupar em interromper a partida de tênis? Com efeito, quando os economistas suspenderam a multa de $3 na semana do estudo, o número de pais atrasados não se alterou. Agora, eles podiam se atrasar, não pagar multa *nem* sentir culpa.

Essa é a estranha e poderosa natureza dos incentivos. Uma mínima guinada pode produzir resultados drásticos e muitas vezes imprevisíveis. Foi o que Thomas Jefferson observou meditando sobre as razões que levaram ao Boston Tea Party* e, por sua vez, à Revolução Americana: "Tão inescrutável é a combinação das causas e conseqüências neste mundo, que um imposto de dois centavos sobre o chá injustamente instituído numa área restrita do planeta altera a situação de seus habitantes."

Nos anos 70, alguns pesquisadores conduziram um estudo que, como no caso das creches de Israel, pôs em confronto um incentivo econômico e um incentivo moral. Neste caso, procura-

**Nota da Tradutora*: Protesto contra o imposto britânico sobre o chá, em 1773, quando americanos vestidos de índios entraram em navios ingleses ancorados no porto de Boston e jogaram ao mar os carregamentos desse produto.

va-se aprender mais a respeito da motivação por trás das doações de sangue. O resultado mostrou que quando as pessoas recebem uma pequena remuneração para fazer a doação, em lugar de serem apenas elogiadas por seu altruísmo, a tendência é *diminuírem* as doações. A remuneração transformou um ato de caridade em um meio doloroso de ganhar alguns trocados, fazendo com que ele deixasse de valer a pena.

E se aos doadores tivesse sido oferecido um incentivo de $50, $500 ou $5 mil? Certamente o número de doações teria aumentado drasticamente.

Mas outra coisa também sofreria uma mudança drástica, pois todo incentivo tem seu lado negativo. Se um litro de sangue passasse a valer $5 mil, muita gente tomaria nota disso e talvez procurasse obtê-lo na ponta da faca. É possível que alguns tentassem fazer passar por seu o sangue de animais. Outros talvez falsificassem a própria identidade para doar acima dos limites permitidos. Seja qual for o incentivo, seja qual for a situação, gente desonesta sempre tentará obter vantagens através dos meios.

Ou, como disse W.C. Fields: algo valioso o bastante para ser desejado vale a pena ser roubado.

Quem trapaceia?

Ora, praticamente todo mundo, se a oportunidade for propícia. Você pode dizer a si mesmo: "Eu não, seja qual for a situação." Depois, talvez se lembre de quando trapaceou, digamos, no jogo de damas. Na semana passada. Ou daquela bola de golfe que empurrou com o pé para tirar da má posição em que o arremesso a deixara. Ou da vez em que estava aguando a broa na sala do café do escritório, mas não tinha o dinheiro para pôr na caixinha coletiva. E pegou a broa assim mesmo, jurando que pagaria dobrado na vez seguinte. O que acabou nunca fazendo.

Para cada pessoa inteligente que se dê ao trabalho de bolar um esquema de incentivo existe um exército de outras, inteligentes ou não, que inevitavelmente gastarão mais tempo ainda tentando fraudá-lo. Trapacear pode ou não ser uma característica da natureza humana, mas sem dúvida tem participação crucial em praticamente todas as empreitadas do homem. A trapaça é, primordialmente, um ato econômico: obter mais gastando menos. Assim, não são apenas os nomes que fazem as manchetes – presidentes de empresas usando informações privilegiadas, jogadores ingerindo doping e políticos abusando das mordomias – que trapaceiam. É a garçonete que embolsa as gorjetas em lugar de pô-las na caixinha coletiva, o gerente do grande supermercado que entra no computador e corta as horas de trabalho de seus subordinados para fazer seu desempenho parecer melhor, é o aluno da 3ª série que, preocupado em passar para a 4ª, cola do vizinho de carteira.

Algumas trapaças mal deixam rastro. Em outros casos, as provas são cabais. Tomemos o que ocorreu numa noite da primavera de 1987: à meia-noite, sete milhões de crianças americanas sumiram do mapa. Terá sido a maior onda de seqüestros da história? Nada disso. Na noite de 15 de abril a Receita Federal americana mudou uma regra. Em vez de meramente listar cada filho menor dependente, os contribuintes teriam, a partir dali, de fornecer um número da Previdência Social para cada um deles. De repente, sete milhões de crianças – fantasmas cuja existência havia se limitado a justificar deduções nos formulários 1040 de Imposto de Renda do ano anterior – desapareceram, correspondendo a uma em dez do total de menores dependentes em todo o país.

O incentivo de todos esses contribuintes trapaceiros foi bastante óbvio. O mesmo podemos dizer das garçonetes, do gerente do supermercado e do aluno da 3ª série. Mas o que pensar da *professora* do aluno da 3ª série? Teria ela um incentivo para trapacear? E em caso afirmativo, como o faria?

Imaginemos agora que, em lugar de administrar uma creche em Haifa, você dirigisse o Sistema Público de Ensino de Chicago, que educa 400 mil estudantes por ano.

O debate mais acalorado envolvendo diretores de escola, professores, pais e alunos americanos no momento tem como tema o "provão". O risco é considerado alto porque, em lugar de meramente avaliar o progresso escolar dos estudantes, cada vez mais as escolas estão sendo responsabilizadas pelos resultados desses testes.

O governo federal tornou obrigatórios os "provões" como parte da lei *No Child Left Behind*,* sancionada pelo presidente Bush em 2002, mas mesmo antes que essa lei entrasse em vigor, a maioria dos estados já padronizara os testes escolares tanto no nível elementar como no secundário. Vinte estados premiavam as escolas em que os alunos obtinham boas notas ou apresentavam progresso expressivo. Trinta e dois estados advertiam as escolas com mau desempenho.

O Sistema de Ensino Público de Chicago adotou os "provões" em 1996. Pela nova política, uma escola onde as notas de leitura fossem baixas seria posta em quarentena, enfrentando o risco de ser fechada e seus funcionários, demitidos ou transferidos. O Sistema de Ensino Público de Chicago também pôs fim à chamada "promoção social". Anteriormente, apenas um aluno absolutamente inepto ou difícil repetia um ano. Agora, para ser aprovado, todo aluno de 3ª, 6ª e 8ª séries tinha que obter uma nota mínima no teste padronizado de múltipla escolha conhecido como Teste de Aptidões Básicas de Iowa.

Os defensores do "provão" argumentam que este eleva o padrão do ensino e estimula os alunos a estudarem. Ao mesmo tempo, ao impedir os maus alunos de serem aprovados sem mérito, as turmas mais avançadas não ficarão apinhadas, sujeitando ao atraso os bons alunos. Em compensação os críticos desse sistema de avaliação temem que alguns alunos se sintam injustamente punidos caso não consigam boas notas e que os professores possam se concentrar nos tópicos mais prováveis dessas provas em detrimento de outros mais importantes.

**Nota da Tradutora*: "Nenhuma criança ficará atrasada."

Os alunos, é claro, têm incentivo para colar desde que as provas existem, mas o novo sistema de avaliação alterou de forma tão radical os incentivos dos professores que agora eles também têm motivo para trapacear. Com esse sistema mais exigente, um professor cujos alunos se saiam mal pode ser advertido ou esquecido na hora do aumento ou da promoção. Se a escola inteira se sair mal, os subsídios federais podem ser suspensos e se o estabelecimento ficar em quarentena, os professores correm o risco de demissão. O novo sistema de avaliação também oferece aos professores alguns incentivos positivos. Se os alunos de um professor tirarem notas suficientemente altas, esse professor será elogiado, podendo vir a ser promovido e até mesmo recompensado financeiramente: o estado da Califórnia a certa altura instituiu prêmios de $25 mil para professores que produzissem grandes resultados de avaliação.

Observando esse quadro novo em termos de incentivos, e se sentindo levemente tentado a inflacionar as notas de seus alunos, um professor talvez acabasse cedendo diante de um incentivo definitivo: raramente se imagina que ele trapaceie, é difícil detectar sua trapaça e praticamente não se ouve falar em punição para esse tipo de delito.

Como um professor levaria adiante esse intento? Existem múltiplas possibilidades, da mais banal às mais sofisticadas. Há pouco tempo, uma aluna de 5ª série em Oakland chegou feliz da escola e disse à mãe que sua professora superlegal havia escrito as respostas do provão estadual no quadro-negro. Esses fatos certamente são raros, pois colocar o seu destino nas mãos de 30 testemunhas pré-adolescentes parece ser um risco ao qual nem o pior professor do mundo se exporia (a professora de Oakland foi devidamente demitida). Há meios infinitamente mais sutis para inflacionar as notas dos alunos. O professor pode, simplesmente, dar aos alunos mais tempo do que o permitido para terminar a prova. Caso consiga uma cópia do teste antecipadamente – ou seja, ilicitamente –, o mestre tem a chance de preparar seus pupilos para responder corretamente a perguntas específicas. Em outras palavras, pode "ensinar a prova", baseando suas aulas em questões dos anos anteriores, algo que não é considerado trapaça, mas que decerto vai de encontro ao espírito da avaliação. Como todos esses testes consistem em perguntas de múltipla escolha, não sendo punidos os "chutes", um professor poderia instruir seus alunos a responderem aleatoriamente, marcando os quadradinhos no sentido horário, por exemplo, ou escolhendo uma longa série de Bs ou, ainda, alternando Bs e Cs. Sem contar que lhe seria até mesmo possível marcar os quadradinhos em branco depois do teste encerrado.

No entanto, se um professor *realmente* quiser trapacear – e fazer a trapaça valer a pena – basta recolher os testes de seus alunos e, no espaço de mais ou menos uma hora até entregá-los para correção automática, apagar as respostas erradas e substituí-las pelas certas (e você, que sempre pensou que o lápis nº 2 era para as *crianças* mudarem suas respostas!). Se esse tipo de trapaça efetivamente estiver ocorrendo, como detectá-la?

Para pegar um professor, pensar como um deles ajuda. Se você estivesse disposto a apagar as respostas erradas de seus alunos, substituindo-as pelas certas, não iria querer corrigir erros demais. Isso daria na vista. Provavelmente nem mexeria nos testes todos – outra bandeira. Não haveria mesmo tempo suficiente, já que os testes são entregues pouco depois de terminados. Assim, sua opção poderia ser selecionar uma fileira de oito ou dez perguntas consecutivas e preencher corretamente, digamos, a metade ou dois terços dos testes. Seria fácil memorizar um padrão curto de respostas corretas e muito mais rápido apagar e alterar tal padrão do que examinar cada folha de prova. Quem sabe até você decidisse focar sua atenção no final, quando as perguntas costumam ser mais difíceis do que no início. Assim, as chances seriam maiores de substituir respostas erradas por respostas certas.

Se a economia é uma ciência preocupada basicamente com incentivos, ela é também – felizmente – uma ciência com ferramentas estatísticas para avaliar como as pessoas reagem a esses incentivos. Bastam apenas alguns dados.

Neste caso, o Sistema de Ensino Público de Chicago colaborou, disponibilizando um banco de dados com os testes de todos os estudantes da 3ª à 7ª série, de 1993 até 2000. Trata-se de aproximadamente 30 mil alunos por série por ano, mais de 700 mil conjuntos de respostas e quase 100 milhões de provas. Os dados, organizados por sala de aula, incluíram as respostas de cada aluno nos testes de leitura e matemática (não houve acesso às folhas de prova propriamente ditas, uma vez que as mesmas são destruídas depois da correção). Os dados também incluíam alguma informação sobre cada professor e informações demográficas sobre cada aluno, bem como suas notas passadas e futuras – o que se revelou um elemento-chave na detecção da trapaça do professor.

Era chegada a hora de criar um algoritmo que pudesse extrair algumas conclusões desse monte de dados. Como deve ser a turma de um professor trapaceiro?

A primeira coisa a procurar são padrões fora do comum em determinada sala de aula: blocos de respostas idênticas, por exemplo, principalmente dentre as perguntas mais difíceis. Se dez alunos muito bons (segundo indicam as notas de testes passados e futuros) responderam corretamente às primeiras cinco perguntas (geralmente as mais fáceis) do provão, um tal bloco de respostas idênticas não deve ser considerado suspeito. Mas se dez maus alunos responderam corretamente às últimas cinco perguntas (as mais difíceis), já vale a pena investigar. Outro sinal de alerta seria um padrão diferente no teste de qualquer um dos alunos – como acertar as perguntas difíceis e errar as fáceis – sobretudo em comparação a milhares de alunos em outras classes com notas semelhantes no mesmo provão. Além disso, o objetivo do algoritmo seria encontrar uma turma numerosa com desempenho muito melhor do que as notas anteriores levariam a prever e que, no ano seguinte, tivesse obtido notas significativamente mais baixas. Um pico expressivo de notas poderia ser inicialmente atribuído a um *bom* professor, mas a existência de uma queda expressiva em seguida é um forte indicador de que esse pico resultou do emprego de meios artificiais.

Consideremos agora as fileiras de respostas dos alunos em duas turmas de 6ª série de Chicago que fizeram provão idêntico de matemática. Cada linha horizontal representa as respostas de um aluno. As letras a, b, c, ou d indicam uma resposta correta; um número indica uma resposta errada, sendo que 1 corresponde a "a", 2 corresponde a "b", e assim por diante. Um zero representa uma resposta em branco. É quase certo que o professor de uma dessas turmas trapaceou. Tente encontrar a diferença – embora não seja fácil a olho nu.

Turma A

```
112a4a342cb214d0001acd24a3a12dadbcb4a0000000
d4a2341cacbddad3142a2344a2ac23421c00adb4b3cb
1b2a34d4ac42d23b141acd24a3a12dadbcb4a2134141
dbaab3dcacb1dadbc42ac2cc31012dadbcb4adb40000
d12443d43232d32323c213c22d2c23234c332db4b300
db2abad1acbdda212b1acd24a3a12dadbcb400000000
d4aab2124cbddadbcb1a42cca3412dadbcb423134bc1
1b33b4d4a2b1dadbc3ca22c000000000000000000000
d43a3a24acb1d32b412acd24a3a12dadbcb422143bc0
313a3ad1ac3d2a23431223c000012dadbcb400000000
db2a33dcacbd32d313c21142323cc300000000000000
d43ab4d1ac3dd43421240d24a3a12dadbcb400000000
db223a24acb11a3b24cacd12a241cdadbcb4adb4b300
db4abadcacb1dad3141ac212a3a1c3a144ba2db41b43
1142340c2cbddadb4b1acd24a3a12dadbcb43d133bc4
214ab4dc4cbdd31b1b2213c4ad412dadbcb4adb00000
1423b4d4a23d24131413234123a243a2413a21441343
3b3ab4d14c3d2ad4cbcac1c003a12dadbcb4adb40000
dba2ba21ac3d2ad3c4c4cd40a3a12dadbcb400000000
d122ba2cacbd1a13211a2d02a2412d0dbcb4adb4b3c0
144a3adc4cbddadbcbc2c2cc43a12dadbcb4211ab343
d43aba3cacbddadbcbca42c2a3212dadbcb42344b3cb
```

Turma B

db3a431422bd131b4413cd422a1acda332342d3ab4c4
d1aa1a11acb2d3dbc1ca22c23242c3a142b3adb243c1
d42a12d2a4b1d32b21ca2312a3411d00000000000000
3b2a34344c32d21b1123cdc000000000000000000000
34aabad12cbdd3d4c1ca112cad2ccd00000000000000
d33a3431a2b2d2d44b2acd2cad2c2223b40000000000
23aa32d2a1bd2431141342c13d212d233c34a3b3b000
d32234d4a1bdd23b242a22c2a1a1cda2b1baa33a0000
d3aab23c4cbddadb23c322c2a222223232b443b24bc3
d13a14313c31d42b14c421c42332cd2242b3433a3343
d13a3ad122b1da2b11242dc1a3a12100000000000000
d12a3ad1a13d23d3cb2a21ccada24d2131b440000000
314a133c4cbd142141ca424cad34c122413223ba4b40
d42a3adcacbddadbc42ac2c2ada2cda341baa3b24321
db1134dc2cb2dadb24c412c1ada2c3a341ba20000000
d1341431acbddad3c4c213412da22d3d1132a1344b1b
1ba41a21a1b2dadb24ca22c1ada2cd32413000000000
dbaa33d2a2bddadbcbca11c2a2accda1b2ba20000000

Se você achou que a Turma A pertence ao professor trapaceiro, parabéns. Abaixo novamente as respostas da turma A, agora reordenadas por um computador programado para aplicar o algoritmo antitrapaça na busca de padrões suspeitos.

Turma A

(com aplicação do algoritmo antitrapaça)

1. 112a4a342cb214d0001**acd24a3a12dadbcb4**a0000000
2. 1b2a34d4ac42d23b141**acd24a3a12dadbcb4**a2134141
3. db2abad1acbdda212b1**acd24a3a12dadbcb4**00000000
4. d43a3a24acb1d32b412**acd24a3a12dadbcb4**22143bc0
5. d43ab4d1ac3dd43421240d24**a3a12dadbcb4**00000000
6. 1142340c2cbddadb4b1acd24**a3a12dadbcb4**3d133bc4
7. dba2ba21ac3d2ad3c4c4cd40**a3a12dadbcb4**00000000

8. 144a3adc4cbddadbcbc2c2cc4**3a12dadbcb4**211ab343
9. 3b3ab4d14c3d2ad4cbcac1c00**3a12dadbcb4**adb40000
10. d43aba3cacbddadbcbca42c2a32**12dadbcb4**2344b3cb
11. 214ab4dc4cbdd31b1b2213c4ad4**12dadbcb4**adb00000
12. 313a3ad1ac3d2a23431223c000**12dadbcb4**00000000
13. d4aab2124cbddadbcb1a42cca34**12dadbcb4**23134bc1
14. dbaab3dcacb1dadbc42ac2cc310**12dadbcb4**adb40000
15. db223a24acb11a3b24cacd12a241c**dadbcb4**adb4b300
16. d122ba2cacbd1a13211a2d02a2412d0dbcb4adb4b3c0
17. 1423b4d4a23d24131413234123a243a2413a21441343
18. db4abadcacb1dad3141ac212a3a1c3a144ba2db41b43
19. db2a33dcacbd32d313c21142323cc300000000000000
20. 1b33b4d4a2b1dadbc3ca22c000000000000000000000
21. d12443d43232d32323c213c22d2c23234c332db4b300
22. d4a2341cacbddad3142a2344a2ac23421c00adb4b3cb

Dê uma olhada nas respostas em negrito. Será que 15 de 22 alunos conseguiriam a façanha de responder identicamente a seis perguntas consecutivas (a série d-a-d-b-c-b) sozinhos?

Quatro razões tornam isso improvável. Primeira: essas perguntas, já no final do teste, eram mais difíceis do que as anteriores. Segunda: para começar, esses eram alunos abaixo da média, poucos dos quais conseguiram seis respostas certas consecutivas em outras partes do teste, tornando bem menos provável que fossem acertar as mesmas seis questões difíceis. Terceira: até essa altura no teste, as respostas desses 15 alunos não vinham coincidindo. Quarta: três desses alunos (números 1, 9 e 12) deixaram, no mínimo, uma resposta em branco *antes* da série suspeita e encerraram o teste com outra série de respostas em branco. Tal fato sugere que uma longa série ininterrupta de respostas em branco não foi interrompida pelo aluno, e sim pelo professor.

Existe mais um dado estranho na carreira suspeita de respostas. Em nove dos 15 testes, as seis respostas certas aparecem precedidas por outra carreira idêntica, 3-a-1-2, que inclui três de quatro respostas *erradas*. E em todos os 15 testes, as seis respostas certas precedem a mesma resposta errada, a 4. Por que razão um professor trapaceiro se daria ao trabalho de apagar a folha de prova de um aluno para preenchê-la com uma resposta *errada*?

Talvez por uma mera questão estratégica. Caso o professor fosse pego e chamado à sala do diretor, poderia apontar as respostas erradas como prova de não ter trapaceado. Por outro lado – e essa é uma conclusão menos caridosa, mas igualmente provável –, o professor podia não saber a resposta correta (com os testes padronizados, o professor não costuma receber o gabarito). Nesse caso, teríamos uma boa pista quanto ao motivo pelo qual seus alunos precisariam de notas inflacionadas: eles têm um mau professor.

Outra indicação da presença de um professor trapaceiro na turma A é o desempenho geral da classe. Como alunos da 6ª série fazendo o provão no oitavo mês do ano letivo, esses alunos necessitavam de média 6,8 para serem considerados dentro dos padrões nacionais de aprovação (alunos da 5ª série fazendo a prova no oitavo mês do ano letivo precisariam de média 5,8, alunos da 7ª série, média 7,8 e daí por diante). Os alunos da turma A alcançaram média 5,8 em seus provões da 6ª série, o que representa 1 ponto inteiro abaixo da nota mínima necessária. Assim, vê-se claramente que se tratava de maus alunos. Um ano antes, porém, esses mesmos alunos haviam se saído pior ainda, atingindo média 4,1 em seus testes da 5ª série. Em lugar de subir um ponto entre a 5ª e a 6ª série, como seria de se esperar, a melhora foi equivalente a 1,7 ponto, quase o esperado ao longo de dois anos. Esse progresso miraculoso, no entanto, teve vida breve. Quando esses alunos de 6ª série chegaram à 7ª, a média por eles alcançada foi 5,5 – mais de dois pontos abaixo do padrão e *pior* do que a obtida na 6ª série. Consideremos as notas aleatórias ano a ano de três alunos específicos da turma A:

	NOTA DA 5ª SÉRIE	NOTA DA 6ª	NOTA DA 7ª
Aluno 3	3,0	6,5	5,1
Aluno 6	3,6	6,3	4,9
Aluno 14	3,8	7,1	5,6

As notas trienais da turma B, por outro lado, também são baixas, mas ao menos sugerem um esforço legítimo: 4,2, 5,1 e 6. Deduz-se, a partir daí, que ou todos os alunos da turma A repentinamente brilharam em um ano e regrediram drasticamente no seguinte, ou – o mais provável – o professor da turma da 6ª série fez mágica com um lápis nº 2.

Há duas observações importantes a fazer sobre os alunos da turma A, paralelamente à trapaça propriamente dita. A primeira é que seu desempenho é, obviamente, muito ruim, ou seja, eles são precisamente aqueles para quem o provão foi instituído por serem os mais necessitados de atenção. A segunda observação é que esses alunos estariam fadados a enfrentar um enorme choque ao chegar à 7ª série. Pelo que sabiam, haviam sido aprovados graças às suas notas (nenhuma criança atrasada, sem dúvida). Não foram *eles* que aumentaram as próprias notas e, por isso, tinham toda a razão de esperar um bom desempenho na 7ª série – e se saíram muito mal. Esse pode ser o equívoco mais cruel resultante de um provão. Um professor trapaceiro pode dizer a si mesmo que está ajudando seus alunos, mas o que demonstra é estar muito mais preocupado em ajudar a si próprio.

Uma análise do conjunto de dados de Chicago revela a existência de trapaças de professores em mais de duas mil turmas por ano, aproximadamente 5% do total. Essa é uma estimativa otimista, já que o algoritmo foi capaz de identificar apenas a maneira mais óbvia de trapacear – aquela em que os professores sistematicamente alteram as respostas dos alunos –, deixando de fora as várias formas sutis que podem ser empregadas por um professor para trapacear. Em estudo recente feito com os professores da Carolina do Norte, cerca de 35% dos entrevistados responderam já ter visto seus colegas trapacearem, fosse permitindo aos alunos mais tempo para fazer a prova, sugerindo respostas ou alterando as escolhidas pelas crianças.

Quais as características de um professor trapaceiro? Os dados de Chicago mostram que homens e mulheres são igualmente propensos a trapacear. Um professor trapaceiro em geral é mais moço e menos qualificado do que a média. Por outro lado, o risco de que trapaceie aumenta quando há mudança em seus incentivos. Em virtude de os dados de Chicago abrangerem o período de 1993 a 2000, inclui-se aí a adoção do provão em 1996. Como seria de esperar, houve um pico expressivo de trapaças nesse ano. E a trapaça não foi aleatória. Os professores nas turmas de pior desempenho apresentaram maior tendência para trapacear. É preciso que se diga que a gratificação de $25 mil prometida aos professores da Califórnia acabou sendo suspensa, em parte devido às suspeitas de que a maior parte do dinheiro fosse acabar no bolso de trapaceiros.

Nem todos os resultados da análise da trapaça de Chicago foram tão sombrios. Além de detectar trapaceiros, o algoritmo também conseguiu identificar os melhores professores do sistema de ensino. O impacto de um bom professor foi quase tão óbvio quanto o de um trapaceiro. Em lugar de responder corretamente a perguntas aleatórias, os alunos de um bom professor mostraram uma melhora efetiva no tipo mais fácil de perguntas que haviam errado anteriormente, uma indicação de genuíno progresso. Além disso, puderam levar esse progresso para o ano letivo seguinte.

A maioria das análises acadêmicas deste gênero costuma ficar esquecida, sem exame, numa prateleira empoeirada de biblioteca. Mas no início de 2002, o novo secretário de Educação de Chicago, Arne Duncan, entrou em contato com os autores da pesquisa. Não para protestar contra suas descobertas ou encobri-las, mas para se assegurar de que os professores identificados como trapaceiros pelo algoritmo realmente tivessem trapaceado – de modo a, então, tomar providências.

Duncan era um candidato improvável para um cargo de tamanha importância. Tinha apenas 36 anos quando foi nomeado e era um americano padrão que se formara em Harvard e, posteriormente, jogara basquete profissionalmente na Austrália. Estava há apenas três anos no Sistema de Ensino Público de Chicago – nunca tendo ocupado um cargo importante o bastante para dispor de uma secretária particular – quando se tornou secretário municipal de Educação. Não o prejudicou o fato de ter sido criado em Chicago. O pai ensinava psicologia na Universidade de Chicago; a mãe dirigia um programa pós-escola há 40 anos, como voluntária, em um bairro pobre. Quando criança, Duncan havia tido como companheiros de brincadeira depois das aulas as crianças carentes das quais a mãe se ocupava. Por isso, quando assumiu a Secretaria de Educação, sentiu-se mais solidário com as crianças e suas famílias do que com os professores e seus sindicatos.

A melhor maneira de dar cabo dos professores trapaceiros, concluiu Duncan, era reaplicar o provão. Entretanto, dispondo de recursos para reavaliar somente 120 turmas, ele pediu aos criadores do algoritmo antitrapaça para ajudá-lo a escolher quais turmas reavaliar.

Como usar de maneira mais eficaz os 120 novos testes à sua disposição? A princípio poderia parecer lógico reavaliar apenas as turmas suspeitas de estar sob o comando de professores trapaceiros. No entanto, ainda que as notas do novo teste fossem baixas, os professores poderiam argumentar que a razão para isso estava no fato de os alunos saberem que tais notas não seriam computadas em seu histórico escolar – informação essa que, com efeito, todos os alunos receberiam. Para tornar os resultados confiáveis, era necessário reavaliar algumas turmas de professores não-trapaceiros para servir de grupo de controle. Qual seria o melhor grupo de controle? As turmas que o algoritmo revelara terem os melhores professores, nas quais se considerava a existência de um progresso escolar genuíno. Se essas turmas não mostrassem retrocesso futuro, os professores trapaceiros dificilmente poderiam alegar que o mau desempenho de seus alunos se devia ao conhecimento de que as notas não seriam computadas.

Então, chegou-se a uma fórmula. Mais da metade das 120 turmas reavaliadas eram suspeitas de ter um professor trapaceiro. O restante incluía turmas com professores supostamente excelentes (notas altas com ausência de padrão suspeito de respostas) e, para maior controle, turmas com notas medíocres, mas sem respostas suspeitas.

A reavaliação foi aplicada poucas semanas após o teste original. Não se informou aos alunos o motivo para o novo teste. Também aos professores nada foi dito, mas esses devem ter desconfiado depois do anúncio de que as provas seriam aplicadas por funcionários da Secretaria de Educação. Pediu-se aos professores para permanecerem em sala de aula, mas não lhes foi permitido sequer encostar nas folhas de prova.

Os resultados foram tão convincentes quanto previra o algoritmo. Nas classes escolhidas como grupo de controle, em que não havia suspeita de trapaça, as notas se mantiveram e até mesmo subiram. Ao contrário, o desempenho dos alunos dos professores identificados como trapaceiros foi muito pior, em média mais de um ponto inferior à nota anterior.

Em conseqüência, o Sistema de Ensino Público de Chicago começou a demitir os professores trapaceiros. As provas obtidas foram suficientes para afastar apenas uma dúzia deles, mas os demais ficaram devidamente avisados. O resultado decisivo do estudo de Chicago é um testemunho adicional do poder dos incentivos: no ano seguinte, a trapaça por parte dos professores caiu mais de 30%.

Você pode achar que a sofisticação dos professores que trapaceiam aumenta na proporção do nível de instrução, mas uma prova da Universidade da Geórgia no segundo semestre de 2001 contradiz essa idéia. O nome da disciplina era Princípios do Treinamento e Estratégias do Basquete, e a última nota tinha como base uma única prova de 20 questões, entre as quais as seguintes:

Um jogo universitário de basquete tem quantos tempos?

a. 1; b. 2; c. 3; d. 4

Quantos pontos vale a cesta de 3 pontos feita de fora do garrafão?

a.1; b.2; c.3; d.4

Qual é o nome do exame que todos os alunos do 3º ano do ensino médio no Estado da Geórgia precisam prestar?

a. Exame de Vista
b. Exame de Detecção do Sabor de Cereais
c. Exame de Controle de Vírus de Computador
d. Exame Estadual de Conclusão

Em sua opinião, quem é o melhor treinador de 1ª Divisão do país?

a. Ron Jirsa
b. John Pelphrey
c. Jim Harrick Jr.
d. Stev Wojciechowski

Se você está pasmo com a última questão, talvez ajude saber que a disciplina Princípios do Treinamento era ministrada por Jim Harrick Jr., um treinador assistente do time de basquete da universidade. Também pode ajudar saber que o pai dele, Jim Harrick Sr., era o treinador-chefe do time. Não surpreende que essa matéria fosse a preferida dos jogadores do time de Harrick. Todos os alunos tiraram nota 10. Pouco depois, os dois Harricks foram dispensados da função de treinadores.

Se você considera lamentável que os professores das escolas públicas de Chicago e os mestres da Universidade da Geórgia trapaceiem – afinal, espera-se que um professor incuta princípios juntamente com os conhecimentos – a idéia de haver trapaça entre os lutadores de sumô talvez seja ainda mais perturbadora. No Japão, o sumô não é apenas o esporte nacional, mas também um depositório do sentimento religioso, militar e histórico do país. Com seus rituais de purificação e sua origem imperial, o sumô é sacrossanto, algo que nenhum esporte americano jamais poderia ser. Com efeito, costuma-se dizer que o sumô não envolve competição, mas, sim, a própria honra.

É verdade que esporte e trapaça andam de mãos dadas. Isso porque a trapaça é mais comum na presença de um incentivo que seja divisor de águas (a linha divisória entre vencer e perder, por exemplo) do que diante de um incentivo obscuro. Já se comprovou que corredores e levantadores de peso olímpicos, ciclistas do Tour de France, atacantes de futebol e arremessadores de beisebol engolem qualquer pílula ou substância capaz de deixá-los mais alertas. E os atletas não são os únicos a trapacear. Na competição de patinação artística das Olimpíadas de Inverno de 2002, um juiz francês e um russo, foram flagrados tentando trocar votos de modo a garantir que seus patinadores levassem medalha (o acusado de orquestrar a troca de votos, um conhecido mafioso russo chamado Alimzhan Tokhtakhounov, também era suspeito de trapaça em concursos de beleza em Moscou).

Um atleta flagrado roubando em geral é condenado, mas a maioria dos fãs entende seus motivos: seu desejo de vencer era grande o bastante para fazê-lo infringir as regras (como disse uma vez o jogador de beisebol Mark Grace: "Se você não rouba, não está se esforçando"). Em compensação, um atleta que se vende para *perder* está fadado a arder no fogo do inferno esportivo. O time de 1919 do Chicago White Sox, que conspirou com apostadores para entregar o Campeonato Mundial (ficando para sempre conhecido como Black Sox), ainda guarda a pecha de desonesto mesmo para os fãs moderados do beisebol. O time de basquete campeão do City College de Nova York, incensado por suas táticas inteligentes e por sua garra, caiu em desgraça por ter aceito dinheiro da máfia para perder pontos – deixando de fazer cestas para ajudar apostadores a embolsar altas somas. O leitor se lembra de Terry Malloy, o ex-lutador atormentado vivido por Marlon Brando em *Sindicato de ladrões*? Na visão de Malloy, todos os seus problemas decorreram da única luta em que se deixou nocautear. Não fosse assim, ele poderia ter tido classe; poderia ter sido um contendor.

Se trapacear para perder é o pior pecado do esporte, e se o sumô é o principal esporte de uma grande nação, é impossível imaginar a existência desse tipo de roubo no sumô. Ou não?

Mais uma vez os dados contam a história. Como aconteceu com os testes escolares em Chicago, os dados em exame aqui são expressivos: os resultados de quase todas as lutas oficiais de sumô disputadas entre os mais categorizados atletas japoneses desse esporte entre janeiro de 1989 e janeiro de 2000 – um total de 32 mil encontros envolvendo 281 diferentes adversários.

O esquema de incentivos que governa o sumô é intricado e extremamente potente. Cada lutador detém uma posição no ranking que afeta todas as áreas de sua vida: o dinheiro que ganha, o tamanho do staff que o acompanha, o volume de comida que ingere, as horas de sono e a forma como desfruta do seu sucesso. Os 66 lutadores "top de linha" no Japão, incluindo as categorias *makuuchi* e *juryo*, encarnam a elite do sumô. Um atleta próximo ao pico dessa pirâmide privilegiada é capaz de ganhar milhões e ser tratado como um rei. Os que pertencem ao grupo dos 40 melhores faturam, no mínimo, $170 mil por ano. Enquanto isso, o dono do 70º lugar no ranking não embolsa mais do que $15 mil anualmente. A vida não é fácil para quem não pertence à elite. Os lutadores menos cotados no ranking têm que servir a seus superiores, preparando-lhes refeições, limpando seus alojamentos e até mesmo ensaboando as partes mais recônditas de seus corpos. Por isso, tudo gira em torno do ranking.

A classificação no ranking se baseia no desempenho do atleta nos torneios da elite realizados seis vezes ao ano. Cada um deles disputa 15 lutas por torneio, uma por dia durante 15 dias seguidos. O atleta que termina o torneio com um bom resultado (oito ou mais vitórias), ascende no ranking. Do mesmo modo, um resultado ruim o levará a descer no ranking. Se essa queda for muito acentuada, ele estará totalmente alijado da elite. Assim, a oitava vitória em um torneio é vital, ou seja, representa a diferença entre a promoção e o retrocesso; na prática, para efeito de colocação, ela vale cerca de quatro vezes mais do que uma vitória simples.

Por tudo isso, um lutador que chega ao último dia de um torneio "em impasse" – com um histórico de 7-7 – tem muito mais a ganhar com uma vitória do que um adversário com um histórico de 8-6 tem a perder.

Seria possível, então, que um lutador com 8-6 se deixasse vencer por um adversário com 7-7? Uma luta de sumô é uma comoção que concentra força, velocidade e equilíbrio, em geral com a duração de segundos apenas. Não parece difícil entregar a vitória. Imaginemos por um momento que a luta de sumô *seja* fraudada. Como prová-lo através da análise dos dados?

O primeiro passo seria isolar as lutas em questão: as disputadas no último dia de torneio entre um atleta "em impasse" e outro que já tenha assegurado sua oitava vitória (como mais da metade deles encerra um torneio com sete, oito ou nove vitórias, centenas de lutas se encaixam neste critério). Uma luta do último dia de competição entre dois lutadores com 7-7 tem pouca probabilidade de ser "combinada", já que os dois atletas precisam desesperadamente da vitória. Igualmente, um lutador com dez ou mais vitórias provavelmente não "entregaria" a luta, pois teria seu próprio incentivo forte para vencer: o prêmio de $100 mil para o campeão absoluto do torneio e uma série de prêmios de $20 mil para recompensar "técnica excepcional", "espírito combativo" e outras categorias do gênero.

Consideremos agora a seguinte estatística, que representa as centenas de lutas em que um atleta com 7-7 enfrentou outro com 8-6 no último dia de torneio. A coluna da esquerda registra a probabilidade, com base em todas as lutas anteriores entre os dois adversários daquele dia, de o lutador com 7-7 vencer. A coluna da direita mostra quantas vezes um lutador nessas condições efetivamente venceu.

PERCENTUAL PREVISÍVEL DE VITÓRIA DO LUTADOR COM 7-7 CONTRA O LUTADOR COM 8-6	PERCENTUAL DE VITÓRIA EFETIVA DO LUTADOR COM 7-7 CONTRA O LUTADOR COM 8-6
48,7	79,6

Vê-se que a expectativa de vitória do lutador com 7-7, com base em resultados anteriores, era de pouco menos de 50%, o que faz sentido. O desempenho dos atletas indica que o lutador com 8-6 foi ligeiramente superior, mas, na verdade, o lutador "em impasse" efetivamente venceu *quase oito em dez* lutas contra o adversário com 8-6. Atletas com 7-7 também costumam se sair excepcionalmente bem contra adversários com 9-5:

PERCENTUAL PREVISÍVEL DE VITÓRIA DO LUTADOR COM 7-7 CONTRA O LUTADOR COM 9-5	PERCENTUAL DE VITÓRIA EFETIVA DO LUTADOR COM 7-7 CONTRA O LUTADOR COM 9-5
47,2	73,4

Por mais suspeito que pareça, apenas um alto percentual de vitória não basta para provar que uma luta foi "combinada". Já que tanta coisa depende da oitava vitória de um lutador, seria de esperar que ele lutasse com mais garra em um confronto crucial. Talvez, porém, haja mais pistas nos dados que comprovem conluio.

É pertinente refletir sobre o incentivo que um atleta possa ter para entregar uma luta. Esse incentivo pode ser uma propina (que obviamente não apareceria nos dados), mas não se exclui a hipótese de um "acerto" entre os dois lutadores. Não esqueçamos de que o grupo de elite dos lutadores de sumô é incrivelmente fechado. Cada um dos 66 lutadores de elite enfrenta 15 dos demais em um torneio a cada dois meses. Além disso cada atleta pertence a uma academia administrada por um ex-campeão de sumô, de modo que até as academias rivais mantêm laços profundos entre si (lutadores da mesma academia não se enfrentam em lutas).

Agora examinemos os percentuais de vitória-derrota em se tratando de lutadores com 7-7 e 8-6 na luta seguinte entre eles, quando nenhum dos dois está "em impasse". Nesse caso, a luta em si não envolve grande pressão. Presume-se que o desempenho dos atletas que conquistaram o escore de 7-7 no torneio anterior seja tão satisfatório quanto foi no enfrentamento prévio dos mesmos adversários – ou seja, que vençam cerca de 50% dos combates. Certamente não se imagina que mantenham a percentagem de 80%.

Na verdade, os dados mostram que os lutadores com 7-7 vencem apenas 40% dessas redisputas. Oitenta por cento numa situação e 40% na outra? Como entender isso?

A explicação mais lógica é a de que os lutadores entraram num acordo: você me deixa vencer hoje, quando realmente preciso da vitória, e na próxima vez eu deixo você vencer (esse acordo não incluiria um suborno em dinheiro). É sobretudo interessante notar que no *segundo* encontro posterior ao torneio, o percentual de vitória volta ao nível previsível de cerca de 50%, sugerindo que a "combinação" não envolva mais que duas lutas.

Acrescente-se que não só os desempenhos individuais dos lutadores são suspeitos, mas o desempenho coletivo de várias academias também é aberrante. Quando um atleta de uma academia se sai bem num impasse contra lutadores de uma segunda academia, a tendência é que seu desempenho seja particularmente *ruim* ao enfrentar lutadores dessa mesma academia que estejam em impasse. Isso indica a orquestração de algum tipo de "arranjo" nas altas esferas do esporte – à semelhança dos juízes de patinação das Olimpíadas.

Nenhuma penalidade formal jamais foi imposta a um lutador japonês de sumô por forjar resultados numa luta. Autoridades da Associação Japonesa de Sumô costumam desqualificar quaisquer acusações sob o pretexto dessas serem meras invenções de ex-lutadores descontentes. Com efeito, a simples combinação das palavras sumô e trapaça na mesma frase é capaz de provocar um furor nacional. As pessoas costumam se pôr na defensiva quando a integridade de seu esporte nacional é questionada.

Ainda assim, alegações de "combinação" nas lutas vez por outra aparecem na mídia japonesa. Tais tempestades ocasionais oferecem mais uma oportunidade de avaliar a possibilidade de corrupção no sumô. O escrutínio da mídia, afinal, gera um forte incentivo: se dois lutadores de sumô ou suas academias efetivamente *combinaram* lutas, a tendência é que tenham medo de reincidir com uma multidão de repórteres e câmeras de televisão de olho neles.

O que acontece, então, nesses casos? Os dados mostram que nos torneios de sumô realizados imediatamente após o surgimento desse tipo de denúncia, lutadores com histórico de 7-7 vencem apenas 50% das lutas do último dia de competição travadas contra adversários com histórico de 8-6, em lugar dos 80% habituais. Não importa o ângulo sob o qual se examinem os dados, eles inevitavelmente sugerem que é difícil negar que haja trapaça no sumô.

Muitos anos atrás, dois ex-lutadores de sumô apresentaram uma vasta quantidade de denúncias de existência de lutas "combinadas". E mais: segundo eles, afora esses arranjos, no sumô abundavam o uso de drogas e escapadelas sexuais, além de propinas e sonegação fiscal, bem como existia uma grande ligação com a *yakuza*, a máfia japonesa. Os dois passaram a receber ameaças telefônicas, sendo que um deles confidenciou a amigos ter medo de ser morto pela *yakuza*. Apesar disso, ambos levaram adiante os planos de conceder uma entrevista coletiva no Clube dos Correspondentes Estrangeiros em Tóquio. Pouco antes, porém, os dois morreram – com uma diferença de horas, no mesmo hospital, de distúrbios respiratórios similares. A polícia negou que as mortes tivessem sido provocadas, mas não investigou o caso. "É muito estranho essas duas pessoas morrerem no mesmo dia e no mesmo hospital", comentou Mitsuru Miyake, editor de uma revista de sumô. "Mas ninguém viu os dois serem envenenados, logo não há como comprovar o ceticismo."

Independente de terem ou não sido intencionais as suas mortes, os dois homens haviam feito algo inusitado para alguém pertencente ao mundo do sumô: citar nomes. Dos 281 lutadores abrangidos pelos dados acima mencionados, os denunciantes identificaram 29 atletas trapaceiros e 11 com fama de incorruptíveis.

O que acontece quando as evidências probatórias de denunciantes são decompostas na análise dos dados das lutas? Em combates travados por dois lutadores supostamente corruptos, o atleta em impasse venceu cerca de 80% das vezes. Enquanto isso, em lutas vitais contra um adversário supostamente íntegro, o lutador em impasse não mostrou mais chances de vencer do que o seu currículo levaria a prever. Acrescente-se que nos combates entre um lutador supostamente corrupto e outro cuja honestidade não havia sido confirmada nem questionada pelos denunciantes, os resultados foram quase tão improváveis quanto os das lutas entre dois atletas corruptos, sugerindo que quase todos os lutadores que *não* haviam sido especificamente denunciados eram igualmente corruptos.

Se lutadores de sumô, professores e pais usuários das creches trapaceiam, devemos inferir que a humanidade é inata e universalmente corrupta? Em caso afirmativo, quão corrupta?

A resposta pode estar em... broas. Consideremos a história verídica de um indivíduo chamado Paul Feldman.

Feldman foi um sujeito que acalentou grandes sonhos. Formado em economia agrícola, seu desejo era acabar com a fome no mundo. Em vez disso, assumiu um cargo em Washington, na Marinha americana, de analista de gastos com armamentos. Corria o ano de 1962. Durante os 20 e poucos anos seguintes, Feldman desenvolveu atividades semelhantes a essa. Exerceu funções no alto escalão e ganhou um bocado de dinheiro, mas não se sentia totalmente satisfeito com seu trabalho. Na festa de Natal do escritório, os colegas o apresentavam às esposas não como “o chefe do grupo de pesquisas de mercado” (cargo que era o dele), mas como “o cara que nos traz as broas”.

A história das broas começou de forma acidental: um chefe recompensando seus subordinados toda vez que um contrato de pesquisa era fechado. A partir daí, nasceu um hábito. Toda sexta-feira, Feldman trazia para os colegas algumas broas, uma faca serrilhada e *cream cheese*. Quando os funcionários dos outros andares souberam disso, também quiseram ser incluídos no lanchinho, até que um dia nosso amigo se viu levando para o escritório 15 broas por semana. Para se reembolsar da despesa, criou uma “caixinha” com um aviso onde constava o preço sugerido. O reembolso que obtinha correspondia a 95% do seu gasto, mas ele atribuía a diferença de 5% à desatenção e não à fraude.

Em 1984, por ocasião da mudança de administração em seu instituto de pesquisa, Feldman fez um balanço de sua carreira e não gostou do que viu. Resolveu largar o emprego e passar a vender broas. Os colegas economistas acharam que ele tinha pirado, mas a esposa o apoiou. O filho mais novo dos dois estava terminando a faculdade, e o casal já quitara a hipoteca da casa em que morava.

Percorrendo os estacionamentos dos prédios de escritórios nos arredores de Washington, Feldman seduzia os clientes com uma isca simples: de manhã cedinho, fazia a entrega das broas e de uma "caixinha" na sala de recreação de uma empresa; antes do almoço, voltava para coletar o dinheiro e as broas não consumidas. Era um esquema de comércio baseado na honra, e funcionava. Em poucos anos, Feldman passou a entregar 8.400 broas por semana a 140 empresas, ganhando tanto quanto ganhava na época em que era analista de mercado. Desatara as amarras de uma vida enclausurada e encontrara a felicidade.

Feldman também realizou – sem ter tido a intenção de fazê-lo – um belíssimo experimento econômico. Desde o início, ele manteve uma escrituração minuciosa de suas vendas. Assim, comparando o dinheiro coletado com as broas consumidas, descobriu ser possível avaliar, até o mínimo centavo, a honestidade de seus fregueses. Roubavam dele? Em caso afirmativo, quais as características de uma empresa que roubava e quais as características de uma empresa honesta? Em que circunstâncias costuma-se roubar mais, ou menos?

Com efeito, o estudo acidental de Feldman fornece uma pista sobre um tipo de trapaça que há muito deixava cismados os estudiosos: o crime do colarinho branco (sim, lesar o vendedor de broa é um crime do colarinho branco, embora menor). Pode parecer estranho abordar um problema sério e refratário como esse através da existência de um vendedor de broas, mas é comum uma pergunta simples e curta auxiliar na solução de grandes problemas.

A despeito de toda a atenção dispensada a empresas fraudulentas como a Enron, os estudiosos conhecem muito pouco as peculiaridades dos crimes do colarinho branco. Por que motivo? Os dados não são confiáveis. Um fator-chave desse tipo de crime é que tomamos conhecimento apenas do ínfimo número de casos em que as pessoas foram *flagradas* trapaceando. A maioria dos estelionatários leva uma vida discreta e teoricamente feliz; raramente os funcionários que roubam suas empresas são descobertos.

Em compensação, esse não é o caso quando se trata do crime de rua. Roubos, assaltos e homicídios são investigados, pegue-se ou não o criminoso. Um crime de rua tem uma vítima e essa dá queixa do mesmo à polícia, gerando a produção de dados que, por sua vez, dão ensejo a milhares de trabalhos acadêmicos assinados por criminologistas, sociólogos e economistas. Mas os crimes do colarinho branco não apresentam vítimas óbvias. De quem, exatamente, os maiorais da Enron roubaram? E como mensurar algo quando não se sabe com quem aconteceu o fato, sua freqüência e dimensão?

O negócio das broas de Paul Feldman era diferente. Havia uma vítima: Paul Feldman.

Quando abriu seu negócio, Feldman calculou um retorno de 95%, baseando-se na experiência que tivera no próprio escritório. Porém, assim como os crimes costumam ser raros numa área muito policiada, o percentual de 95% era artificialmente alto: a presença de Feldman inibira o roubo. Além disso, os consumidores das broas conheciam o fornecedor e tinham uma relação (supostamente boa) com ele. Boa parte das pesquisas de cunho psicológico e econômico revelou que as pessoas se dispõem a pagar preços diferentes pela mesma coisa dependendo de quem a fornece. O economista Richard Thaler, em seu estudo "Cerveja na Praia", de 1985, demonstrou que um banhista sedento pagaria $2,65 por uma cerveja no bar do hotel da beira da praia, mas apenas $1,50 pela mesma cerveja num botequim "pé-sujo".

No mundo cá fora, Feldman descobriu que teria que se contentar com menos de 95%, passando a considerar "honesta" uma empresa que efetuasse o pagamento de mais de 90% do devido. Para ele, uma taxa de 80 a 90% podia ser rotulada de "inconveniente, porém tolerável". No caso de uma empresa cujo índice de pagamento ficasse abaixo de 80%, o homem das broas recorria a um aviso do seguinte teor:

> O custo das broas aumentou consideravelmente desde o início do ano. Infelizmente, o número de broas consumidas sem serem pagas também aumentou. Isso não pode continuar. Não creio que ensinem seus filhos a roubar. Por que, então, vocês estão roubando?

No início, Feldman deixava, juntamente com as broas, uma cesta aberta para a coleta, mas volta e meia o dinheiro sumia. Então ele tentou um copo de plástico com uma abertura na tampa, que igualmente revelou-se por demais tentador. No final, a solução foi uma caixinha de madeira com um pequeno rasgo na superfície. A solução funcionou. Todo ano, Feldman deixa cerca de sete mil caixinhas, perdendo, em média, apenas uma. Essa é uma estatística curiosa: as mesmas pessoas que rotineiramente surrupiam mais de 10% do preço das broas quase nunca se permitem roubar a caixinha do dinheiro – um tributo à avaliação do matiz social do roubo. Do ponto de vista de Feldman, um funcionário de uma empresa que consuma uma broa sem pagar por ela está cometendo um crime, mas o funcionário provavelmente não pensa assim. É bem possível que essa diferença de avaliação tenha menos a ver com a pequena quantia de dinheiro envolvida (as broas de Feldman custam apenas um dólar, incluindo o *cream cheese*) do que com o contexto do "crime". O mesmo funcionário que não paga pela broa pode igualmente tomar um bom gole de refrigerante enquanto enche seu copo num restaurante *self-service*, mas é bem pouco provável que saia sem pagar a conta.

O que revelam, então, os dados das broas? Nos últimos anos, surgiram duas tendências dignas de nota no índice de pagamento das mesmas. A primeira foi um longo e lento declínio a partir de 1992. No final do segundo semestre de 2001, o índice geral caíra para 87%. Imediatamente em seguida ao dia 11 de setembro daquele ano, porém, o índice subiu 2%, tendo caído muito pouco desde então (se um ganho de 2% não representa muito, encaremos o fato da seguinte maneira: o índice de não-pagamento caiu de 13 para 11%, o que significa um declínio de 15% no roubo). Tendo em vista que um bom número de fregueses de Feldman contribui para a Previdência Social, é possível considerar a presença de um elemento patriótico neste Efeito 11 de Setembro. Por outro lado, talvez isso represente uma onda geral de solidariedade.

Os dados também mostram que os escritórios menores são mais honestos do que os maiores. Um escritório que conte com umas poucas dezenas de empregados costuma ser cerca de 3 a 5% mais honesto quanto ao pagamento das broas do que um escritório com centenas de funcionários. Essa constatação soa, à primeira vista, contra-intuitiva. Em um escritório maior, um grupo maior de pessoas costuma se reunir em torno da mesa das broas, resultando em mais testemunhas para o ato de pôr o dinheiro na caixa. Mas na comparação entre escritórios grandes e pequenos, o crime da broa aparentemente reflete o crime de rua. Há muito menos crime de rua *per capita* nas áreas rurais do que nas áreas urbanas, devido, em grande parte, ao fato de que um criminoso rural corre mais risco de ser identificado (e, por isso, detido). Do mesmo modo, uma comunidade menor costuma prover incentivos sociais maiores, dos quais o principal é a vergonha.

Os dados das broas refletem o quanto o humor do indivíduo afeta a sua honestidade. O clima, por exemplo, é um fator de peso. Um clima ameno fora de época estimula um índice de pagamento mais alto, enquanto uma onda de frio atípica, bem como chuva e vento fortes, conduzem a um aumento do mesmo índice. Pior são os feriados. Na semana do Natal o índice de pagamento cai 2% – novamente um aumento de 15% no roubo, efeito reverso, e da mesma monta, do observado no 11 de setembro. O feriado de Ação de Graças é quase tão prejudicial quanto o Natal; a semana do Dia dos Namorados também é péssima, bem como a que vem em seguida ao dia 15 de abril. Em compensação, existem alguns bons feriados: as semanas que incluem o Dia da Independência, o Labor Day* e o dia do Descobrimento da América (12 de outubro). Qual a diferença entre os dois conjuntos de feriados? Os de baixa incidência de furto constituem pouco mais que um dia extra de folga do trabalho, enquanto os de alta incidência de furto estão carregados de ansiedades de toda espécie e da perspectiva de encontro com os entes queridos.

Feldman também chegou a várias conclusões pessoais sobre honestidade, baseando-se mais na experiência do que nos dados. Acabou por concluir que o moral é um fator importante – um escritório é mais honesto quando os funcionários apreciam seus chefes e o próprio trabalho. Ele crê, também, que os funcionários mais categorizados furtam mais do que os que ocupam funções menos importantes. Essa descoberta resultou de anos de entrega para uma empresa que ocupava três andares – o último abrigando a diretoria, e os demais os departamentos de vendas, serviços e administração (para Feldman uma razão possível era a de que os executivos furtassem devido a uma exacerbada convicção de ter mais direito. O que não lhe passou pela cabeça foi que talvez a trapaça tivesse sido o meio usado para *chegar* à diretoria).

Se a moralidade representa a forma como gostaríamos que o mundo funcionasse e a economia representa a maneira como ele efetivamente funciona, a questão do comércio de broas de Feldman repousa no ponto em que se ambas se cruzam. Um monte de gente rouba dele, é verdade, mas a vasta maioria, mesmo que ninguém esteja olhando, não o faz. Esse resultado talvez surpreenda alguns, inclusive os colegas economistas de Feldman, que o avisaram, 20 anos atrás, que seu esquema baseado na honra jamais funcionaria. Adam Smith, contudo, não ficaria surpreso. Com efeito, o tema de

* *Nota da Tradutora*: Nos Estados Unidos, a primeira segunda-feira de setembro.

seu primeiro livro, *A teoria dos sentimentos morais*, era a honestidade inata do ser humano. “Por mais que se considere egoísta um indivíduo”, escreveu ele, “existem evidentemente alguns princípios em sua natureza, que o fazem interessar-se pela sorte dos outros, tornando necessária para ele a felicidade desses outros, embora daí não lhe advenha coisa alguma além do prazer de testemunhá-la”.

Feldman gosta de contar a seus amigos economistas uma história chamada “O anel de Gyges”. Ela faz parte de *A República* de Platão. Um aluno, Glauco, apresentou-a em resposta a uma aula de Sócrates – que, como Adam Smith, argumentava que as pessoas em geral são boas mesmo sem correr o risco de punição se não o forem. Glauco, à semelhança dos amigos economistas de Feldman, discordava dessa visão. O personagem de sua história, um pastor chamado Gyges, encontra por acaso uma caverna onde jaz um cadáver que usava um anel. Quando Gyges enfia o anel no próprio dedo, descobre que esse o torna invisível. Sem ninguém para monitorar seu comportamento, Gyges passa a praticar más ações – seduz a rainha, mata o rei e assim por diante. A história de Glauco levanta uma indagação moral: Algum homem seria capaz de resistir à tentação do mal se soubesse que seus atos não seriam testemunhados? Aparentemente, Glauco achava que não, mas Paul Feldman se alinha com Sócrates e com Adam Smith, pois sabe que a resposta, ao menos 87% das vezes, é afirmativa.

2 Em que a Ku Klux Klan se parece com um grupo de corretores de imóveis?

Em termos de instituição, a Ku Klux Klan tem uma história de altos e baixos. Foi fundada em Pulaski, no Tennessee, no período imediatamente seguinte à Guerra de Secessão por seis ex-soldados confederados. Os seis jovens, dos quais quatro eram advogados iniciantes, se viam simplesmente como um círculo de amigos com idéias em comum – daí o nome escolhido, "kuklux", leve alteração da palavra grega *kuklos* que significa "círculo". A ela acrescentaram "klan" pois todos tinham ascendência escocês-irlandesa. No começo, as atividades do grupo eram consideradas inofensivas brincadeiras noturnas: usando lençóis brancos e capuzes feitos de fronhas, os rapazes andavam pelos campos a cavalo. Não demorou, porém, para que a Klan passasse a ser uma organização multiestatal terrorista destinada a aterrorizar e matar escravos alforriados. Entre os líderes regionais havia cinco ex-generais confederados; seus maiores defensores eram os proprietários das fazendas agrícolas, para os quais a Reconstrução criara um pesadelo econômico e político. Em 1872, o Presidente Ulysses S. Grant expôs claramente para o Congresso os verdadeiros objetivos da Ku Klux Klan: "Através da força e do terrorismo, impedir toda e qualquer ação política em desacordo com a

* Ver nota à página 296.

visão de seus membros, privar os cidadãos de cor do direito de empunhar armas e do direito ao voto livre, fechar as escolas onde estudam crianças de cor e reduzir as pessoas de cor a uma condição intimamente associada à da escravidão."

A antiga Klan fazia seu trabalho por meio de panfletagem, linchamentos, incêndios, castrações, surras e muitas outras formas de intimidação. Os alvos eram ex-escravos e quaisquer brancos que defendessem para os negros o direito ao voto, à propriedade de terras ou à instrução. Em pouco mais de uma década, porém, a Klan foi extinta, em grande parte devido às intervenções legais e militares oriundas de Washington, a capital do país.

Mas se a Klan propriamente dita foi vencida, seus objetivos haviam sido em boa medida realizados através da aprovação das leis "Jim Crow".* O Congresso, que durante a Reconstrução fora rápido na edição de medidas visando à liberdade jurídica, social e econômica dos negros, com igual rapidez voltou atrás. O governo federal concordou em retirar do Sul as tropas de ocupação, permitindo o retorno do domínio branco. Em *Plessy x Ferguson*, a Suprema Corte americana deu sinal verde para a segregação racial em larga escala.

A Ku Klux Klan hibernou até 1915, quando o filme de D.W. Griffith *O nascimento de uma nação* – originalmente intitulado *The clansman*** – ajudou a fomentar seu renascimento. Griffith mostrou os membros da Klan como cruzados em defesa da própria civilização branca e sua missão como uma das empreitadas mais nobres da história americana. Do filme constava uma frase do livro *Uma história do povo americano*, escrito por um famoso historiador: "Afinal, veio à luz uma grande Ku Klux Klan, um genuíno império do Sul, com a finalidade de proteger o interior sulista." O autor do livro era o presidente americano Woodrow Wilson, no passado aluno e presidente da Universidade de Princeton.

---

* *Nota da Tradutora*: Apelido pejorativo aplicado a qualquer americano negro a partir de 1832, equivalente ao nosso "João Ninguém".

** *Nota da Tradutora*: O "Homem da Klan".

Na década de 1920, uma Klan renascida já arregimentara oito milhões de membros. Nessa época, a Klan não mais se achava confinada ao Sul, vicejando em todo o país, bem como não possuía como alvos somente os negros, mas católicos, judeus, comunistas, sindicalistas, imigrantes, agitadores e outros insurgentes contra o *status quo*. Em 1933, com o crescimento de Hitler na Alemanha, Will Rogers foi o primeiro a estabelecer um paralelo entre a ressurgida Klan e a nova ameaça na Europa: "Todos os jornais afirmam que Hitler está tentando copiar Mussolini", escreveu. "Para mim, ele está copiando a Ku Klux."

A eclosão da Segunda Guerra Mundial e uma série de escândalos internos novamente jogou a Klan nas sombras. A opinião pública se voltou contra ela quando a unidade de um país em guerra foi de encontro à sua mensagem de separatismo.

Em poucos anos, porém, surgiram sinais de um renascimento maciço. À medida que a ansiedade do período da guerra cedia lugar à incerteza do pós-guerra, a adesão à Klan desabrochou. Pouco mais de dois meses depois do Dia da Vitória, a Klan de Atlanta queimou uma cruz de 90 metros na encosta da Stone Mountain, local da célebre efígie de Robert E. Lee esculpida na rocha. O ato extravagante, disse um membro da Klan mais tarde, teve como objetivo "apenas fazer ver aos negros que a guerra acabara e que a Klan estava de volta ao jogo".

Atlanta era agora a sede da Klan. O grupo tinha ótimas relações com políticos influentes da Geórgia, e seus escritórios locais incluíam muitos policiais e vice-xerifes. Sim, a Klan era uma sociedade secreta, abundante em senhas e enredos capa-e-espada, mas seu verdadeiro poder residia no próprio temor público que ela fomentava – exemplificado pelo conhecimento geral de que a Ku Klux Klan e as autoridades responsáveis pela manutenção da ordem eram companheiras de armas.

Atlanta – a Cidade Imperial do Império Invisível da KKK, no jargão da Klan – também era o berço de Stetson Kennedy, um cidadão de 30 anos com as raízes de um Klansman, mas cujo temperamento o impelia na direção oposta. Nascido numa importante família sulista, Kennedy contava entre seus antepassados dois signatários da Declaração da Independência, um oficial do Exército Confederado e John B. Stetson, fundador da famosa fábrica de chapéus e dono do nome adotado pela Universidade Stetson.

Stetson Kennedy cresceu numa casa de 14 cômodos em Jacksonville, na Flórida, sendo o caçula de cinco filhos. Seu tio Brady pertencia à Klan. Mas Kennedy viria a se tornar, conforme ele próprio se rotulou, um "dissidente generalizado", escrevendo inúmeros artigos e vários livros que censuravam o preconceito. Primeiro atuou como folclorista, viajando pela Flórida para coletar velhas histórias e canções antigas. Anos mais tarde, quando trabalhou como um dos poucos correspondentes brancos para o *Pittsburgh Courier*, o maior jornal negro do país, publicava sob o pseudônimo de Daddy Mention – um herói negro do folclore que, conforme reza a lenda, era mais rápido do que o gatilho do xerife.

O que movia Kennedy era o horror às mentes fechadas, à ignorância, ao obstrucionismo e à intimidação – mazelas que, em sua opinião, ninguém exibia com maior orgulho do que a Ku Klux Klan. Para ele, a Klan era o braço terrorista do próprio *establishment* branco, problema que considerava inabordável por uma série de razões. A Klan desfrutava da intimidade de líderes políticos, homens de negócios e autoridades do Poder Judiciário. O povo sentia medo e impotência diante dela, e os poucos grupos antipreconceito então existentes careciam de poder e até mesmo de conhecimento a seu respeito. Conforme escreveu mais tarde, desgostava particularmente de um elemento-chave da Klan: "Praticamente o assunto só era tratado em editoriais e não como denúncias. Os autores *reprovavam* a Klan, é verdade, mas dispunham de pouquíssimos fatos comprovados *referentes* a ela."

Por esse motivo, Kennedy tratou de coletar esses fatos. Passaria vários anos entrevistando líderes e simpatizantes da Klan, algumas vezes se aproveitando do próprio currículo e sobrenome para fingir que advogava a mesma causa. Também comparecia a eventos públicos da Klan e, conforme relataria mais tarde, chegou a se infiltrar na Klan de Atlanta.

A Klan desmascarada, o livro de memórias de suas aventuras "dentro" da Klan é, na verdade, mais um relato romanceado do que propriamente uma obra de não-ficção. Kennnedy, um folclorista por vocação, aparentemente quis divulgar a história com a maior dramaticidade possível e, assim, incluiu não só as próprias atividades anti-Klan, como também as de outro indivíduo, de codinome John Brown. Brown era um sindicalista e ex-representante da Klan que mudou de lado e se ofereceu para infiltrar-se na Klan. Foi, ao que tudo indica, John Brown que protagonizou os mais dramáticos e perigosos episódios contados em *A Klan desmascarada* – comparecendo pessoalmente às reuniões da Klan e a outras solenidades em Atlanta. Como, porém, foi Stetson Kennedy quem mais tarde escreveu o livro, as ações de Brown nele aparecem como suas.

Ainda assim, havia muitas informações a serem aproveitadas nessa parceria Brown/Kennedy. Brown relatava o que descobria nas reuniões semanais da Klan: as identidades dos líderes locais e regionais da organização; os planos imediatos, os rituais, as senhas e o vocabulário corrente na Klan. (Assim, dois Klavaleiros da Klan entabulariam uma Klonversa na Klaverna local.) O aperto de mão secreto da Klan era com a mão esquerda e o pulso mole, à semelhança de um peixe se debatendo. Quando um Klavaleiro em viagem desejava localizar numa cidade estranha outros filiados da Klan, era só perguntar por um "Sr. Ayak" – "Ayak" correspondendo às iniciais de "Are You a Klansman? (Você é da Klan?). A resposta que esperava ouvir: "Sim, também conheço o Sr. Akay" – código para "A Klansman Am I" (Da Klan eu sou).

Em pouco tempo, John Brown foi convidado para se juntar aos Klavaleiros, a polícia secreta e "tropa de açoite" da Klan. Para um agente infiltrado, a situação era delicada: O que aconteceria se lhe mandassem perpetrar violências?

Mas, na verdade, um pilar central da vida na Klan – e do terrorismo em geral – é que a maior parte das ameaças de violência jamais passa da ameaça.

Consideremos o linchamento, a marca registrada da violência da Klan. A seguir, compilada pelo Instituto Tuskegee, transcrevemos a estatística, década a década, dos linchamentos de negros nos Estados Unidos:

ANOS	LINCHAMENTOS DE NEGROS
1890-1899	1.111
1900-1909	791
1910-1919	569
1920-1929	281
1930-1939	119
1940-1949	31
1950-1959	6
1960-1969	3

Não esqueçamos de que esses números representam não apenas os linchamentos atribuídos à Ku Klux Klan, mas o número total de linchamentos registrados. A estatística revela, no mínimo, três fatos dignos de nota. O primeiro é a óbvia diminuição de linchamentos ao longo do tempo. O segundo é a ausência de relação entre os linchamentos e a existência da Klan: na verdade houve *mais* linchamentos de negros entre 1900 e 1909, quando a Klan se encontrava hibernando, do que nos anos 20, quando a Klan abrigava milhões de membros – o que sugere que a Ku Klux Klan promoveu um número de linchamentos bem menor do que se costuma pensar.

Em terceiro lugar, é válido observar que, com relação ao tamanho da população negra, os linchamentos eram bastante raros. Claro que um linchamento já é demais. Mas, na virada do século, os linchamentos não constituíam o fato rotineiro que a memória histórica parece sugerir que fossem. Comparemos as 281 vítimas de linchamento na década de 1920 com o número de crianças negras mortas de desnutrição, pneumonia, diarréia e causas similares. Em 1920, cerca de 13 em cada 100 crianças negras morriam na infância, ou seja, aproximadamente 20 mil a cada ano – em comparação com 28 pessoas que eram linchadas por ano. Mesmo em

1940, cerca de 10 mil crianças negras ainda morriam a cada ano.

Que verdades maiores esses números sugerem? Como se explica que os linchamentos fossem relativamente raros e que tenham sofrido uma queda expressiva ao longo do tempo, mesmo diante do boom da Klan?

A explicação mais convincente é a de que todos aqueles primeiros linchamentos *funcionaram*. Os racistas brancos – fossem ou não membros da Klan – através de seus atos e retórica foram capazes de criar um forte esquema de incentivos que era, ao mesmo tempo, incrivelmente claro e amedrontador. Se um negro violasse o código de comportamento aceito, fosse por falar com um condutor branco de bonde ou por tentar votar, ele sabia que provavelmente seria punido, talvez com a morte.

Assim, em meados dos anos 40, quando Stetson Kennedy entrou para a Klan, a organização não tinha realmente *necessidade* de usar tanta violência. Muitos negros, há tanto tempo treinados para se comportarem como cidadãos de segunda classe – à custa de intimidação –, simplesmente obedeciam. Um ou dois linchamentos produziam um bom efeito profilático na indução da docilidade mesmo quando se tratava de um grupo grande, pois as pessoas costumam responder muito bem a incentivos fortes, sendo que poucos deles são mais poderosos do que o temor da violência aleatória – razão pela qual, em essência, o terrorismo é tão eficaz.

Mas se a Ku Klux Klan dos anos 40 não agia com uma violência uniforme, quem o fazia? Na verdade, a Klan que Stetson Kennedy descobriu consistia de um arremedo de fraternidade de indivíduos, a maioria deles com pouca instrução e poucas perspectivas, necessitados de um lugar para se abrir e de uma desculpa para, vez por outra, passar a noite fora de casa. O fato de que essa fraternidade promovia a cantoria de hinos semi-religiosos, a prestação de juramentos e a entoação de louvores a si própria – tudo de forma ultra-secreta – só a tornava mais sedutora.

Kennedy também descobriu ser a Klan uma operação financeira vigarista, ao menos para aqueles em seu topo. Os líderes possuíam uma série de fontes de renda: milhares de membros contribuindo com taxas obrigatórias; empresários que a contratavam para amedrontar os sindicatos que, por sua vez, pagavam a ela para não serem importunados; comícios que angariavam enormes doações em dinheiro e até mesmo o eventual contrabando de armas ou bebidas, sem contar as negociatas, como a Associação de Seguros de Vida da Klan, que vendia apólices para os membros, aceitando exclusivamente dinheiro vivo ou cheques emitidos em nome do próprio Grande Dragão.

E embora possa não ter sido tão letal como em geral se supõe, a Klan era bastante violenta - e o pior, talvez - tinha grandes esquemas de influência política. Kennedy, por isso, ansiava por prejudicar a Klan da maneira que pudesse. Quando tomou conhecimento dos planos para a invasão de um sindicato, passou a informação para um amigo sindicalizado. Levou, ainda, outras informações que obteve na Klan ao assistente do procurador-geral da Geórgia, um conhecido perseguidor da organização. Depois de examinar o estatuto de constituição da Klan, Kennedy escreveu para o governador da Geórgia sugerindo os fundamentos para a revogação do dito estatuto: a Klan havia sido fundada para ser uma entidade não-lucrativa e apolítica, mas ele tinha provas de que a mesma visava, claramente, tanto o lucro quanto a política.

Nenhuma de suas tentativas produziu o efeito desejado. A Klan estava de tal forma enraizada e forte que Kennedy se sentiu como alguém que atira seixos em um gigante. E ainda que conseguisse de alguma forma prejudicar a organização em Atlanta, os milhares de outras sedes em todo o país – a associação se encontrava agora em pleno ressurgimento – permaneceriam intocados.

Kennedy ficou profundamente frustrado, e dessa frustração brotou uma idéia brilhante. Assistira, certa vez, um grupo de meninos se divertirem com um jogo de espionagem no qual trocavam senhas secretas tolas. Isso o fez lembrar da Klan. Não seria ótimo, pensou ele, pôr as senhas da Klan e o restante dos segredos da organização nas mãos das crianças de todo o país – e dos pais delas também? Que melhor meio poderia haver para cortar as garras de uma sociedade secreta do que tornar públicas as suas mais secretas informações? Em lugar de atacar inutilmente a Klan de fora para dentro, que tal se ele conseguisse, de algum jeito, alardear todas as informações confidenciais que John Brown vinha recolhendo nas reuniões semanais da Klan? Juntando a espionagem de Brown com tudo que ele próprio aprendera nas próprias investigações, Kennedy provavelmente sabia mais segredos da Klan do que a maioria dos filiados à organização.

Kennedy recorreu à mídia de massa mais poderosa da época: o rádio. Começou repassando relatórios da Klan ao jornalista Drew Pearson, cujo programa *Washington Merry-Go-Round* era ouvido por milhões de adultos diariamente, e aos produtores da série *As aventuras do Super-Homem*, que chegava a milhões de crianças toda noite.

Falou-lhes do Sr. Ayak e do Sr. Akai e transcreveu trechos inflamados da bíblia da Klan, chamada Klorão (jamais lhe explicaram por que um grupo preponderantemente branco e cristão havia dado à sua bíblia o nome do livro mais sagrado do Islã). Explicou o papel das autoridades da Klan em qualquer Klestalagem local: o Klaliff (vice-presidente), o Klabee (tesoureiro), o Kladd (dirigente), o Klarogo (sentinela interna), o Klexter (sentinela externa), o Klokann (uma comissão de investigação de cinco homens) e os Klavaleiros cujo comandante era chamado Despedaçador-Mor de Traseiros). Detalhou a hierarquia da organização e sua estrutura, do nível local ao nacional: os Ciclopes Máximos e seus 12 Terrores; um Grande Titã e suas 12 Fúrias; um Grande Dragão e suas nove Hidras; e o Mago Imperial e seus 15 Genii. E Kennedy espalhou todas as informações que John Brown adquiriu ao se infiltrar na filial principal da Klan, a Klestalagem Nathan Bedford Forrest nº 1, Atlanta, Domínio da Geórgia.

Durante a guerra, no seriado *As aventuras do Super-homem* o herói lutava contra Hitler, Mussolini e Hirohito. Mas agora, era necessário providenciar novos vilões. A Klan constituía o alvo perfeito, e o Super-homem voltou seus poderes contra ela. Drew Pearson, confesso adversário da Klan, começou a dar notícias recentes da Klan em seu programa de rádio, em seguida ao qual fornecia atualizações, baseando-se nos relatórios de John Brown, a fim de mostrar como as primeiras notícias haviam enfurecido os representantes da Klan. O trabalho de Pearson criou uma câmara de eco que parecia estar levando à loucura o Grande Dragão Samuel Green. A seguir o relatório transmitido no programa de Pearson no dia 17 de novembro de 1948:

> Falando da Klaverna nº 1, Atlanta, Geórgia, na semana seguinte às eleições, o Grande Dragão entrelaçou as mãos e mais uma vez alertou os membros da Klan para terem cuidado com o vazamento de informações.
>
> "Preciso falar francamente nestas reuniões", disse ele, "mas bem que eu poderia chamar Drew Pearson antes de vir para cá e passá-las a ele, já que no dia seguinte ele as repassa de costa a costa. A AP e a UP me ligam já de manhãzinha, no café-da-manhã".
>
> O Grande Dragão falou de planos para uma grande queima da cruz em Macon, Geórgia, em 10 de dezembro. "Deverá ser a maior da história", anunciou "e espero o comparecimento de 10 mil membros da Klan, todos em seus camisolões."
>
> E acrescentou que o Clube dos Klavaleiros – o departamento de flagelos e açoitamentos - estava agora a postos e contava com muitos amigos na força policial de Atlanta.

Conforme prosseguiam as transmissões do programa de Pearson e do seriado Super-homem e Stetson Kennedy continuava a divulgar os segredos da Klan obtidos por John Brown a outros veículos radiofônicos e da imprensa, uma coisa engraçada aconteceu: o comparecimento às reuniões da Klan começou a declinar, bem como as inscrições de novos filiados. De todas as idéias boladas por Kennedy para lutar contra o preconceito, essa campanha foi, de longe, a mais inteligente. Ele virou o secretismo da Klan contra ela própria ao tornar públicas suas informações confidenciais; e assim, transformou um conhecimento precioso em munição para zombaria.

Americanos que por filosofia talvez estivessem inclinados a se opor à Klan recebiam agora informações específicas suficientes para opor-se a ela de forma mais ativa, e a opinião pública começou a mudar de lado. Americanos que por filosofia talvez estivessem inclinados a aderir à Klan recebiam agora todo tipo de aviso para não fazê-lo. Embora nunca tenha morrido de todo, principalmente no Sul – David Duke, um líder de fala macia da Klan de Louisiana, subiu bastante nas apostas para o Senado americano e outros cargos –, a Klan decerto foi prejudicada, ao menos no curto prazo, pela ostensiva disseminação de informações confidenciais. Embora seja impossível aquilatar precisamente o impacto que seu trabalho teve sobre a organização – Kennedy exacerbou algumas vezes as próprias reivindicações de forma tão vigorosa quanto a que usou para denunciar a Klan –, muita gente lhe deu boa parte do crédito pelo prejuízo causado a uma instituição que necessitava imensamente ser prejudicada.

Isso não se deveu ao fato de Kennedy ser corajoso, decidido ou persistente, embora ele fosse todas essas coisas. Tudo aconteceu porque Kennedy percebeu o poder da informação em si. A Ku Klux Klan foi um grupo cujo poder – à semelhança daquele dos políticos e dos corretores de imóveis ou da Bolsa – em grande parte resultava da sonegação de informações. Uma vez nas mãos erradas (ou, dependendo do ponto de vista, nas mãos *certas*), boa parcela da superioridade do grupo vira pó.

No final dos anos 90, o preço do seguro de vida por prazo determinado caiu drasticamente para espanto geral, já que não havia um motivo óbvio para isso. Outros tipos de seguro, incluindo o de saúde, o de automóveis e o de residências, certamente não ficaram mais baratos. Também nenhuma mudança radical afetou companhias e corretores de seguros nem seus segurados em potencial. O que, então, aconteceu?

A Internet aconteceu. Na primavera de 1996, o Quotesmith.com tornou-se o primeiro de vários sites a permitir a um cliente comparar, em segundos, os preços dos seguros de vida vendidos por dezenas de companhias diferentes. Ao contrário de outras formas de seguro – incluindo o seguro de vida total, que é um contrato financeiro bem mais complicado –, as apólices de seguro de vida por prazo determinado são bastante homogêneas: um seguro de $1 milhão é igualzinho a outro. Assim, o que importa realmente é o preço. Pesquisar o mercado atrás da apólice mais barata, processo antes complicado e cansativo, tornou-se simples. Com os clientes capacitados a encontrar, instantaneamente, a apólice mais barata, às companhias mais careiras não restou alternativa senão baixar seus preços. De repente, os usuários passaram a pagar $1 milhão a menos por ano pelo seguro de vida de prazo determinado.

Vale a pena ressaltar que esses sites apenas listavam os preços. Eles não vendiam seguros. Dessa forma, não era o seguro em si que estava sendo mascateado. À semelhança de Stetson Kennedy, o negócio deles era informação (se já existisse Internet na época em que Kennedy se infiltrou na Klan, ele provavelmente voltaria correndo para casa após cada reunião e poria a boca no trombone em seu próprio site). Naturalmente há uma diferença entre desmascarar a Ku Klux Klan e fazer o mesmo com os altos preços das apólices comercializadas pelas companhias de seguros. A Klan manipulava informações secretas e esse segredo gerava medo, enquanto os preços dos seguros eram apenas um conjunto de elementos passados ao cliente de forma tal que tornava difícil estabelecer comparações. Em ambas as situações, porém, a disseminação das informações diluiu o poder das mesmas. Como escreveu certa vez o desembargador da Suprema Corte Louis D. Brandeis: “Dizem que a luz do sol é o melhor desinfetante que existe.”

A informação é um facho de luz, uma vara, um galho, um freio, dependendo de quem a controla e da maneira como o faz. A informação possui tamanho poder que a *suposição* de tê-la, ainda que inverídica, já cria a impressão de competência. Consideremos o caso de um carro com um dia de uso.

O dia em que sai da agência é o pior dia da vida de um carro, visto que, instantaneamente, ele perde um quarto de seu valor.

Pode parecer absurdo, mas sabemos que é verdade. Um carro novo comprado por $20 mil não será revendido por mais do que $15 mil. Por quê? Porque a única pessoa que pensaria em revender um carro zerinho seria quem descobrisse ter levado um abacaxi. Por isso, ainda que o carro não seja um abacaxi, o comprador potencial supõe que sim, bem como supõe que o vendedor tenha alguma informação sobre o mesmo que ele, o comprador, desconhece. E o vendedor é punido por essa suposição.

E se o carro *for* um abacaxi? Melhor seria o vendedor esperar um ano para vendê-lo. A essa altura, a suspeita de que ele seja um abacaxi já terá desaparecido; a essa altura, outros estarão vendendo seus ótimos carros com um ano de uso, e o abacaxi irá se misturar com eles, provavelmente trocando de mão por um preço mais alto do que o merecido.

É comum que uma das partes numa transação disponha de mais informações do que a outra. Na linguagem dos economistas, isso é definido como assimetria das informações. Aceitamos como um dogma do capitalismo que alguém (geralmente um especialista) saiba mais do que outrem (em geral, um consumidor). Mas em todas as searas a assimetria das informações foi mortalmente atingida pela Internet.

A informação é a moeda da Internet. Como veículo, a Internet é incrivelmente eficiente na transferência da informação das mãos de quem a possui para as mãos de quem não a possui. Com freqüência, como no caso dos preços dos seguros de vida, a informação já existia previamente, mas de uma forma pulverizada (nessas condições, a Internet atua como um gigantesco ímã passado sobre um palheiro gigantesco encontrando e extraindo todas as agulhas ali plantadas). Assim como Stetson Kennedy conseguiu o que nenhum jornalista, filantropo ou promotor conseguiria, a Internet conseguiu o que nenhum advogado especialista em direitos do consumidor conseguiria: diminuir de forma drástica o abismo entre os especialistas e o público.

A Internet revelou-se especialmente frutífera nas situações em que um encontro cara a cara com um especialista poderia *exa-*

cerbar a assimetria das informações – situação em que o especialista utiliza sua superioridade em termos de informação para fazer com que nos sintamos idiotas, apressadinhos, mesquinhos ou ignóbeis. Imagine alguém que acabou de perder um ente querido, a quem o agente funerário – ciente de que essa pessoa não entende praticamente nada do assunto no qual ele é especialista e, além do mais, se encontra sob um forte impacto emocional – impinge um caixão de madeira nobre ao preço de $8 mil. Ou consideremos uma venda de automóvel: o vendedor faz o possível para ocultar o preço básico do carro sob uma montanha de acessórios e promoções. Mais tarde, porém, de cabeça fria, em casa, o comprador vai poder entrar na Internet e descobrir quanto exatamente a agência pagou à fábrica por aquele veículo. Ou consultar um site especializado em caixões e comprar, por conta própria, para o parente falecido o caixão de madeira nobre por apenas $3.595, entregue em casa no dia seguinte, a menos que deseje desembolsar $2.300 pelo "Último Buraco" (um caixão decorado com cenas de golfe) ou pelo "Lembranças da Caçada" (contendo cervos de altas galhadas e outros animais de caça) ou, ainda, optar por um dos modelos bem mais baratos, que o agente funerário, por descuido, sequer chegara a mencionar.

Mas a Internet, por mais poderosa que seja, não conseguiu acabar de vez com a assimetria das informações. Recordemos os chamados escândalos corporativos do início da década de 2000. Os crimes cometidos pela Enron englobavam parcerias ocultas, dívidas camufladas e a manipulação dos mercados energéticos. Henry Blodget, da Merrill Lynch, e Jack Grubman, da Salomon Smith Barney, elaboraram relatórios encorajadores de empresas que sabiam ser lixo. Sam Waksal despejou suas ações da ImClone assim que teve conhecimento de um relatório prejudicial feito pela FDA; sua amiga Martha Stewart também desaguou as dela, mentindo em seguida sobre o motivo por que o fez. A WorldCom e a Global Crossing inventaram bilhões de dólares de receita para elevar o preço de suas ações. Um grupo de empresas de fundos mútuos permitiu que clientes privilegiados transacionassem a preços privilegiados, e outro grupo foi acusado de ocultar as taxas de administração.

Embora bastante diversos, todos esses crimes têm uma característica em comum: foram pecados de informação. A maioria envolveu um especialista, ou uma gangue deles, para produzir informações falsas ou esconder informações verdadeiras. Em todos os casos os especialistas buscavam manter a assimetria das informações tão assimétrica quanto possível.

Os agentes desses atos, principalmente no domínio das altas finanças, apresentam invariavelmente esta defesa: "Todo mundo faz isso." O que em grande parte é verdade. Uma característica dos crimes de informação é que pouquíssimos são detectados. Ao contrário dos crimes de rua, eles não deixam atrás de si um cadáver ou uma janela quebrada. Ao contrário do ladrão de broas – ou seja, aquele que come uma das broas de Paul Feldman sem pagar por ela –, o agente de um crime de informação não precisa temer alguém como Paul Feldman monitorando cada centavo. Para que tais crimes cheguem ao conhecimento público, algo dramático precisa acontecer. Quando isso ocorre, os resultados costumam ser altamente reveladores. Os criminosos, afinal, não imaginavam que seus atos privados fossem se tornar públicos. Consideremos as conversas telefônicas secretamente gravadas dos empregados da Enron, que vieram a público depois que a empresa implodiu. Em uma dessas conversas, no dia 5 de agosto de 2000, dois especuladores discutiam a possibilidade de um incêndio silvestre na Califórnia permitir que a Enron aumentasse os preços da sua energia elétrica. "A palavra mágica", diz um deles, "é Queime, Benzinho, Queime". Alguns meses mais tarde, uma dupla de funcionários da Enron, Kevin e Bob, discutiram a decisão das autoridades da Califórnia de fazer a empresa devolver os lucros indevidos:

> KEVIN: Estão fazendo vocês devolverem a porra da grana? A grana que vocês roubaram das pobres vovozinhas da Califórnia?

> BOB: É, a vovó Millie, cara.
>
> KEVIN: E agora ela quer de volta a porra da grana que pagou por aquela energia toda que vocês entubaram nela por $250 a porra do megawatt/h.

Você acertou se concluiu que muitos especialistas usam contra você as informações que detêm. Eles dependem do fato de que você não as possui. Ou que fica de tal forma confuso diante da complexidade de operá-las que acaba não sabendo o que fazer com elas. Ou, que, impressionado com a competência que demonstram, não ouse desafiá-los. Se um médico lhe recomendar uma angioplastia – embora algumas pesquisas hoje em dia indiquem que a angioplastia é pouco eficaz na prevenção de enfartes –, você provavelmente não suporá que ele esteja usando sua superioridade em termos de informação para conseguir uma boa grana para si próprio ou algum colega. Mas, como explicou David Hillis, cardiologista do Southwestern Medical Center da Universidade do Texas, em Dallas, ao *The New York Times*, um médico pode ter os mesmos incentivos econômicos que tem um vendedor de carros, um agente funerário ou um administrador de fundo de investimentos: "Você é cirurgião-cardíaco e Joe Smith, o clínico local, lhe manda pacientes. Se começar a dizer a eles que o procedimento não é necessário, em pouco tempo Joe Smith deixará de lhe mandar pacientes."

Munidos de informações, os especialistas podem exercer uma pressão gigantesca, embora não-verbalizada: a do medo. Medo de que seus filhos descubram você morto de infarto no banheiro por não ter feito uma angioplastia. Medo de que um caixão barato condene sua avó a um destino terrível debaixo da terra. Medo de que um carro de $25 mil seja destruído como um brinquedo em um acidente, enquanto um de $50 mil protegeria seus entes queridos tal qual um escudo inviolável. O medo criado pelos especialistas comerciais talvez não rivalize com o medo gerado por terroristas como a Ku Klux Klan, mas o princípio é o mesmo.

Consideremos uma transação que, à primeira vista, não parece amedrontadora: a venda da sua casa. O que há de assustador nisso? Além do fato de que a venda de uma casa costuma ser a maior transação econômica da nossa vida, de que em geral temos pouca experiência em corretagem de imóveis e de que desenvolvemos um enorme apego emocional ao lugar onde moramos, existem no mínimo dois temores a nos pressionar: obter muito menos do que ela vale e não conseguir, de todo, vendê-la.

No primeiro caso, teme-se fixar um preço baixo demais; no segundo, fixar um preço alto demais. A função do corretor, naturalmente, é descobrir a meia-medida. Ele é a pessoa que possui todas as informações: o valor de casas similares, a tendência atual das vendas, as oscilações do mercado de hipotecas e, quem sabe mesmo, a dica sobre um possível comprador. O vendedor se considera uma pessoa de sorte por ter como aliado nessa empreitada altamente complexa um especialista tão informado.

Pena que o corretor veja as coisas de maneira bem diversa. Ele pode não considerar você um aliado e, sim, um alvo. Recordemos o estudo mencionado no início deste livro, mostrando a diferença entre os preços de venda das casas dos próprios corretores e os das casas vendidas por eles em nome de clientes. O estudo descobriu que um corretor mantém a própria casa no mercado, em média, 10 dias mais, aguardando uma oferta melhor, e a vende por um preço 3% superior ao que aceita pela nossa – ou seja, $10 mil a mais na venda de uma casa de $300 mil. Trata-se de $10 mil que entram no bolso dele e que não entram no nosso, um lucro bacana resultante do abuso da informação e de uma precisa percepção dos incentivos. O problema é que o corretor obtém um lucro adicional de apenas $150 ao vender a casa do cliente por $10 mil a mais, o que não representa grande recompensa para um bocado de trabalho extra. Por isso, o trabalho dele consiste em convencer o cliente de que uma oferta de $300 mil é uma ótima oferta, generosa até, e que só um tolo a recusaria.

Isso é algo delicado. Não fica bem para o corretor chamar você de bobo sem mais nem menos. Assim, ele simplesmente deixa implícita a observação, comentando, quem sabe, que uma casa muito maior, melhor e mais nova, no mesmo quarteirão, está à venda há mais de seis meses. Essa é a principal arma do corretor: converter a informação em medo. Consideremos a seguinte história, contada por John Donohue, um professor de direito que lecionava na Universidade de Stanford em 2001: "Eu estava comprando uma casa no campus", recorda-se ele, "e o corretor do vendedor não parava de insistir em como era bom o negócio que eu ia fechar, já que o mercado estava prestes a disparar. Nem bem assinei a escritura, ele me perguntou se eu não precisava de um corretor para vender minha antiga casa na cidade. Respondi que provavelmente iria tentar vendê-la sozinho, ouvindo dele: 'John, isso talvez desse certo em circunstâncias normais, mas com a queda atual do mercado, você vai realmente precisar de um corretor.'"

Em cinco minutos, um mercado ascendente havia desabado. Essas são as pérolas que brotam da cabeça de um corretor em busca de um novo negócio.

Consideremos, agora, a história verídica do abuso de informações por parte de um corretor de imóveis. O fato se deu com K., grande amigo de um dos autores deste livro. K. queria comprar uma casa, anunciada por $469 mil. Estava disposto a fazer uma proposta de $450 mil, mas primeiro ligou para a corretora do vendedor, perguntando qual o valor mais baixo que ela achava que o dono aceitaria. A corretora foi logo reprovando tal conduta: "O senhor devia se envergonhar", disse ela. "Esta é uma clara violação da ética da corretagem imobiliária."

K. se desculpou, e a conversa foi dirigida para outros assuntos. Dez minutos depois, quando o telefonema já ia chegando ao fim, a corretora disse: "Só mais uma coisa. Meu cliente está disposto a vender a casa por muito menos do que o senhor imagina."

Baseando-se nisso, K. ofereceu $425 mil pela casa, em lugar dos $450 mil que planejara inicialmente. No final, o vendedor concordou em aceitar $430 mil. Graças à intervenção *do seu próprio corretor*, o vendedor perdeu, no mínimo, $20 mil. A corretora, por sua vez, perdeu apenas $300 – uma quantia pequena a pagar pela certeza de conseguir fechar o negócio com rapidez e facilidade, embolsando uma comissão líquida de $6.450.

Deduz-se, assim, que grande parte da função de um corretor imobiliário é convencer o dono do imóvel a vender por menos do que gostaria e, ao mesmo tempo, dar a entender aos compradores potenciais que um imóvel pode ser adquirido por menos do que o preço anunciado. Evidentemente, existem meios muito mais sutis para chegar a isso do que instruir diretamente o comprador a oferecer um valor baixo. O estudo citado sobre corretores imobiliários também inclui dados que revelam como as agências fornecem informações através dos anúncios que publicam. Uma expressão como "em bom estado", por exemplo, é tão carregada de significado para um corretor quanto era "Sr. Ayak" para um membro da Ku Klux Klan: significa que uma casa é velha, mas não está caindo aos pedaços. Um comprador atento perceberá isso (ou virá a descobri-lo quando vir a casa), mas para o idoso aposentado que a está vendendo "em bom estado" provavelmente soará como um elogio, que é precisamente o que o corretor deseja.

Uma análise da linguagem utilizada nos anúncios de imóveis demonstra que algumas palavras estão fortemente relacionadas ao preço final pelo qual uma casa é vendida. Isso não significa, necessariamente, que rotular uma casa de "em bom estado" *resulte* em que ela saia por menos do que um imóvel equivalente, mas indica que quando um corretor emprega o rótulo "em bom estado", ele está sutilmente encorajando um comprador a propor um valor baixo.

A lista a seguir relaciona dez palavras normalmente empregadas em anúncios de venda de imóveis. Cinco delas têm forte relação positiva com o preço final de venda e cinco têm forte relação negativa com o mesmo. Adivinhe, leitor, quais são umas e quais são as outras.

Os dez termos freqüentes em anúncios de venda de imóveis

Fantástico
Granito
Espaçoso
Moderno
!

Corian*
Charmoso
Tábua Corrida
Ótima Vizinhança
Gourmet

Uma casa "fantástica" certamente é fantástica o bastante para obter um preço alto, não? E que tal uma casa "charmosa" e "espaçosa" numa "ótima vizinhança"? Não, não, e não! Aí vai o resultado:

Os cinco termos relacionados a preços de venda mais altos

Granito
Moderno
Corian
Tábua corrida
Gourmet

Os cinco termos relacionados a preços de venda mais baixos

Fantástico
Espaçoso
!
Charmoso
Ótima Vizinhança

Nenhum dos cinco termos relacionados a preços de venda mais altos corresponde a uma descrição física da casa em si: granito, Corian e tábua corrida. Em matéria de informação, todos são específicos e diretos – logo, bastante úteis. Se você gosta de granito, provavelmente gostará da casa, mas ainda que ela não lhe agrade, "granito" com certeza não sugere um preço inflacionado. O mesmo se aplica a "gourmet" ou "moderno", ambos aparentemente dando a entender que uma casa é, sob algum aspecto, realmente fantástica.

* *Nota da Editora*: Superfície sólida para uso em móveis e ambientes.

Enquanto isso, "fantástico" e "charmoso" são adjetivos perigosamente ambíguos. Essas duas palavras parecem ser, no mundo da corretagem de imóveis, um código para indicar que uma casa não possui muitos atributos específicos que valham a pena ser descritos. Casas "espaçosas", por sua vez, costumam ser decrépitas e pouco funcionais. "Ótima vizinhança" sugere ao comprador que, bem, *esta* casa não é lá grande coisa, mas outras à sua volta são. Finalmente, um ponto de exclamação num anúncio de venda de imóvel é um péssimo sinal, uma declaração por escrito de que existem problemas por trás de um falso entusiasmo.

Em compensação, se examinarmos o que diz o anúncio da casa do *próprio* corretor, veremos enfatizados os termos descritivos (sobretudo "novo", "granito", "tábua corrida" e "pronta para morar") e não acharemos adjetivos vazios (incluídos aí "maravilhoso", "imaculado" e o revelador "!"). Depois de anunciar, o corretor só precisa esperar pacientemente o melhor comprador aparecer. Talvez a este ele diga que uma casa vizinha acabou de ser vendida por $25 mil *acima* do preço pedido ou mencione um imóvel que, no momento, está sendo objeto de uma guerra de propostas, sempre cuidando de tirar o maior proveito possível da assimetria de informações que lhe é tão cara.

O corretor imobiliário, porém – assim como o agente funerário, o vendedor de automóveis e as seguradoras –, também viu sua posição vantajosa ser comprometida pela Internet. Afinal, qualquer um que queira vender um imóvel pode agora coletar informações online sobre a tendência das vendas, as avaliações e os custos da hipoteca. A informação foi liberada, e os dados recentes sobre vendas mostram o resultado disso. Os corretores imobiliários ainda obtêm um preço mais alto pelas próprias casas em comparação ao de imóveis similares pertencentes a clientes, mas a partir da proliferação dos sites de corretagem de imóveis, a diferença de preço de umas para os outros encolheu em um terço.

Seria ingenuidade supor que as pessoas abusam do fato de serem detentoras de informação apenas quando estão agindo como especialistas ou comerciantes. Comerciantes e especialistas também são gente – o que sugere que provavelmente abusam da condição acima em suas vidas particulares, seja sonegando informações verdadeiras ou "maquiando" aquelas que decidem passar adiante. Um corretor imobiliário pode se achar espertinho quando anuncia uma casa "em bom estado", mas todos nós temos espertezas equivalentes.

Comparemos a forma como nos descrevemos numa entrevista de emprego com a que nos descreveríamos num primeiro encontro amoroso (ou, mais divertido ainda, comparemos a conversa nesse primeiro encontro com outra, com a mesma pessoa, no décimo ano de casamento). Ou pensemos em como agiríamos na primeira aparição em um programa de televisão em rede nacional. Que tipo de imagem você gostaria de passar? Talvez de inteligente, amável ou charmoso. Sem dúvida *não* lhe passa pela cabeça dar a impressão de ser mau ou preconceituoso. Quando a Ku Klux Klan estava no auge, seus membros sentiam orgulho em depreciar publicamente qualquer um que não fosse branco, cristão e conservador. De lá para cá, porém, o preconceito vem sendo grandemente rechaçado. Mesmo as demonstrações sutis de preconceito custam caro agora, quando ventiladas publicamente. Foi o que descobriu Trent Lott, o líder da maioria no Senado americano, ao fazer um brinde a Strom Thurmond, um outro senador – sulista como ele – na festa do centésimo aniversário do partido. Em seu brinde, Lott fez menção à campanha presidencial de Thurmond nas eleições de 1948, montada sobre a segregação racial. O Mississipi – terra natal de Lott – foi um dos quatro únicos estados a dar a vitória a Thurmond. "Temos orgulho disso", afirmou Lott para os convidados, "e se o restante do país tivesse nos seguido, não seríamos forçados a enfrentar os problemas surgidos ao longo de todos esses anos". A sugestão de que Lott fosse defensor da segregação despertou tamanha fúria que não lhe restou alternativa senão abdicar da liderança no Senado.

Mesmo sem ser uma pessoa pública, você decerto não iria querer parecer preconceituoso em público. Haveria uma forma de testar o preconceito em um contexto público?

Por mais improvável que pareça, o programa televisivo de perguntas e respostas *The Weakest Link** é um laboratório ímpar para o estudo da discriminação. Importado da Grã-Bretanha, *The Weakest Link* desfrutou por um breve período de grande popularidade nos Estados Unidos. O jogo reúne oito concorrentes (seis, em uma posterior versão vespertina) que respondem, individualmente, a perguntas triviais e concorrem a um único prêmio. No entanto, o jogador que responde corretamente à maioria das perguntas não é, necessariamente, aquele que fica no jogo. Após cada rodada, os candidatos escolhem, um por um, outro para ser eliminado. Supostamente, a competência para responder perguntas triviais seria o único fator a considerar: raça, sexo e idade não deveriam fazer diferença. Mas será que fazem? Comparando-se os votos efetivamente dados por um concorrente e os que lhe teriam sido mais convenientes, é possível dizer se existe ou não discriminação.

A estratégia dos votos muda à medida que o jogo avança. Nas primeiras rodadas, faz sentido eliminar maus jogadores, uma vez que o bolo do prêmio só cresce quando as perguntas são respondidas corretamente. Nas rodadas seguintes, o incentivo estratégico vira. A vantagem de engordar o prêmio é suplantada pelo desejo de cada concorrente de levá-lo para casa. É fácil chegar lá, se você elimina os outros bons jogadores. Assim, a grosso modo, o concorrente normalmente votaria para eliminar os piores jogadores nas primeiras rodadas e, nas rodadas finais, os melhores.

A chave para avaliar os dados das votações de *The Weakest Link* é separar a competência de cada participante de sua raça, sexo e idade. Se um jovem negro responde corretamente um monte de perguntas, mas é eliminado logo, isso levaria a supor a existência de discriminação. Por outro lado, se uma mulher branca madura não respondeu corretamente a uma pergunta sequer e ainda não foi eliminada, algum tipo de favoritismo discriminatório deve estar presente.

* *Nota da Tradutora:* Em português, "O Elo mais Fraco".

Ressaltemos, mais uma vez, que tudo que acontece é televisionado. Cada concorrente sabe que os amigos, a família e os colegas de trabalho estão assistindo. Então, quem são os discriminados – se é que existe discriminação – em *The Weakest Link*?

Comprovadamente, não são os negros. Uma análise de mais de 160 programas revela que os participantes negros, tanto no estágio inicial quanto no estágio final do jogo, são eliminados em quantidade proporcional à competência que demonstram para responder às perguntas. O mesmo é verdade com relação a participantes do sexo feminino. Até certo ponto, nenhuma das descobertas surpreende. Duas das campanhas sociais mais poderosas dos últimos 50 anos foram o movimento de direitos humanos e o movimento feminista, que demonizaram, respectivamente, a discriminação contra os negros e contra as mulheres.

Vai ver, a discriminação foi, felizmente, erradicada ao longo do século XX, como aconteceu com a paralisia infantil.

Ou quem sabe tenha ficado tão fora de moda discriminar certos grupos que todos, à exceção dos mais insensíveis, se esforçam para ao menos *parecerem* livres de preconceito, ao menos em público. Isso não significa o fim da discriminação em si, mas apenas que as pessoas têm vergonha de exibi-la. Como saber se a ausência de discriminação contra negros e contra mulheres representa uma ausência genuína da mesma ou tão-somente uma fachada? A resposta pode ser encontrada através da observação de outros grupos que a sociedade não protege tanto. Na verdade, os dados das votações do programa *The Weakest Link* indicam que dois tipos de concorrentes *são* sistematicamente discriminados: os idosos e os hispânicos.

Os economistas defendem duas teorias para explicar a discriminação. Curiosamente, os participantes idosos do programa parecem se enquadrar em uma delas, enquanto os hispânicos se enquadram na outra. O tipo abordado na primeira é a chamada discriminação baseada no gosto pessoal, ou seja, alguém discrimina determinado tipo de pessoa simplesmente porque prefere não interagir com ele. No da segunda teoria, conhecido como discriminação baseada na informação, alguém acredita que um outro tipo de pessoa é menos capaz, agindo de acordo com essa crença.

No programa, os hispânicos são vítimas da discriminação baseada na informação. Os outros participantes os consideram maus jogadores, mesmo quando eles não o são. Essa sensação se traduz na eliminação dos hispânicos nas rodadas iniciais, ainda que eles estejam se saindo bem, e na *não* eliminação nas últimas rodadas, quando os outros candidatos optam por mantê-los no jogo para enfraquecer a concorrência.

Os participantes idosos, por outro lado, são vítimas da discriminação baseada na preferência pessoal: nas rodadas iniciais *e* nas finais, eles são eliminados desproporcionalmente à sua competência. É como se os outros – no programa a média de idade é 34 anos – simplesmente não quisessem dividir o espaço com participantes mais velhos.

É bem possível que o típico concorrente do *The Weakest Link* sequer se dê conta de seu preconceito contra hispânicos e idosos (ou, no caso dos negros e das mulheres, de sua *falta* de preconceito). Afinal, é de se esperar que ele esteja nervoso e excitado por participar de um jogo rápido diante das câmeras. Decorre naturalmente daí uma outra pergunta: Como essa mesma pessoa expressaria suas preferências – provendo, assim, informações sobre si mesma – na privacidade do próprio lar?

Todo ano, cerca de 40 milhões de americanos trocam informações íntimas sobre si mesmos com desconhecidos. Tudo isso ocorre nos sites de encontro da Internet. Alguns deles, como o Match.com, eHarmony.com e Yahoo Singles, atraem um grande público. Outros agradam a gostos mais específicos: ChristianSingles.com, JDate.com, LatinMatcher.com, BlackSinglesConnection.com, CountryWesternSingles.com, USMilitarySingles.com, PlusSizeSingles.com e Gay.com. Os sites de encontros são o melhor empreendimento por assinatura da Internet.

Cada um deles opera de maneira ligeiramente diferente, mas a essência é esta: o assinante cria um anúncio de si mesmo que costuma incluir uma foto, informações básicas, nível de renda, de educação, preferências e idiossincrasias e daí por diante. Se o anúncio fisgar alguém, esse alguém envia um e-mail para o anunciante de onde pode brotar um encontro. Em vários sites, o assinante especifica seus objetivos: "relacionamento duradouro", "namoro passageiro" ou "paquera".

Assim é que existem aqui duas volumosas camadas de dados a serem garimpadas: as informações que as pessoas incluem em seus anúncios e o grau de retorno gerado por determinado anúncio. Cada camada de dados levanta suas próprias perguntas. No caso dos anúncios, quão diretas (e honestas) são as pessoas quando se trata de divulgar informações a respeito de si mesmas? E no caso do retorno, que tipo de informação nos anúncios é considerada a mais (e a menos) desejável?

Dois economistas e um psicólogo se reuniram recentemente para responder a essas perguntas. Ali Hortaçsu, Günter J. Hitsch e Dan Ariely analisaram os dados de um dos principais sites de encontros, direcionando seu foco para cerca de 30 mil usuários, metade deles em Boston e a outra metade em San Diego. Cinqüenta e sete por cento deles eram homens, e a idade média válida para todos os usuários era de 26 a 36 anos. Embora representassem uma miscigenação racial adequada para se chegar a algumas conclusões sobre raça, eram predominantemente brancos.

Igualmente, eram mais ricos, altos, magros e bem-apessoados do que a média. Ao menos a confiar no que haviam escrito sobre si mesmos. Mais de 4% dos paqueradores online afirmavam ganhar mais de $200 mil por ano, embora menos de 1% de usuários da Internet efetivamente ganhe tanto, o que sugere que três em quatro desses abonados tenham exagerado. Usuários de ambos os sexos declararam ser cerca de uma polegada mais altos que a média nacional. Quanto ao peso, o dos homens se mostrou em compasso com a média nacional, enquanto as mulheres quase sempre se declaravam cerca de nove quilos abaixo do peso médio nacional.

O mais notável é que 72% das mulheres afirmavam ser donas de uma beleza "acima da média", incluídas aí 24% delas que se diziam "lindas". Os homens não ficavam atrás: 68% descrevem a si próprios como "acima da média", incluídos aí 21% "muito bonitos". Isso reduz a apenas 30% o percentual de usuários com aparência "média", incluído aí 1% com aparência "abaixo da média" – o que indica que o típico usuário dos sites de encontros seja ou um fantasista ou um narcisista ou meramente avesso ao significado de "médio" (quem sabe todos eles sejam simplesmente realistas: como qualquer corretor de imóveis sabe, a casa padrão não é "charmosa" nem "fantástica", mas a menos que ele a descreva assim, ninguém sequer se dará ao trabalho de ir vê-la). Vinte e oito por cento das mulheres no site disseram ser louras, um número bem acima da média nacional, o que indica a presença de muita tinta ou de muita mentira, se não de ambas.

Alguns usuários, porém, mostraram-se estimulantemente honestos. Oito por cento dos homens – cerca de 1 em 12 – admitiram ser casados, sendo que metade se declarou "feliz no casamento". A honestidade, porém, não os faz temerários. Desses 243 "bem casados" da amostragem, apenas 12% optaram por juntar uma foto. O lucro de ganhar uma amante evidentemente foi desbancado pelo risco de ter o próprio anúncio descoberto pela esposa. ("E o que *você* foi fazer nesse site?", o marido poderia protestar, embora de nada fosse adiantar.)

De todas as receitas para se dar mal em um site de encontros, deixar de juntar uma foto certamente é a mais infalível (não que a foto precise ser, obrigatoriamente, do próprio; muitos usam a de um estranho mais bonito, mas tal feitiço em geral acaba virando contra o feiticeiro). Um homem que deixa de incluir sua foto recebe apenas 60% do volume da correspondência eletrônica enviada a outro que a inclua; no caso das mulheres, 24%. Um homem de baixa renda, pouca instrução, insatisfeito no emprego, não muito atraente, ligeiramente acima do peso e careca que inclua sua foto tem mais chance de receber alguns e-mails do que outro que declare receber $200 mil e ser estonteantemente lindo, mas deixe de incluir uma foto. Existem múltiplas razões para alguém não incluir uma foto – trata-se de uma dificuldade técnica, o freguês tem vergonha de ser flagrado pelos amigos ou, simplesmente, é feio – mas, como no caso de um carro zero com a tabuleta de "vende-se", os interessados concluirão que algo muito errado se esconde sob o capô.

Arrumar um encontro não é fácil. Cinqüenta e seis por cento dos homens que põem anúncio não recebem sequer um e-mail; 21% das mulheres não obtêm uma única resposta. Por outro lado, as características que suscitam melhor retorno não surpreenderão ninguém que conheça minimamente os dois sexos. Com efeito, as preferências expressas pelos paqueradores online combinam direitinho com os estereótipos mais comuns de homens e mulheres.

Por exemplo, os homens que dizem querer um relacionamento duradouro se saem muito melhor do que os que buscam um namoro passageiro. No entanto, as mulheres atrás de namoros passageiros dão-se maravilhosamente bem. Para os homens, a aparência da mulher é fundamental. Para as mulheres, a renda do homem é da maior importância. Quanto mais rico, mais e-mails um homem recebe. No caso das mulheres, ao contrário, o apelo da renda apresenta uma curva que sobe e desce: os homens não querem sair com mulheres que ganham *pouco*, mas quando elas começam a ganhar demais, eles fogem apavorados. Os homens gostam de sair com estudantes, artistas, musicistas, veterinárias e celebridades (evitando secretárias, aposentadas e integrantes das Forças Armadas e da polícia). As mulheres preferem os militares, policiais e bombeiros (um possível resultado do "Efeito 11 de Setembro", como aconteceu no caso do aumento de adimplência no negócio das broas de Paul Feldman), bem como advogados e executivos financeiros. As mulheres evitam operários, atores, estudantes e homens que trabalham com comida ou com atendimento. Para os homens, ser baixo é uma grande desvantagem (o que talvez explique por que tantos mentem nessa área), mas o peso não tem tanta importância. Para as mulheres, ser gorda é mortal (o que explica por que *elas* mentem). Para um homem, ter cabelo vermelho ou encaracolado é ruim, assim como ser careca, mas tudo bem se a cabeça for raspada. Para uma mulher, cabelo grisalho é péssimo, enquanto madeixas louras são o máximo.

Além de todas as informações sobre renda, instrução e aparência, homens e mulheres no site de encontros incluem a raça a que pertencem. Indicam, também, suas preferências com relação à raça de potenciais namorados. As duas respostas campeãs foram "a mesma que a minha" e "não faz diferença". Como os participantes do *The Weakest Link*, os usuários do site revelavam assim publicamente como se sentiam sobre pessoas diferentes deles. Viriam a expor suas *reais* preferências mais tarde, em e-mails confidenciais para aqueles com quem desejassem marcar encontros.

Cerca de metade das mulheres brancas no site e 80% dos homens brancos declararam que a raça não fazia diferença, mas os dados relativos às respostas contam uma outra história. Os homens brancos que afirmaram que a raça lhes era indiferente enviaram 90% de seus e-mails de sondagem para mulheres brancas. As mulheres brancas que disseram não se importar com a raça mandaram 97% de seus e-mails de sondagem para homens brancos. Isso significa que um asiático de boa aparência, rico e bem educado receberá 25% menos e-mails de mulheres brancas do que um branco com as mesmas qualificações; igualmente, negros e latinos recebem cerca da metade dos e-mails de mulheres brancas do que receberiam caso fossem brancos.

Será possível que a raça realmente não faça diferença para esses homens e mulheres brancos e que, simplesmente, eles não tenham achado nenhum não-branco que lhes interessasse? Ou será – o mais provável – que o fato de terem dito que a raça lhes era indiferente apenas signifique que queiram parecer abertos – sobretudo para companheiros da mesma raça?

O abismo entre as informações publicamente divulgadas e as que sabemos serem genuínas costuma ser enorme (ou, para simplificar: dizemos uma coisa e fazemos outra). Isso pode ser visto nas relações afetivas, nas transações comerciais e, é claro, na política.

A esta altura, estamos totalmente habituados às falsas declarações públicas dos políticos. Os eleitores, porém, também mentem. Consideremos uma disputa entre um candidato negro e um branco. Será que os eleitores brancos mentiriam aos pesquisadores de opinião, declarando que vão votar no candidato negro de modo a parecerem mais isentos do que efetivamente são? Aparentemente, sim. Na eleição para a prefeitura de Nova York em 1989, entre David Dinkins (um candidato negro) e Rudolph Giuliani (que é branco), Dinkins venceu por apenas poucos pontos. Embora Dinkins tenha se tornado o primeiro prefeito negro da cidade, sua pequena margem de vantagem surpreendeu, pois as pesquisas haviam lhe dado a vitória por quase 15 pontos. Quando o defensor da supremacia branca David Duke concorreu ao Senado americano em 1990, o número de votos que recebeu superou em quase 20% o previsto pelas pesquisas pré-eleitorais, o que indica que milhares de eleitores da Louisiana não quiseram admitir sua preferência por um candidato com pontos de vista racistas.

Duke, embora nunca tenha alcançado o alto cargo político que tantas vezes buscou, provou ser um mestre no abuso de informações. Como Grande Mago dos Cavaleiros da Ku Klux Klan, ele conseguiu compilar uma lista de endereços de milhares de membros e simpatizantes da Klan, que acabaram por constituir sua base política. Não contente de usar tal lista em proveito próprio, vendeu-a por $150 mil ao governador da Louisiana. Anos mais tarde, Duke voltaria a utilizar a lista, sugerindo a seus admiradores que atravessava uma época de vacas magras e precisava de doações. Graças a esse expediente, Duke levantou centenas de milhares de dólares para prosseguir com seu trabalho em prol da supremacia branca. Explicara a seus correligionários nas cartas enviadas que sua situação era tão difícil, que o banco vinha tentando retomar-lhe a casa.

Na verdade, Duke já a vendera com bom lucro (não sabemos se usou ou não um corretor de imóveis), e a maior parte do dinheiro angariado não estava sendo usada para promover a supremacia branca, mas para sustentar a jogatina, seu vício. Ele administrou essa rentável maracutaia até ser preso e mandado para a penitenciária federal de Big Spring, no Texas.

3 Por que os traficantes continuam morando com as mães?

Os dois capítulos anteriores partiram de uma dupla de perguntas assumidamente esdrúxulas: *O que têm em comum professores e lutadores de sumô?* e *Em que a Ku Klux Klan se parece com os corretores de imóveis?* No entanto, uma vez que façamos perguntas suficientes, por mais estranhas que pareçam no momento, acabamos por aprender algo que valha a pena.

O primeiro macete na formulação de perguntas é verificar se a nossa pergunta é boa. O simples fato de uma pergunta nunca ter sido feita antes não lhe confere qualidade. Gente inteligente vem perguntando há séculos, mas muitas perguntas que *jamais* foram feitas estão fadadas a receber respostas que não interessam a ninguém.

Contudo, se você for capaz de lançar uma pergunta sobre algo que realmente interessa e descobrir uma resposta capaz de surpreender os interessados – ou seja, se conseguir virar do avesso a sabedoria convencional – pode ser que se dê bem.

Foi John Kenneth Galbraith, o superletrado mago da economia, que cunhou a expressão "sabedoria convencional". Ele não a considerava um elogio. "Associamos a verdade à conveniência", escreveu, "àquilo que mais intimamente combina com o interesse e o bem-estar pessoal ou que mais intensamente prometa evitar grandes incômodos ou uma indesejável reviravolta. Também consideramos altamente aceitável aquilo que mais contribua para aumentar a auto-estima". O comportamento econômico e social, acrescentou Galbraith, "é complexo, sendo mentalmente cansativo entender sua natureza. Por isso, nos agarramos, como se fosse a um bote, às idéias que representam o nosso ponto de vista".

Assim é que, sob o ponto de vista de Galbraith, a sabedoria convencional deve ser simples, conveniente, cômoda e confortadora – embora não necessariamente verdadeira. Seria tolo argumentar que a sabedoria convencional *nunca* é verdadeira, mas perceber onde ela pode ser falsa – percebendo, quem sabe, os indícios de um raciocínio apressado ou interesseiro – é um bom ponto de partida para elaborar perguntas.

Consideremos a recente história dos sem-teto nos Estados Unidos. No início dos anos 80, um advogado dos sem-teto chamado Mitch Snyder começou a dizer que havia cerca de três milhões de americanos sem-teto. A opinião pública obedientemente tomou nota. Mais de uma em cada 100 pessoas não tinha moradia? Sem dúvida, era um número alto, mas... ora, foi dito por um especialista. Um problema até ali jacente repentinamente foi trazido à consciência nacional. Snyder chegou a depor no Congresso sobre a magnitude do mesmo. Dizem que também declarou para uma platéia de universitários que 45 desses sem-teto morriam a cada segundo – o que representaria o incrível total de 1,4 bilhão de sem-teto mortos a cada ano (a população dos Estados Unidos, na época, era de cerca de 225 milhões de pessoas). Supondo-se que Snyder tenha se expressado mal ou sido mal interpretado, querendo dizer que *um* sem-teto morria a cada *quarenta e cinco segundos*, ainda teríamos 701 mil sem-teto mortos a cada ano – aproximadamente um terço de todas as mortes ocorridas em solo norte-americano. Hã... No final, pressionado quanto ao número de 3 milhões de sem-teto, Snyder admitiu que o inventara, dizendo ter sido tão assediado por jornalistas que lhe pediam para fixar um número, que terminou dando esse para os satisfazer.

É triste, mas não surpreende descobrir que especialistas como Snyder possam ser interesseiros a ponto de enganar os outros. Eles não conseguem, porém, fazer isso sozinhos. Os jornalistas precisam tanto dos especialistas quanto os especialistas precisam dos jornalistas. Todo dia há jornais impressos e telejornais exigindo notícias, e um especialista capaz de produzir uma informação de impacto é sempre bem-vindo. Trabalhando em conjunto, os jornalistas e os especialistas são os arquitetos da sabedoria convencional.

A propaganda também é uma excelente ferramenta para criar a sabedoria convencional. O Listerine, por exemplo, foi inventado no século XIX como um eficiente anti-séptico cirúrgico. Mais tarde foi vendido, na forma destilada, para limpar o chão e curar gonorréia. Porém, só se tornou um sucesso retumbante, nos anos 20, quando foi louvado como solução para a "halitose crônica" – então um obscuro termo médico para mau hálito. Os novos anúncios do Listerine mostravam jovens dos dois sexos, ansiosos para casar, mas que perdiam essa vontade diante do fétido hálito de seus parceiros. "Será que vou conseguir ser feliz com ele apesar *disto*?", perguntava-se uma mocinha casadoira. Até então, não se convencionara achar o mau hálito uma catástrofe de tamanha monta, mas o Listerine produziu uma mudança. Como escreveu o estudioso de propaganda James B. Twitchell: "O Listerine foi mais responsável por promover a halitose do que a higiene bucal." Em apenas sete anos, a receita da empresa subiu de $115 mil para mais de $8 milhões.

Uma vez firmada, a sabedoria convencional é difícil de ser derrubada. Paul Krugman, o colunista do *The New York Times* e crítico ferrenho de George W. Bush, deplorou esse fato por ocasião do lançamento da campanha de reeleição do presidente, no início de 2004: "O perfil aprovado do Sr. Bush o mostra como um sujeito franco, honesto e direto, e as piadas que se encaixam em tal imagem são divulgadas. Se, no entanto, a sabedoria convencional o considerasse uma farsa, um bebê mimado que finge ser um caubói, os jornalistas teriam um bocado de material com que trabalhar."

Nos meses que antecederam a invasão americana do Iraque em 2003, especialistas cujas opiniões se conflitavam faziam previsões diametralmente opostas com relação às armas de destruição em massa iraquianas. No entanto, assim como no caso das "estatísticas" de Mitch Snyder a respeito dos sem-teto, um dos lados costuma ganhar a guerra da sabedoria convencional. Os defensores dos direitos das mulheres, por exemplo, supervalorizaram a ocorrência de crimes sexuais, afirmando que uma em cada três americanas irá ser vítima de estupro ou de tentativa de estupro ao longo da vida (o número exato está mais para uma em oito, mas os militantes sabem que só um insensível viria a público questionar tal afirmação). As pessoas que se esforçam para promover a cura de várias doenças terríveis freqüentemente fazem a mesma coisa. Por que não? Uma pequena dose de mentira criativa é capaz de chamar a atenção, gerar indignação e – talvez o mais importante – angariar fundos e vontade política para solucionar o problema.

É evidente que um especialista – seja ele um defensor dos direitos das mulheres, um assessor político ou um executivo de agência de propaganda – em geral tem incentivos diferentes dos nossos. E os incentivos de um especialista podem sofrer uma guinada de 180 graus, dependendo da situação.

Tomemos a polícia. Uma auditoria recente descobriu que a polícia de Atlanta vinha deixando de registrar um grande número de ocorrências desde o início dos anos 90. A prática aparentemente começou quando Atlanta foi candidata a sediar as Olimpíadas de 1996. A cidade precisava mudar sua imagem de violenta. E rápido. Por isso, a cada ano, milhares de crimes eram rebaixados de violentos para não-violentos ou simplesmente descartados (a despeito dessa tentativa insistente – só em 2002, mais de 22 mil registros policiais sumiram –, Atlanta permanece como membro freqüente da lista das cidades americanas mais violentas).

Enquanto isso, a polícia de outras cidades fez o caminho inverso ao longo dos anos 90. O repentino e violento surgimento do crack pôs as secretarias de segurança em todo o país a correr atrás de recursos. Elas deixaram claro que a luta era desigual: os traficantes tinham armas moderníssimas e uma inesgotável fonte de renda. A ênfase dada ao dinheiro ilícito revelou-se uma estratégia vencedora, pois nada melhor para enfurecer o povo cumpridor das leis do que a imagem de um traficante de crack milionário. A mídia apegou-se avidamente a essa história, descrevendo o tráfico de crack como um dos negócios mais lucrativos nos Estados Unidos.

Contudo, se qualquer um passasse apenas algumas horas nos conjuntos residenciais proletários onde o crack costuma ser vendido, perceberia algo curioso: não só a maioria dos traficantes dessa droga ainda mora nesses conjuntos, como a maioria deles ainda reside com a mãe. Aí, você talvez coçasse a cabeça, perguntando: "Por quê?"

A resposta consiste em encontrar os dados corretos, e o segredo para isso costuma ser encontrar a pessoa certa. Falar é fácil, claro. Os traficantes de drogas raramente se formam em economia, e os economistas raramente se socializam com traficantes. Assim, a resposta para essa pergunta exige que se encontre alguém que *tenha vivido* entre os traficantes e conseguido sair desse meio com os segredos de tal comércio.

Sudhir Venkatesh – seus amigos de infância o chamavam de Sid, mas quando cresceu ele voltou a usar Sudhir – nasceu na Índia, foi criado nos arredores de Nova York e no sul da Califórnia e se formou em matemática na Universidade da Califórnia em San Diego. Em 1989, foi tentar um PhD em sociologia na Universidade de Chicago. Estava interessado em entender como os jovens constroem suas identidades. Com essa finalidade, acabara de passar três meses acompanhando os Grateful Dead pelo país. O que não o interessava era o estafante trabalho de campo típico da sociologia.

Seu orientador de tese, o eminente estudioso da pobreza William Julius Wilson, imediatamente mandou Venkatesh fazer pesquisa de campo. Sua incumbência: visitar os bairros negros mais pobres de Chicago com uma prancheta e um questionário de 70 perguntas de múltipla escolha. A primeira delas era:

Como você se sente sendo negro e pobre?

a. muito mal
b. mal
c. nem bem nem mal
d. relativamente bem
e. muito bem

Um dia, Venkatesh andou vinte quarteirões, da universidade até um conjunto habitacional às margens do lago Michigan, para realizar sua pesquisa. O conjunto abrigava três prédios de dezesseis andares com fachadas de tijolos cinza-amarelados. Venkatesh logo descobriu que os nomes e endereços que tinha estavam totalmente defasados. Os prédios – condenados – se encontravam praticamente abandonados. Algumas famílias moravam nos andares mais baixos, tendo feito "gatos" para se abastecer de luz e água, mas os elevadores não funcionavam, assim como não havia luz nas escadas. A tarde ia adiantada e, como era inverno, já estava escurecendo.

Venkatesh, que apesar de sério, bonito e de boa estatura, não é anormalmente corajoso, havia subido até o sexto andar em busca de alguém disposto a responder seu questionário, deparando-se, de repente, com um grupo de adolescentes que jogava dados. Na verdade, aquela era uma gangue de jovens traficantes de crack que operava fora do prédio. Nenhum deles apreciou a invasão daquele estranho.

"Estudo na Universidade de Chicago", gaguejou Venkatesh, recitando o script de recenseador, "e estou fazendo..."

"Porra, crioulo, veio procurar o quê, aqui?"

Na ocasião havia uma guerra de gangues em Chicago. Nos dias anteriores a violência escalara, com tiroteios constantes. Esta gangue, um ramo da Black Gangster Disciple Nation, obviamente estava tensa. Os rapazes não sabiam o que pensar de Venkatesh. Não que ele *parecesse* fazer parte de uma gangue rival, mas como saber se não era um "olheiro"? Sem dúvida, não se tratava de um tira. Nem negro, nem branco, o universitário não era propriamente ameaçador – armado apenas com sua prancheta –, mas também não parecia totalmente inofensivo. Graças aos três meses passados com os Grateful Dead, ele ainda dava a impressão, como diria mais tarde, de "um autêntico pirado, com meu cabelo batendo na cintura".

Os integrantes da gangue começaram a debater o que fazer com Venkatesh. Deixá-lo ir embora? E se o cara, *afinal*, fosse correndo contar para a gangue rival onde ficava o ponto de encontro deles? Poderia haver um ataque surpresa! Um garoto nervoso não parava de agitar alguma coisa para lá e para cá na mão – à luz mortiça, Venkatesh acabou se dando conta de que era uma arma – e de resmungar: "Deixem ele comigo, deixem ele comigo." Venkatesh foi ficando com muito, muito medo.

O bando aumentou e ficou mais barulhento, até que surgiu um integrante mais velho, que arrancou a prancheta das mãos de Venkatesh. Quando viu o questionário, fez uma cara de espanto.

"Não consigo ler esta merda", disse ele.

"É porque você não *sabe* ler", observou um dos adolescentes, e todos riram do gângster mais velho.

O jovem mandou que Venkatesh lhe fizesse uma pergunta do questionário. Venkatesh começou com a da sensação de ser negro e pobre. Recebeu uma saraivada de vaias, umas mais raivosas que outras. Como viria mais tarde a contar para seus colegas universitários, percebeu que as respostas de múltipla escolha da letra "a" até a letra "e" eram insuficientes. Com efeito, sabia agora, as respostas deveriam ser:

a. muito mal
b. mal
c. nem bem nem mal
d. bastante bem
e. muito bem
f. foda-se

Justo quando as coisas estavam ficando pretas para Venkatesh, outro homem surgiu. Era J. T., o líder da gangue. J. T. quis saber a razão do tumulto. Em seguida, pediu para que Venkatesh lesse a pergunta do questionário. Depois de ouvi-la, disse que não poderia responder porque não era negro.

"Tudo bem", disse Venkatesh, "como se sente sobre ser *afro-americano* e pobre?"

"Também não sou afro-americano, idiota. Sou um *crioulo*." Dali em diante, J. T. engatou uma aula taxonômica exaltada, embora não inamistosa, sobre "crioulos" em comparação a "afro-americanos" em comparação a "negros". Quando acabou, fez-se um silêncio constrangido. Todos continuavam sem saber o que fazer com Venkatesh. J. T., que tinha pouco menos de 30 anos, havia esfriado os ânimos de seus subordinados, mas parecia não ter a intenção de interferir diretamente com a presa deles. A noite caiu e J. T. foi embora. "Ninguém sai daqui vivo", disse o adolescente nervoso que segurava a arma. "Você está sabendo disso, não é?"

Com o passar das horas, os pivetes foram relaxando. Ofereceram a Venkatesh uma cerveja e, depois, outras mais. Quando precisou fazer pipi, Venkatesh usou o mesmo lugar que eles usavam – a escada que levava ao andar de cima. J. T. apareceu algumas vezes ao longo da noite, mas não disse muita coisa. Raiou o dia e chegou a tarde. Vez por outra Venkatesh tentava abordar a pesquisa, mas os jovens traficantes de crack só riam e repetiam como eram idiotas aquelas perguntas. Finalmente, quase 24 horas depois de tropeçar neles, Venkatesh foi liberado.

Voltou para casa e tomou um banho. Estava aliviado, mas, ao mesmo tempo, curioso. Deu-se conta de que a maioria das pessoas, inclusive ele próprio, jamais havia parado para pensar como era o dia-a-dia de um bandido de gangue. Via-se agora ansioso para descobrir direitinho como os Black Disciples operavam.

Algumas horas mais tarde, Venkatesh resolveu voltar ao conjunto habitacional. A essa altura, já havia elaborado perguntas melhores para fazer.

Tendo visto com os próprios olhos que o método convencional de coleta de dados era absurdo no caso em questão, Venkatesh decidiu jogar no lixo o questionário e entrar na gangue como observador. Procurou J. T. e formulou sua proposta. J. T. achou que Venkatesh era um louco, na verdadeira acepção da palavra – um universitário querendo ser amiguinho de uma gangue de crack? Ao mesmo tempo, admirou sua persistência. Na verdade, J. T. também era formado – em administração. Ao sair da faculdade, fora trabalhar no Loop, no departamento de marketing de uma empresa que vendia móveis de escritório, mas se sentira tão peixe-fora-d'água – como um branco trabalhando na sede da Afro Sheen, era o que dizia – que pedira demissão. No entanto, nunca havia esquecido o que aprendera. Reconhecia a importância da coleta de dados e da busca de novos mercados e vivia atrás de melhores estratégias de gerenciamento. Em outras palavras, não era por acaso que J. T. liderava essa gangue de crack. Fora talhado para ser chefe.

Depois de muita conversa, J. T. prometeu a Venkatesh acesso irrestrito às operações da gangue, desde que lhe fosse garantido poder de veto sobre quaisquer informações que, se publicadas, pudessem vir a criar problemas.

Quando os prédios de tijolos encardidos à beira do lago foram demolidos, pouco tempo depois da primeira visita de Venkatesh, a gangue se mudou para outro conjunto habitacional ainda mais ao sul da cidade. Durante os seis anos seguintes, Venkatesh praticamente morou ali. Sob a proteção de J. T., observou de perto os membros da gangue, no trabalho e no lar. Fez inúmeras perguntas. Vez por outra sua curiosidade irritava os pivetes, mas o mais comum era os garotos tirarem partido da sua disposição para ouvi-los. "Isto aqui é uma guerra, cara", um traficante lhe disse. "Todo dia o pessoal se vira pra sobreviver. A gente faz o que pode. Não temos alternativa, e se tiver que morrer, porra, é isso que os crioulos fazem pra pôr comida em casa."

Venkatesh pulava de casa em casa, lavando louça e dormindo no chão. Comprava brinquedos para as crianças. Certa vez viu uma mulher usar o babador do filho para estancar o sangue de um traficante adolescente baleado na sua frente. William Julius Wilson, no conforto da Universidade de Chicago, padecia de pesadelos por conta do aluno.

Ao longo dos anos, a gangue enfrentou guerras sangrentas e acabou sofrendo um processo federal. Um integrante chamado Booty, um posto abaixo de J. T., trouxe seu caso a Venkatesh: o restante da gangue o responsabilizava por ter dado causa ao indiciamento, e ele suspeitava que seria morto em breve (e tinha razão). Antes, porém, precisava fazer uma penitência. Apesar de toda a conversa da gangue de que o tráfico de crack era inofensivo – chegavam a dizer que com isso o dinheiro negro não saía da comunidade negra –, Booty se sentia culpado. Queria deixar como legado algo que pudesse de alguma forma ajudar a geração seguinte. Entregou a Venkatesh uma pilha de cadernos em espiral surrados, nas cores da gangue: azul e preto. Ali estava um registro completo de quatro anos de transações financeiras do bando. Sob a orientação de J. T., os livros haviam sido escrupulosamente escriturados: vendas, salários, dívidas e até mesmo os "seguros" pagos às famílias de integrantes assassinados.

A princípio, Venkatesh nem queria os cadernos. E se o FBI descobrisse que estavam com ele? Talvez fosse indiciado também. Além disso, o que faria com os dados? A despeito de sua formação de matemático, há muito já parara de pensar em números.

Quando terminou seus estudos na Universidade de Chicago, Venkatesh foi agraciado com um estágio de três anos na Society of Fellows de Harvard. O ambiente de discussões brilhantes e bonomia – o lambri das paredes, o carrinho de bebidas que já pertencera a Oliver Wendell Holmes – maravilhou-o. Mesmo assim, volta e meia ele saía de Cambridge, voltando e tornando a voltar para a gangue do crack em Chicago. A pesquisa de rua transformou Venkatesh numa espécie de aleijão. Quase todos os outros jovens Fellows eram intelectuais convictos que gostavam de discutir em grego.

Um dos objetivos da sociedade era juntar estudiosos de diversas áreas que de outra forma não teriam oportunidade de se encontrar. Venkatesh logo descobriu outro Fellow anômalo, que também destoava do estereótipo da sociedade. Por acaso tratava-se de um economista que, ao invés de pensar grandes idéias macro, preferia dar atenção a microcuriosidades dissonantes. A criminalidade encabeçava sua lista. Em vista disso, com dez minutos de conversa, Sudhir Venkatesh contou a Steven Levitt a história dos cadernos em espiral de Chicago e os dois decidiram escrever juntos uma tese. Seria a primeira vez que esses inestimáveis dados financeiros viriam a cair nas mãos de um economista, permitindo uma análise de um empreendimento criminoso até então inexplorado.

Afinal, *como* funcionava a gangue? Para falar francamente, de maneira muito semelhante à da maioria das empresas americanas, embora nenhuma operação se assemelhasse mais à dela do que a do McDonald's. Com efeito, se puséssemos o organograma do McDonald's lado a lado com o dos Black Disciples, seria difícil diferenciá-los.

A gangue em que Venkatesh penetrara era uma entre cerca de 100 sucursais – verdadeiros franqueados – de uma organização Black Disciples mais ampla. J. T., o líder com nível universitário de sua franqueada, reportava-se a uma liderança central de aproximadamente 20 homens, chamada, sem ironia, de Conselho (ao mesmo tempo em que mauricinhos brancos se esforçavam para imitar a cultura *rapper* do gueto negro, os bandidos do gueto negro se esforçavam para imitar o modo executivo de pensar dos pais dos mauricinhos). J.T. entregava ao Conselho quase 20% de sua receita em troca do direito de vender crack numa área demarcada de 12 quarteirões. O resto do dinheiro ele dividia como quisesse.

Três "executivos" se reportavam diretamente a J.T.: um "xerife" (que garantia a segurança dos membros da quadrilha), um tesoureiro (que tomava conta do patrimônio líquido) e um mensageiro (que levava ao fornecedor e dele recebia grandes quantidades de droga e de dinheiro). Abaixo dos "executivos" ficavam os vendedores de rua, conhecidos como soldados. A meta de um soldado era um dia chegar a executivo. J.T. chegava a ter de 25 a 75 soldados em sua folha de pagamento, dependendo da época do ano (o outono era a melhor estação para o crack, sendo o verão e o Natal, períodos fracos) e do tamanho do território da gangue (que em dado momento dobrou, quando os Black Disciples efetuaram uma encampação hostil dos domínios de uma gangue rival). No patamar mais baixo da organização de J.T. podia haver até 200 membros, conhecidos como a ralé. Esses não tinham nenhum vínculo empregatício, mas pagavam contribuições à gangue – parte em troca de proteção contra gangues rivais e parte em troca da oportunidade de conseguir um emprego de soldado.

Os quatro anos registrados nos livros do bando coincidem com os anos de pico do boom do crack, e os negócios iam de vento em popa. O franqueado J.T. quadruplicou sua receita nesse período. No primeiro ano, embolsou, em média, $18.500 por mês. No último, a receita foi de $68.400 mensais. Abaixo uma amostra da receita mensal no terceiro ano:

Venda de drogas	$24.800
Contribuições	5.100
Taxas de extorsão	2.100
Total da receita mensal	$32.000

"Venda de drogas" representa exclusivamente o dinheiro do tráfico de crack. A gangue permitia que alguns membros da ralé vendessem heroína em seus domínios, contra uma remuneração fixa por tal licença em lugar de uma fatia dos lucros. (Esse era um dinheiro não contabilizado nos livros, que ia direto para o bolso de J. T., que, provavelmente, também bebia em outras fontes.) Os $5.100 em contribuições vinham exclusivamente dos membros da ralé, já que os membros efetivos não as pagavam. As taxas de extorsão eram cobradas de outros comerciantes que operavam nos domínios da quadrilha, incluídos aí os armazéns, as vans, os cafetões e ambulantes que vendiam mercadoria roubada ou consertavam carros na rua.

Agora vejamos as despesas de J. T., excluídos os salários, para faturar aqueles $32 mil mensais:

Preço da droga no atacado	$ 5.000
Remuneração do Conselho	5.000
Combatentes mercenários	1.300
Armas	300
Diversos	2.400
Total de despesas não-salariais mensais	$14.000

Combatentes mercenários eram não-membros contratados por prazo curto para ajudar a gangue a lutar em guerras por território. O custo das armas é pequeno porque os Black Disciples mantinham um acordo com os traficantes de armas locais, segundo o qual lhes prestavam ajuda para operar na vizinhança em troca de armas com desconto substancial ou mesmo de graça. As despesas diversas incluem honorários advocatícios, festas, subornos e "eventos comunitários" patrocinados pela gangue (os Black Disciples se esforçavam para serem vistos como um pilar de respeitabilidade, em vez de uma corja, pelos moradores do conjunto habitacional). As despesas diversas também incluem os custos relacionados com assassinatos de integrantes da gangue. O grupo não apenas custeava o funeral, como freqüentemente pagava uma soma equivalente a três anos de salário à família da vítima. Venkatesh perguntou certa vez por que a quadrilha era tão generosa a esse respeito. "Que pergunta mais idiota!", foi a resposta. "Você já está conosco há todo esse tempo e ainda não entendeu que a família deles é a nossa família. Não podemos abandoná-la. Conhecemos essa gente a vida toda, cara. O luto deles é o nosso luto. A família merece respeito." Havia uma outra razão para o pagamento de benefícios em caso de morte: o temor da gangue de uma rejeição por parte da comunidade (o negócio deles era nitidamente destrutivo). Com algumas centenas de dólares aqui e ali, o bando acreditava comprar a boa vontade dos vizinhos.

O restante do dinheiro arrecadado ia para os integrantes, com J.T. em primeiro lugar. Abaixo o item do orçamento do bando que mais alegria proporcionava a J. T.:

Lucro líquido mensal do líder	$8.500

A $8.500 por mês, o salário anual de J. T. chegava a cerca de $100 mil – livre de impostos, naturalmente, e sem incluir as várias quantias "por fora" embolsadas por ele, bem mais do que o salário recebido no curto período em que trabalhara num escritório do Loop. Observe-se que J. T. era apenas um de aproximadamente

100 líderes do mesmo escalão operando na organização dos Black Disciples. Assim é que havia realmente um punhado de traficantes que podia se dar ao luxo de levar uma vida abastada, ou – no caso do conselho diretor da gangue – *extremamente* abastada. Cada chefão chegava a receber $500 mil por ano (um terço deles, porém, acabava passando algum tempo na cadeia, uma desvantagem de peso de uma profissão ilícita).

Em resumo, os 120 ocupantes do topo da pirâmide dos Black Disciples ganhavam muito bem. A pirâmide onde se assentavam, contudo, era gigantesca. Utilizando a filial franqueada de J. T. como metro – três executivos e cerca de 50 soldados –, aproximadamente 5.300 homens trabalhavam para aqueles 120 chefões. Além disso, contavam-se mais 20 mil membros não-remunerados, muitos deles sonhando com uma oportunidade de efetivação, para o que se dispunham a pagar contribuições à gangue.

Qual era o salário desse emprego de sonho? Abaixo o total mensal da despesa salarial de J. T. com os integrantes da sua gangue:

Salário pago aos três executivos	$2.100
Salário pago a todos os soldados	7.400
Total mensal de salários (fora o do líder)	$9.500

O gasto mensal *total* de J. T. com o pagamento de seus empregados, assim, superava em apenas $1.000 a sua remuneração oficial. A hora de J. T. valia $66. Em compensação, seus três executivos levavam para casa, cada um, $700 por mês, o que representa, aproximadamente, uma hora de $7. A dos soldados não passava de $3,30, ou seja, menos que o salário mínimo. Diante disso, a resposta à pergunta inicial – se os traficantes ganham tanto dinheiro, por que ainda moram com suas mães? – é que, à exceção dos carrões, eles *não* ganham muito, e não lhes resta alternativa senão morar com as mães. Para cada abastado, há centenas de outros que ganham mal. Os 120 chefões da gangue dos Black Disciples representavam apenas 2,2% do total de membros, mas embolsavam bem mais que a metade dos lucros.

Em outras palavras, uma gangue de crack funciona de forma bem parecida ao modelo empresarial capitalista: é preciso estar próximo ao topo para ganhar um bom salário. Independentemente da retórica dos líderes sobre a natureza familiar do negócio, os salários das gangues são tão deturpados quanto os do mundo corporativo americano. Um soldado de gangue tem muito em comum com o empregado do McDonald's que frita hambúrgueres ou com o estoquista de um Wal-Mart. Na verdade, a maioria dos soldados de J. T. também tinha algum tipo de emprego lícito de salário mínimo para complementar seus parcos rendimentos ilícitos. O líder de uma outra gangue de crack disse uma vez a Venkatesh que podia perfeitamente pagar mais a seus soldados, mas isso não seria prudente. "Você tem aquele bando de crioulos abaixo de você querendo o seu emprego, sacou? Você toma conta deles, mas também precisa mostrar que é o chefe, sacou? Tem sempre que vir em primeiro lugar, ou então não é líder. Se começar a levar prejuízo, eles passam a ver você como um fraco e um bosta."

Além do baixo salário, os soldados trabalham em péssimas condições. Para começar, têm que ficar em pé numa esquina o dia todo fazendo negócio com drogados (os integrantes da gangue são seriamente aconselhados a não fazer uso do produto, conselho que, se necessário, é reforçado com surras). Os soldados também se arriscam a ser presos e, mais preocupante, a sofrer agressões. Com base nos demonstrativos financeiros e no restante da pesquisa de Venkatesh, é possível levantar uma lista de ocorrências adversas encaradas pela gangue de J. T. ao longo dos quatro anos em questão. O resultado é incrivelmente desolador. Se você fosse um integrante da gangue de J. T. durante todo esse período, aqui estão as situações típicas que teria enfrentado:

Número de prisões	5,9
Número de agressões não-fatais (excluídas as levadas a cabo pela própria gangue em virtude de infração às regras)	2,4
Chance de ser morto	1 em 4

Uma chance em 4 de ser morto! Comparemos esses riscos com os de um cortador de madeira, profissão considerada a mais perigosa nos Estados Unidos pelo Departamento de Estatísticas do Trabalho. Em um período de quatro anos, um cortador de madeira teria apenas 1 chance em 200 de morrer em decorrência de um acidente de trabalho. Ou comparemos os riscos do traficante de crack com aqueles a que está exposto um prisioneiro no corredor da morte no Texas, que executa mais prisioneiros do que qualquer outro estado americano. Em 2003, o Texas executou 24 prisioneiros – ou seja, apenas 5% dos quase 500 ocupantes das celas no corredor da morte nesse período. Isso significa que a chance de morrer traficando crack num conjunto habitacional de Chicago é maior do que a enfrentada por um prisioneiro no corredor da morte no Texas.

Então, se o tráfico de crack é a atividade mais perigosa dos Estados Unidos, e se o salário é de apenas $3,30 a hora, por que diabos alguém escolheria esse emprego?

Ora, pela mesma razão que leva uma garota bonita criada numa fazenda em Wisconsin a se mudar para Hollywood. Pela mesma razão que leva um zagueiro de futebol americano de time escolar a acordar às 5 da manhã para levantar peso. Todos eles querem vencer em uma área altamente competitiva na qual, se você conseguir chegar ao topo, vai ganhar uma fortuna (sem falar nas perspectivas de glória e poder).

Para a garotada criada num conjunto habitacional da zona pobre de Chicago, traficar crack é uma profissão glamourosa. Para muitos desses meninos, o emprego de chefe de quadrilha – altamente visível e lucrativo – era de longe o melhor que achavam possível almejar. Se tivessem sido criados em circunstâncias diversas, talvez pensassem em se tornar economistas ou escritores, mas no bairro em que a gangue de J. T. operava, a via para um emprego legítimo decente era praticamente invisível. Cinqüenta e seis por cento das crianças da vizinhança viviam abaixo da linha da pobreza (em comparação a uma média nacional de 18%). Setenta e oito por cento vinham de lares de pais solteiros. Menos de 5% dos adultos tinham nível universitário; 1 em 3 deles, no máximo, estava empregado. A renda média ali estava em torno de $15 mil anuais, bem menos que a metade da média americana. Durante os anos em que Venkatesh morou com a gangue de J. T., com freqüência foi requisitado pelos soldados para ajudá-los a arrumar "um bom emprego": o de zelador na Universidade de Chicago.

O problema do tráfico de crack é o mesmo que afeta todas as outras profissões glamourosas: um monte de gente competindo por um pequeno punhado de prêmios. Ganhar muito dinheiro na gangue do crack não era muito mais provável do que se tornar estrela do cinema para a matuta ou conseguir um lugar na liga principal para o zagueiro do time escolar. Os criminosos, porém, como todo mundo, são movidos a incentivos. Se o prêmio é suficientemente grande, eles farão uma fila de dobrar o quarteirão na expectativa de uma chance. Na zona pobre de Chicago, candidatos a vender crack superavam em muito as esquinas disponíveis.

Esses postulantes a barão da droga batiam de frente com uma lei trabalhista imutável: quando há muita gente disposta e apta a desempenhar uma função, raramente esse trabalho paga bem. Tal fator é um dos quatro que determinam um salário. Os outros são a especialização que um emprego requer, a insalubridade que o caracteriza e a demanda pelos serviços que ele provê.

O delicado equilíbrio entre esses fatores ajuda a explicar por quê, por exemplo, a prostituta, em média, ganha mais do que ganha, em média, um arquiteto. Essa não é a impressão que temos. Acharíamos que o arquiteto é mais competente (na acepção mais corrente do termo) e mais instruído (também na acepção mais corrente do termo). No entanto, as meninas não crescem sonhando com a profissão de prostitutas, de modo que a oferta potencial de prostitutas é relativamente pequena. Sua competência, embora não necessariamente "especializada", é exercida em um contexto muitíssimo especializado. O emprego é desagradável e repulsivo em relação a, no mínimo, dois aspectos: a possibilidade de conviver com a violência e a impossibilidade de constituir uma família estável. E quanto à demanda? Digamos que é mais provável um arquiteto contratar os serviços de uma prostituta do que vice-versa.

Nas profissões glamourosas – cinema, esportes, música, moda – está presente uma dinâmica diferente. Mesmo nas indústrias que ficam em 2º lugar no quesito glamour, como editoras, agências de publicidade e a mídia em geral, multidões de jovens brilhantes disputam empregos insignificantes que pagam mal e exigem dedicação irrestrita. Um editor-assistente ganhando $22 mil numa editora em Manhattan, um zagueiro de time escolar sem salário, e um traficante de crack adolescente recebendo $3,30 por hora estão no mesmo jogo, um jogo que mais se assemelha a um torneio.

As regras de um torneio são diretas. É preciso começar de baixo para ter chance de chegar ao topo. (Assim como uma estrela da liga principal provavelmente jogou na segunda divisão e um Grande Dragão da Ku Klux Klan começou como insignificante arqueiro, um típico barão da droga debuta na profissão vendendo drogas numa esquina.) É preciso estar disposto a trabalhar duro e em longas jornadas em troca de salários inferiores à média. Para avançar no torneio, é indispensável demonstrar não apenas que se está acima da média, mas que se é espetacular (a maneira de se destacar, é claro, difere de profissão para profissão; enquanto J. T. certamente monitorava o volume de vendas de seus soldados, era a força da personalidade destes que fazia a diferença – mais do que faria, por exemplo, para um astro do futebol). Finalmente, quando se chega à triste conclusão de que jamais se chegará ao topo, abandona-se o torneio (alguns insistem mais do que outros – basta ver os "atores" grisalhos servindo mesas em Nova York – mas, em geral, a mensagem é entendida logo).

A maioria dos soldados de J. T. não mostrava disposição para continuar sendo soldado depois de descobrir que não estava progredindo. Principalmente quando começaram os tiroteios. Após vários anos relativamente tranqüilos, a gangue de J. T. se envolveu numa guerra territorial com uma quadrilha vizinha. Os tiroteios se tornaram um acontecimento diário. Para um soldado – o representante da gangue na rua – tal situação era particularmente perigosa. A natureza do negócio exigia que os clientes o achassem com facilidade e rapidez. Se ele se escondesse da outra gangue, não venderia seu crack.

Até a guerra das quadrilhas, os soldados de J. T. haviam se mostrado dispostos a compensar o risco e o baixo salário com a recompensa da promoção. No entanto, como declarou um soldado a Venkatesh, eles agora queriam ser indenizados pelo risco adicional: "Você ficaria por aqui enquanto rola essa zorra toda? Não ficaria, certo? Por isso, se querem que eu arrisque a minha vida, vão ter que pagar, cara. Vão ter que me pagar mais, porque não vale a pena ficar por aqui na hora desta guerra."

J. T. não quisera essa guerra. Para começar, ela o obrigou a pagar salários mais altos a seus soldados em razão do risco adicional. Pior do que isso era o fato de que a guerra de quadrilhas era ruim para os negócios. Se o Burger King e o McDonald's se envolvem numa guerra de preços para obter uma fatia maior do mercado, ambos parcialmente compensam em volume o que perdem em preço (e ninguém está sendo morto). No caso de uma guerra de gangues, porém, as vendas desabam porque os clientes têm tanto medo da violência que não arriscam a sair em campo para comprar crack. Sob todos os aspectos, a guerra custou caro a J. T.

Então, por que razão ele a deflagrou? Na verdade, não foi ele. Foram seus soldados. No final das contas, esse chefe do tráfico não exercia o controle que gostaria sobre seus subordinados. E isso porque seus incentivos e os deles eram diferentes.

Para J. T. a violência era uma distração do negócio em questão; teria preferido que seus subordinados jamais dessem um único tiro. Para um soldado, contudo, a violência tinha uma utilidade. Uma das poucas maneiras de um soldado se destacar – e avançar no torneio – era provar sua coragem. Um matador angariava respeito, temor, comentários. O incentivo de um soldado consistia em fazer um nome; o de J. T., ao invés, era impedir que ele o fizesse. "Tentamos explicar a esses chinfrins que eles pertencem a uma organização séria", disse ele certa vez a Venkatesh. "O negócio aqui não é matar. Eles vêem essas porras de filme e ficam achando que o legal é sair por aí botando pra quebrar. Só que não é. Você tem que aprender a ser parte da organização; não pode brigar o tempo todo. É ruim para os negócios."

No final, J. T. se impôs. Supervisionou a expansão da gangue e promoveu uma nova era de prosperidade e de relativa paz. J. T. era um vencedor. Ganhava bem porque muito pouca gente sabia fazer o que ele fazia. Era um sujeito alto, bonitão, inteligente e durão que tinha o dom de motivar os outros. Também era manhoso, nunca se arriscando a ser preso por portar armas ou dinheiro. Enquanto o restante da gangue vivia na miséria na casa das mães, J. T. possuía várias casas, várias mulheres e vários carros. Claro que contava com a formação de administrador e estava sempre tentando reforçar essa vantagem. Por essa razão havia exigido a escrituração no estilo empresarial, cujos livros acabaram indo parar nas mãos de Sudhir Venkatesh. Nenhum líder de uma quadrilha franqueada jamais fizera isso. J. T. chegou, certa vez, a mostrar tal contabilidade ao conselho diretor para provar, como se houvesse necessidade de provas, seu pendor para os negócios.

E deu certo. Depois de seis anos gerenciando sua gangue local, J. T. foi promovido, ganhando um lugar no Conselho. Estava com 34 anos. Havia vencido o torneio. Esse torneio, no entanto, tinha um "porém" que o mercado editorial, o esporte profissional e até mesmo a indústria cinematográfica não têm. Afinal, a venda de drogas é uma atividade ilegal. Pouco tempo depois de J. T. se tornar diretor, os Black Disciples sofreram um processo federal que praticamente os tirou do mercado – o mesmo processo que levara o gângster chamado Booty a entregar os cadernos da contabilidade a Venkatesh – e J. T. foi condenado à prisão.

Abordemos agora outra pergunta insólita: O que o crack de cocaína tem em comum com as meias de náilon?

Em 1939, quando a DuPont apresentou ao mercado as meias de náilon, inúmeras americanas tiveram a sensação de que um milagre se produzira em seu benefício. Até então as meias eram feitas de seda, um material delicado, caro e cada vez mais escasso. Em 1941, já haviam sido vendidos cerca de 64 milhões de pares de meias de náilon – um número de meias maior do que o de mulheres adultas nos Estados Unidos. Essas meias, que eram baratas e altamente atraentes, se tornaram praticamente um vício.

A DuPont dera a tacada com que todo marqueteiro sonha: levar classe às massas. Nesse aspecto, a invenção das meias de náilon foi muito semelhante à invenção do crack de cocaína.

Nos anos 70, para uma pessoa chegada ao consumo de drogas nenhuma droga tinha mais classe do que a cocaína. Adorada pelos astros do rock e do cinema, jogadores de basquete e de outros esportes com bola e até mesmo por um ou outro político, a cocaína era a droga do poder e da ousadia. Era limpa, branca e charmosa. A heroína era "pra baixo" e a maconha, anestesiante, mas a cocaína produzia uma bela "viagem".

Em compensação, a cocaína também custava muito caro. E o "barato" produzido era de curta duração. Tudo isso levou seus usuários a tentarem aumentar a potência da droga, primeiramente por meio do *freebasing* – adicionando amônia e éter etílico fosse à cocaína hidroclorídrica ou à cocaína em pó e, depois, aquecendo-a para liberar a "base" da cocaína. Mas esse era um processo perigoso. Como foi amplamente comprovado, é melhor deixar a química com os químicos.

Enquanto isso, os traficantes e aficcionados de cocaína em todo o país – e provavelmente no Caribe e na América do Sul – trabalhavam numa versão mais segura da cocaína destilada. Descobriram que o processo de misturar o pó da cocaína em uma panela com soda e água e em seguida reduzir o líquido resultava em pequenas pedras de cocaína para ser fumada. O nome crack derivou do som produzido pela soda durante o cozimento. Outros apelidos carinhosos viriam depois: Rock, Kryptonite, Kiblles 'n Bits, Scrabble and Love. No início dos anos 80, a droga de classe ficou disponível para as massas. Agora, só faltavam duas coisas para fazer do crack um fenômeno: um fornecimento abundante de cocaína pura e uma fórmula para levar o novo produto ao grande mercado.

O abastecimento foi fácil, pois a invenção do crack coincidiu com uma superabundância de cocaína colombiana. No final dos anos 70, o preço da cocaína no atacado nos Estados Unidos caiu drasticamente, ao mesmo tempo em que o nível de pureza da droga crescia. Um emigrante nicaragüense chamado Oscar Danilo Blandon era suspeito de importar muito mais cocaína colombiana do que qualquer outra pessoa. Blandon realizou tantas transações com os novos traficantes de crack da zona pobre de Los Angeles que acabou ganhando o codinome de Johnny Rei do Crack. Tempos depois, ele diria que traficava cocaína para levantar dinheiro para os Contras de sua terra natal, patrocinados pela CIA. Blandon gostava de afirmar que a CIA, em contrapartida, lhe dava cobertura nos Estados Unidos, permitindo que ele vendesse cocaína impunemente. Tais declarações detonaram a crença que ainda permanece até hoje, principalmente entre os negros urbanos, de que a própria CIA era o principal patrocinador do comércio americano de crack.

Investigar a veracidade dessa crença não faz parte do objetivo deste livro. O que comprovadamente *é* verdade é o fato de que Oscar Danilo Blandon ajudou a criar um vínculo – entre os cartéis de cocaína colombianos e os comerciantes de crack internos – que para sempre mudaria a história americana. Ao depositar quantidades maciças de cocaína nas mãos das gangues de rua, Blandon e outros como ele provocaram um boom devastador do crack, dando a quadrilhas como a Black Gansgster Disciple Nation razão para existir.

Desde que as cidades existem, existem gangues de algum tipo. Nos Estados Unidos, elas têm sido uma espécie de casa de passagem para imigrantes recém-chegados. Nos anos 20, só Chicago abrigava mais de 1.300 gangues de rua, que englobavam todas as tendências éticas, políticas e criminosas imagináveis. Em geral, as gangues mostravam mais competência para arrumar briga do que para arrumar dinheiro. Algumas se viam como empreendimentos comerciais e um punhado delas – mais do que todas, a Máfia – efetivamente ganhava dinheiro (principalmente para os chefões). Em sua maioria, porém, esses gângsteres não passavam de "fichinhas", como se diz por aí.

Em Chicago floresceram principalmente as gangues negras de rua, cujos integrantes nos anos 70 chegavam à casa das dezenas de milhares, e os crimes que cometiam – grandes e pequenos – eram responsáveis por empanar o viço das zonas urbanas. Parte do problema provinha do fato de que esses criminosos aparentemente nunca eram presos. Os anos 60 e 70 foram um ótimo período para os bandidos urbanos na maioria das cidades americanas. A possibilidade de punição era tão pequena – esse foi o auge do sistema judicial liberal e do movimento pelos direitos dos criminosos – que não se pagava muito caro por cometer um crime.

Nos anos 80, contudo, os tribunais começaram a reverter radicalmente essa tendência. Os direitos dos criminosos foram limitados e os princípios norteadores das sentenças tornaram-se mais rígidos. Mais e mais gângsteres negros de Chicago eram mandados para as prisões federais. Por uma feliz coincidência, alguns de seus companheiros de cadeia eram integrantes de gangues mexicanas com fortes laços com os traficantes colombianos. No passado, os gângsteres negros compravam a droga de um intermediário, a Máfia – que, por acaso, estava comendo o pão que o diabo amassou por conta das novas leis antiextorsão do governo federal. À época que o crack aportou em Chicago, porém, os gângsteres negros já haviam estabelecido conexões para comprar a cocaína diretamente dos traficantes colombianos.

A cocaína nunca vendera bem no gueto: era cara demais. Isso antes da invenção do crack. O novo produto se mostrou ideal para usuários de baixa renda. Por demandar uma porção tão ínfima de cocaína pura, uma dose de crack custava uns poucos dólares. Seu intenso "barato" tomava o cérebro em apenas alguns segundos – e passava rápido, levando o usuário a querer mais. Desde o início, o crack estava fadado a um enorme sucesso.

E quem melhor para vendê-lo do que os milhares de integrantes juniores de todas aquelas gangues de rua como a Black Gangster

Disciple Nation? Elas já dominavam o território – afinal, a propriedade era a essência de sua atividade – e eram suficientemente ameaçadoras para impedir que os clientes sequer pensassem em passá-las para trás. De uma hora para outra, a gangue urbana deixou de ser um clube de pivetes e se transformou em genuíno empreendimento comercial.

As gangues também ofereciam uma oportunidade de emprego a longo prazo. Até o advento do crack, era praticamente impossível ganhar a vida numa gangue de rua. Quando chegava a hora de um pivete precisar sustentar uma família, ele era obrigado a pedir demissão. Não havia pivetes de 30 anos: a essa altura, ele estava num emprego legítimo, havia sido morto ou preso. Com o crack, porém, era possível ganhar dinheiro. Ao invés de seguir em frente e abrir caminho para outros pivetes, os veteranos permaneciam. Essa mudança ocorreu exatamente quando o tipo antiquado de emprego estável – principalmente os das fábricas – estava desaparecendo. No passado, um negro semiqualificado em Chicago conseguia ganhar um salário decente trabalhando numa fábrica. Com essa opção escasseando, o tráfico de crack passou a ser mais sedutor ainda. Que dificuldade havia nisso? O troço viciava tanto que até um idiota conseguia vendê-lo.

Quem estava ligando para o fato de que o jogo do crack era um torneio que somente uns poucos venciam? Quem estava ligando para o fato de ele ser tão perigoso – ficar em pé numa esquina, fazendo vendas rápidas e anônimas, como o McDonald's vende hambúrgueres, sem saber coisa alguma sobre seus fregueses e temendo aparecer alguém para prender, roubar ou matar você? Quem estava ligando para o fato de que o produto vendido viciava de tal forma garotos, avós e padres a ponto de eles não pensarem senão em conseguir a próxima dose? Quem daria a mínima, se o crack matasse o bairro todo?

Para os americanos negros, as quatro décadas a separar a Segunda Guerra Mundial do boom do crack foram marcadas pelo progresso constante e às vezes vertiginoso. Principalmente a partir da aprovação das leis dos direitos civis em meados dos anos 60, os sinais visíveis de um progresso social criaram raiz entre os americanos negros. A diferença de renda entre negros e brancos estava encolhendo, bem como o abismo entre as notas escolares das crianças negras e das brancas. Talvez a maior vitória tenha se dado no terreno da mortalidade infantil. Até bem recentemente – 1964 – uma criança negra tinha duas vezes mais possibilidade de morrer do que uma branca, muitas vezes de uma doença simples como diarréia ou pneumonia. Com os hospitais segregados, os serviços de saúde dispensados a grande parte dos pais negros equivalia aos do Terceiro Mundo. Isso mudou quando o governo federal obrigou os hospitais a abandonar a segregação: em apenas sete anos, a taxa de mortalidade de crianças negras caiu para a metade. Nos anos 80, praticamente todos os aspectos da vida haviam melhorado para os americanos negros, e o progresso não mostrava sinais de arrefecimento.

Então surgiu o crack.

Embora o uso do crack não tenha sido um fenômeno exclusivamente negro, ele atingiu a comunidade negra de forma mais contundente do que qualquer outra. Essa constatação pode ser feita através da observação dos mesmos indicadores de progresso social citados acima. Após décadas de declínio, a mortalidade infantil entre os negros começou a crescer drasticamente nos anos 80, bem como os índices de nascimento de bebês abaixo do peso e de abandono de filhos pelos pais. A diferença no desempenho de crianças brancas e negras aumentou. O número de negros mandados para prisão triplicou. O crack foi tão destrutivo que se o seu efeito for avaliado em relação a todos os americanos negros, e não apenas em relação aos usuários de crack e suas famílias, veremos que o progresso pós-guerra do grupo não só cessou por completo, como também, em muitos casos, retrocedeu dez anos. Os americanos negros foram mais atingidos pelo crack de cocaína do que por qualquer outra causa isolada desde Jim Crow.

Para completar, surgiram os crimes. Num período de cinco anos, o índice de homicídios entre jovens negros urbanos *quadruplicou*. De repente ficou tão perigoso morar em certas zonas de Chicago, ou St. Louis, ou Los Angeles quanto morar em Bogotá.

A violência associada ao boom do crack era variada e implacável. Coincidiu com uma onda criminal americana ainda mais ampla que vinha se formando há duas décadas. Embora o crescimento dessa onda em muito tenha precedido o advento do crack, a tendência foi de tal forma exacerbada por essa droga que levou os criminologistas a fazerem previsões apocalípticas. James Alan Fox, talvez o especialista mais citado na grande imprensa, previu a iminência de um "banho de sangue" em conseqüência da violência juvenil.

No entanto, Fox e outros arautos da sabedoria convencional estavam errados. O banho de sangue não se materializou. O índice de criminalidade, na verdade, começou a cair – tão inesperada, consistente e drasticamente que, agora, com o distanciamento de vários anos, chega a ser difícil relembrar o peso esmagador daquela onda de crimes.

Qual a razão dessa queda?

Existem algumas, mas uma delas surpreende mais do que as outras. Oscar Danilo Blandon, codinome Johnny Rei do Crack, pode ter sido o instigador de um efeito cascata, em que, com suas ações, uma única pessoa inadvertidamente causa um mundo de sofrimento. Mas, sem que ninguém, absolutamente ninguém, se desse conta, um outro notável efeito cascata – este na direção inversa – acabava de entrar no jogo.

4 Onde foram parar todos os criminosos?

Em 1966, um ano após se tornar o ditador comunista da Romênia, Nicolae Ceausescu declarou ilegal o aborto. "O feto é propriedade de toda a sociedade", afirmou ele. "Qualquer um que evite filhos é um desertor que vira as costas às leis da continuidade nacional."

Declarações tão grandiosas faziam parte do dia-a-dia do regime Ceausescu, pois seu plano-mestre – criar uma nação digna do Novo Homem Socialista – era uma ode à grandiosidade. Ceausescu construiu palácios para uso próprio enquanto perseguia e negligenciava o povo. Ao abandonar a agricultura em prol da industrialização, obrigou boa parte da população rural a se mudar para prédios sem calefação. Nomeou para cargos públicos 40 parentes, inclusive a própria mulher, Elena, que exigiu 40 moradias e um farto estoque de peles e jóias. A Sra. Ceausescu, conhecida oficialmente como "a melhor mãe que a Romênia poderia desejar", não esbanjava instinto maternal. "Os vermes nunca se satisfazem, não importa quanta comida recebam de nós", disse ela quando os romenos se revoltaram contra a escassez de gêneros provocada pela má administração do marido. Em casa, gravava as conversas dos filhos para se assegurar de sua lealdade.

A proibição do aborto por Ceausescu visava a alcançar um de seus maiores objetivos: fortalecer rapidamente a Romênia através de um boom demográfico. Até 1966, a Romênia praticara uma das políticas mais liberais do mundo com relação ao aborto. Essa era, com efeito, a principal forma de controle de natalidade vigente, com cinco abortos para cada nascimento com vida. Agora, praticamente da noite para o dia, o aborto estava proibido, salvo para as mães de mais de quatro filhos e as ocupantes de cargos graduados no Partido Comunista. Proibiram-se, ao mesmo tempo, todos os métodos anticoncepcionais e a educação sexual. Agentes federais sarcasticamente apelidados de Polícia Menstrual abordavam regularmente as mulheres em seus locais de trabalho para submetê-las a testes de gravidez. Uma mulher que passasse muito tempo sem engravidar era obrigada a pagar um alto "imposto de celibato".

Os incentivos de Ceausescu produziram o resultado desejado. Um ano depois da proibição do aborto, o índice de nascimentos na Romênia dobrou. Esses bebês nasceram em um país onde, a menos que se pertencesse ao clã Ceausescu ou à elite comunista, a vida era miserável. Tais crianças, porém, acabariam tendo uma vida especialmente miserável. Comparadas às crianças romenas nascidas apenas um ano antes, as hostes nascidas após o banimento do aborto viriam a se sair pior sob todos os aspectos possíveis: levariam piores notas na escola, teriam menos sucesso no mercado de trabalho e mostrariam, também, mais propensão a se tornar criminosas.

A proibição do aborto vigorou até Ceausescu finalmente perder o controle da Romênia. No dia 16 de dezembro de 1989, milhares de pessoas foram para as ruas de Timisoara protestar contra o seu regime corrosivo. Muitos manifestantes eram adolescentes e estudantes universitários. A polícia matou dezenas deles. Um dos líderes da oposição, um professor quarentão, disse mais tarde que fora instigado a protestar, apesar do medo, pela filha de 13 anos. "O mais interessante é que aprendemos com nossos filhos a não temer", disse ele. "A maioria tem entre 13 e 20 anos." Poucos dias depois do massacre de Timisoara, Ceausescu discursou em Bucareste para 100 mil pessoas. Novamente, os jovens mostraram sua força. Silenciaram Ceausescu aos gritos de "Timisoara!" e "Abaixo os assassinos!". Sua hora chegara. Ele e Elena tentaram fugir do país com $1 bilhão, mas foram presos, julgados sumariamente e, no dia de Natal, executados por um pelotão de fuzilamento.

De todos os líderes comunistas depostos nos anos próximos ao colapso da União Soviética, apenas Nicolae Ceausescu enfrentou uma morte violenta. Não se deve esquecer que sua queda foi precipitada em grande medida pela juventude da Romênia – boa parte da qual, se o aborto não houvesse sido proibido, jamais teria nascido.

A história do aborto na Romênia talvez pareça uma maneira estranha de começar a contar a história da criminalidade americana nos anos 90. Mas não é. De uma forma significativa, a história romena do aborto é o avesso da imagem da história da criminalidade americana. O ponto de encontro de ambas foi aquele dia de Natal de 1989, quando Nicolae Ceausescu aprendeu da maneira difícil – com uma bala na cabeça – que sua proibição ao aborto tivera implicações muito mais profundas do que supunha.

Naquele dia a criminalidade se aproximava de seu pico nos Estados Unidos. Nos 15 anos anteriores, os crimes violentos haviam aumentado 80%, constituindo a essência dos telejornais noturnos e das discussões nacionais.

Quando o índice de criminalidade começou a cair no início dos anos 90, essa queda foi tão rápida e repentina que surpreendeu todo mundo. Alguns especialistas precisaram de vários anos para sequer reconhecer que a criminalidade estava diminuindo, tão confiantemente apostavam em seu contínuo crescimento. Com efeito, muito tempo depois de ela atingir o ápice, alguns deles continuavam prevendo cenários cada vez mais sombrios. As provas, porém, eram irrefutáveis: a longa e brutal escalada da criminalidade vinha fazendo o caminho oposto e não interromperia essa tendência até que os índices chegassem ao patamar de 40 anos antes.

Agora os especialistas corriam para justificar suas previsões equivocadas. O criminologista James Alan Fox explicou que seu alerta quanto a um "banho de sangue" fora, na verdade, um exagero intencional. "Eu nunca disse que veríamos sangue correndo nas ruas", afirmou, "mas usei expressões pesadas, como 'banho de sangue', para chamar a atenção das pessoas. E consegui. Não peço desculpas por ter usado termos alarmistas" (se a idéia era fornecer uma distinção sem mostrar a diferença – "banho de sangue" contra "sangue correndo nas ruas" – devemos nos lembrar de que mesmo quando batem em retirada, os especialistas podem estar se autopromovendo).

Depois de instalado o alívio, depois que todos relembraram como era viver sem o medo premente da violência, surgiu uma pergunta natural: Onde foram parar todos aqueles criminosos?

Sob um aspecto, a resposta parecia enigmática. Afinal, se nenhum dos criminologistas, policiais graduados, economistas, políticos e outros que trafegam nessas áreas havia previsto o declínio da criminalidade, como seriam subitamente capazes de identificar sua causa?

Mas esse exército heterogêneo de especialistas apresentava agora uma falange de hipóteses para explicar a queda da criminalidade. Numerosos artigos de jornal seriam escritos abordando o assunto. Suas conclusões, em geral, ecoavam o que o último especialista afirmara a determinado repórter. Abaixo, classificadas pela freqüência com que eram mencionadas, seguem as explicações para a queda da criminalidade presentes em artigos publicados de 1991 a 2001 nos dez jornais de maior circulação do banco de dados LexisNexis:

EXPLICAÇÃO PARA A QUEDA DA CRIMINALIDADE	NÚMERO DE MENÇÕES
1. Estratégias policiais inovadoras	52
2. Crescente confiança nas prisões	47
3. Mudanças nos mercados de crack e outras drogas	33
4. Envelhecimento da população	32
5. Leis mais rígidas de controle de armas	32
6. Melhora da situação econômica	28
7. Número maior de policiais	26
8. Todas as outras explicações (aumento da aplicação da pena capital, leis contra armas escondidas, remuneração pela devolução de armas e outros)	34

Se você é do tipo que gosta de jogos de adivinhação, talvez esteja disposto a gastar alguns minutos ponderando quais das explicações acima têm mérito e quais não têm. Uma pista: das sete principais da lista, apenas três podem comprovadamente ter contribuído para a queda da criminalidade. As outras não passam, na maior parte, de fantasia, autopromoção ou ilusão de alguém. Mais uma pista: uma das grandes causas mensuráveis da queda da criminalidade não aparece na lista, pois não recebeu uma única menção nos jornais.

Comecemos com uma explicação incontroversa: a melhora da situação econômica. O declínio na criminalidade, que começou no início dos anos 90, veio acompanhado de um crescimento econômico acelerado e de uma queda significativa do desemprego. Pode-se deduzir daí que a economia tenha sido um elemento potente de combate ao crime. Um exame mais minucioso dos dados, contudo, derruba essa teoria. É verdade que um mercado de trabalho mais pujante torna certos crimes relativamente menos atraentes. Isso, porém, se aplica apenas àqueles de motivação financeira direta – assalto a residência e pessoas e roubo de carros – e não a crimes violentos como homicídio, agressão e estupro. Ademais, as pesquisas revelam que uma queda de 1% no desemprego responde por uma queda de 1% dos crimes não-violentos. Durante os anos 90, o índice de desemprego caiu dois pontos percentuais; os crimes não-violentos, enquanto isso, diminuíram aproximadamente *40%*. Uma falha ainda maior na teoria do crescimento econômico diz respeito aos crimes violentos. Os homicídios caíram percentualmente mais ao longo dos anos 90 do que qualquer outro tipo de crime, e muitos estudos confiáveis não apontaram *vínculo algum* entre a economia e o crime violento. Esse elo frágil fica mais frágil ainda quando voltamos o olhar para um passado recente – a década de 1960 –, quando a economia passou por um crescimento desenfreado, conforme aconteceu com os crimes violentos. Assim, embora uma boa performance econômica nos anos 90 pudesse soar, à primeira vista, como uma explicação provável para a queda da criminalidade, é quase certo que isso não tenha afetado significativamente o comportamento criminoso.

A menos, é claro, que "a economia" reflita um conceito mais amplo: um meio de empreender a construção e manutenção de centenas de prisões. Consideremos agora outra das explicações para a queda da criminalidade: *crescente confiança nas prisões*. Talvez ajudasse virar do avesso a pergunta. Ao invés de buscar respostas para a queda da criminalidade, conjeturar sobre o seu crescimento tão drástico.

Ao longo da primeira metade do século XX, a incidência dos crimes violentos nos Estados Unidos foi, de maneira geral, bastante constante. No início dos anos 60, porém, eles começaram a aumentar. Olhando para trás, é claro que um dos principais fatores a alimentar essa tendência foi um sistema judicial leniente. O índice de condenações caiu durante a década de 1960, e os criminosos condenados cumpriam penas menores. Essa tendência se instalou devido, em parte, à expansão dos direitos dos acusados – expansão essa, segundo alguns, há muito esperada (outros argumentam que ela teria ido longe demais). Enquanto isso, os políticos mostravam cada vez mais complacência em relação aos criminosos – "por medo de parecerem racistas", como escreveu o economista Gary Becker, "já que os afro-americanos e os hispânicos são responsáveis por uma parcela desproporcional de delitos". Assim, alguém inclinado a agir de forma criminosa contava com incentivos a seu favor: uma possibilidade mais remota de ser condenado e, caso o fosse, uma pena mais curta como punição. Tendo em vista que os criminosos reagem como qualquer outra pessoa a incentivos, o resultado foi uma escalada da criminalidade.

Foi preciso algum tempo – e um bocado de turbulência política –, mas tais incentivos acabaram sendo reduzidos. Criminosos que antes teriam sido libertados – principalmente nos casos de delitos relacionados a drogas e de revogação da liberdade condicional – agora ficavam encarcerados. Entre 1980 e 2000, o número de acusados por crimes relacionados a drogas condenados à prisão aumentou 15 vezes. Muitas outras penas, sobretudo para crimes violentos, tornaram-se mais longas. Tudo isso gerou um efeito dramático. Em 2000, já havia mais de dois milhões de presos nas cadeias, aproximadamente quatro vezes mais do que em 1972, sendo que metade desse crescimento teve lugar na década de 1990.

São muito fortes os indícios que vinculam o endurecimento da punição com os índices mais baixos de criminalidade. Penas duras se revelaram ao mesmo tempo inibidoras (para o criminoso potencial em liberdade) e profiláticas (para o criminoso potencial já preso). Por mais lógico que isso pareça, alguns criminologistas foram de encontro à lógica. Um estudo acadêmico de 1977 chamado "On Behalf of a Moratorium on Prison Construction" observou que os índices de criminalidade costumam ser altos quando os índices de prisão são altos, concluindo que o crime só diminuiria com a redução dos índices de encarceramento. (Felizmente, os agentes penitenciários não correram para libertar os presos para depois sentar e esperar tranqüilamente a queda da criminalidade. Como comentou mais tarde o cientista político John J. Dilulio Jr.: "Aparentemente é preciso ter PhD em criminologia para duvidar de que manter criminosos na cadeia reduz a criminalidade.")

A tese desse estudo acadêmico se apóia em uma confusão básica entre correlação e causalidade. Consideremos uma tese paralela: o prefeito de uma cidade percebe que os times locais criam tumulto nas comemorações de suas vitórias na final do Campeonato Nacional e fica intrigado com essa correlação. Como o autor do estudo "Moratorium", porém, o prefeito é incapaz de determinar a direção dessa correlação e, no ano seguinte, decreta que os cidadãos devem dar início às comemorações do Campeonato *antes que a bola comece a rolar* – ato que, em sua mente confusa, garantirá uma vitória.

O descontentamento com o enorme crescimento da população carcerária tem muitas razões. Nem todos ficam satisfeitos de ver um número tão significativo de americanos, principalmente americanos negros, atrás das grades. Por outro lado, a prisão não é sequer um começo de solução das causas que geram o crime, que são diversas e complexas. Por último, essa solução não é nada barata: chega a cerca de $25 mil por ano a manutenção de um preso. No entanto, se o objetivo aqui é explicar a queda da criminalidade nos anos 90, o encarceramento é certamente um dos fatores-chave, respondendo por aproximadamente um terço dessa queda.

Outra explicação para a queda da criminalidade costuma aparecer de mãos dadas com o encarceramento: *o aumento da aplicação da pena capital*. O número de execuções nos Estados Unidos quadruplicou entre os anos 80 e 90, levando muita gente a concluir – no contexto de um debate que se prolonga há décadas – que a pena capital ajudou a reduzir a criminalidade. Tal debate, contudo, ignora dois fatos importantes.

Primeiro, em vista da raridade com que as penas capitais são executadas neste país e as delongas envolvidas, nenhum criminoso seria levado a desistir do crime em função da ameaça de execução. Ainda que o número de penas capitais tenha quadruplicado no decorrer de uma década, houve apenas 478 execuções em todo o país nos anos 90. Qualquer pai ou mãe que já disse a um filho desobediente, "tudo bem, vou contar até dez e desta vez vou *mesmo* castigar você", sabe direitinho qual é a diferença entre um freio e uma ameaça vazia. O estado de Nova York, por exemplo, até hoje jamais executou um criminoso desde que a pena de morte foi restabelecida, em 1995. Mesmo entre os prisioneiros no corredor da morte, o índice anual de execuções é de apenas 2% – contra os 7% de risco anual de morte ao qual está exposto um integrante da gangue do crack Black Gangster Disciple Nation. Se é mais seguro viver no corredor da morte do que nas ruas, custa a crer que o temor de uma execução seja uma força inibidora do comportamento criminoso. Como os $3 de multa pelo atraso dos pais nas creches de Israel, o incentivo negativo da pena capital simplesmente não é grande o bastante para alterar o comportamento de um marginal.

A segunda falha na tese da pena capital é ainda mais óbvia. Suponhamos que a pena de morte *seja* um freio. Quantos crimes ela efetivamente impede? O economista Isaac Ehrlich, em um estudo bastante citado de 1975, apresenta uma estimativa considerada otimista: a execução de 1 criminoso se traduz em menos 7 homicídios que poderiam vir a ser cometidos por ele. Façamos as contas. Em 1991, houve 14 execuções nos Estados Unidos: em 2001, foram 66. De acordo com o cálculo de Ehrlich, essas 52 execuções extras responderiam por menos 364 homicídios em 2001 – uma redução sem dúvida nada modesta, porém menor que os 4% de redução efetivamente registrados naquele ano. Assim, mesmo no cenário mais favorável apresentado por um defensor da pena de morte, a pena capital explicaria apenas 1/25 da redução do número de homicídios na década de 1990. Ademais, tendo em vista que a pena de morte raramente é aplicada a outros crimes que não homicídios, seu efeito inibidor não pode ser responsável por um átimo sequer do declínio dos demais crimes violentos.

É pouquíssimo provável, por isso, que a pena de morte, como é hoje aplicada nos Estados Unidos, exerça alguma influência sobre os índices de criminalidade. Muitos que a defenderam um dia também já chegaram a essa conclusão. "Sinto-me moral e intelectualmente obrigado a admitir simplesmente que a experiência da pena de morte fracassou", disse o desembargador da Suprema Corte americana Harry A. Blackmun em 1994, quase 20 anos após ter votado pelo seu restabelecimento. "Não pretendo mais me envolver com a mecânica da morte."

Pelo exposto, não foi a pena capital que reduziu a criminalidade, tampouco a euforia econômica. Os índices de encarceramento, por outro lado, efetivamente exerceram grande influência. Todos esses criminosos não se dirigiram à cadeia por conta própria, é claro. Alguém precisou investigar o crime, pegar o bandido e fundamentar o caso que levaria à sua condenação. O que naturalmente conduz a uma dupla de explicações para a queda da criminalidade:

Estratégias policiais inovadoras
Aumento no número de policiais

Vamos primeiro abordar o segundo item. O número de policiais *per capita* nos Estados Unidos aumentou 14% ao longo dos anos 90. Será, porém, que apenas aumentar o número de policiais reduz a criminalidade? A resposta parece óbvia – sim – mas comprovar sua veracidade já não é tão fácil, visto que quando a criminalidade cresce, a população exige proteção e invariavelmente destinam-se mais verbas à polícia. Assim, se observarmos unicamente as correlações evidentes entre a polícia e a criminalidade, descobriremos que quando há mais policiais, a tendência é haver mais crimes. Isso, é claro, não significa que a polícia esteja ensejando os crimes, assim como não se pode deduzir daí, como fizeram alguns criminologistas, que a criminalidade cairia se os criminosos fossem libertados da cadeia.

Para demonstrar a causalidade é necessário um cenário em que se contratem mais policiais por motivos totalmente desvinculados do aumento do número de crimes. Se, por exemplo, distribuíssemos policiais aleatoriamente em algumas cidades e não o fizéssemos em outras, seria possível verificar se a criminalidade cai nas cidades que foram contempladas com esses policiais.

Para ser franco, é esse precisamente o cenário criado por políticos ávidos de votos. Nos meses que antecedem a eleição, os prefeitos costumam garantir seus votos através da contratação de mais policiais – mesmo quando o índice de criminalidade se encontra estacionário. Assim, comparando-se o índice de criminalidade em um conjunto de cidades onde recentemente houve eleições municipais (e, conseqüentemente, mais policiais foram contratados) com outro conjunto de cidades onde não se realizaram eleições (logo, cujo número de policiais não aumentou), é possível medir o efeito desse contingente policial extra sobre a criminalidade. A resposta é: mais policiais realmente contribuem para reduzir substancialmente os índices de criminalidade.

Novamente vale a pena olhar para trás e determinar, para começar, por que a criminalidade cresceu tanto. De 1960 a 1985, o número de policiais *caiu* mais de 50% em relação ao número de crimes. Em alguns casos, a contratação de mais efetivo foi considerada uma violação da postura liberal da época; em outros, foi apenas taxada de excessivamente onerosa. Essa redução de 50% no efetivo policial se traduziu em uma redução praticamente idêntica da probabilidade de um criminoso ser pego. Combinada à acima citada complacência adotada pela outra metade do sistema jurídico criminal – os tribunais – essa diminuição do policiamento criou um forte incentivo positivo para os criminosos.

Nos anos 90, as filosofias – e as necessidades – haviam mudado. A tendência do policiamento inverteu-se, com a contratação em alta escala nas cidades de todo o país. Esses policiais todos não apenas atuaram como inibidores como constituíram a mão-de-obra necessária para levar à cadeia criminosos que, do contrário, teriam continuado em liberdade. A contratação de mais policiais foi responsável por cerca de 10% da queda da criminalidade nos anos 90.

No entanto, não foi só isso que mudou na década de 1990. Consideremos a mais freqüente de todas as explicações para a queda da criminalidade: *estratégias policiais inovadoras*.

Talvez nenhuma outra teoria soe mais atraente do que a crença de que uma polícia inteligente iniba o crime. Ela oferecia uma série de heróis de carne e osso e não, simplesmente, uma ausência de vilões, logo adquirindo a aura de fidedigna em virtude de sua compatibilidade com os fatores que, segundo John Kenneth Galbraith, mais contribuem para a construção da sabedoria convencional: a facilidade com que uma idéia é absorvida e o grau em que a mesma afeta o nosso bem-estar pessoal.

A história funcionou mais radicalmente em Nova York, onde o recém-eleito prefeito Rudolph Giuliani e seu secretário de Segurança escolhido a dedo, William Bratton, se comprometeram a solucionar a situação desesperadora que a cidade vivia em termos de criminalidade. Bratton abordou o policiamento de uma forma inovadora. Abriu para o Departamento de Polícia de Nova York o que um de seus membros chamou mais tarde de "nosso período ateniense", no qual atribuía-se mais peso a idéias novas do que às práticas cristalizadas. Em lugar de passar a mão na cabeça dos seus delegados de polícia, Bratton exigia satisfações; em vez de confiar unicamente no conhecimento ultrapassado dos policiais, introduziu novas soluções tecnológicas, como o CompStat, um método computadorizado de lidar com os focos locais da criminalidade.

A idéia nova mais fascinante que Bratton pôs em prática brotou da teoria da janela quebrada, concebida pelos criminologistas James Q. Wilson e George Kelling. Essa teoria defende que pequenos problemas não-solucionados acabam por se tornar problemas grandes, ou seja, se alguém quebra uma janela e vê que a mesma não é logo consertada, a mensagem é que as demais janelas também podem ser quebradas e quem sabe mesmo o prédio todo, incendiado.

Com os homicídios crescendo desenfreadamente, os tiras de Bill Bratton começaram a exercer vigilância sobre o tipo de delito que costumava passar em branco: pular a roleta do metrô, esmolar de forma demasiadamente agressiva, urinar na rua, lavar os vidros de um carro no sinal mediante uma "doação" apropriada do motorista.

A maioria dos nova-iorquinos adorou essa repressão por seus próprios méritos, mas um apreço especial foi dirigido à idéia, firmemente pregada por Bratton e por Giuliani, de que sufocar esses delitos menores equivalia a cortar o oxigênio do elemento criminoso. O infrator que pula a roleta do metrô hoje pode, perfeitamente, ser o criminoso procurado pelo homicídio de ontem. O drogado urinando num beco pode estar a caminho de um assalto.

Quando os crimes violentos começaram a diminuir drasticamente, os nova-iorquinos se dispuseram de bom grado a tecer loas a seus mentores, o prefeito criado no Brooklyn e seu secretário de Segurança com sotaque bostoniano. Mas os dois homens de vontade férrea foram menos competentes no momento de partilhar a glória. Logo depois que a reviravolta na criminalidade pôs Bratton – e não Giuliani – na capa da revista *Time*, Bratton foi pressionado a pedir demissão. Ficara no cargo apenas 27 meses.

Nova York sem dúvida inovou em matéria de estratégias policiais no período da queda da criminalidade dos anos 90 e vivenciou um declínio no número de crimes muito maior do que qualquer outra cidade americana de porte. O número de homicídios caiu de 30,7 para 100 mil habitantes, em 1990, para 8,4 para 100 mil habitantes em 2000 – uma diferença de 73,6%. Uma análise minuciosa dos fatos, contudo, mostra que as estratégias inovadoras no policiamento provavelmente exerceram um papel pequeno nesse gigantesco declínio.

Primeiramente, a queda da criminalidade em Nova York começou em 1990. No final de 1993, o número de crimes contra a propriedade e de crimes violentos, inclusive homicídios, já despencara quase 20%. Rudolph Giuliani, porém, só assumiu a Prefeitura – e nomeou Bratton – no início de 1994. A criminalidade já se encontrava em queda livre quando os dois homens entraram em cena. E continuaria a cair bem depois de Bratton ser chutado do cargo.

Em segundo lugar, as novas estratégias policiais vieram acompanhadas de uma mudança muito mais relevante dentro da força policial: um surto de contratações. Entre 1991 e 2001, o Departamento de Polícia de Nova York cresceu 45%, mais de três vezes a média nacional. Como foi visto antes, um aumento no número de policiais, independentemente de novas estratégias, *comprovadamente* reduz a criminalidade. Por um cálculo conservador, seria de esperar que essa gigantesca expansão da força policial nova-iorquina resultasse numa redução da criminalidade em Nova York da ordem de 18% em relação à média nacional. Subtraindo-se esses 18% do índice de redução dos homicídios em Nova York, descontando assim o efeito do surto de contratação de policiais, Nova York perde o lugar de líder da nação com seus 73,6% de queda, deslizando para o meio da lista. Muitos desses novos policiais foram, na verdade, contratados por David Dinkins, o prefeito derrotado por Giuliani. Dinkins lutou desesperadamente pelos votos da lei-e-ordem, sabendo o tempo todo que seu adversário seria Giuliani, um ex-promotor federal (os dois haviam se enfrentado também nas eleições anteriores). Assim, os que quiserem creditar a Giuliani a queda da criminalidade que o façam, pois foi sua reputação de defensor da lei e da ordem que levou Dinkins a contratar todos aqueles policiais. No final, é claro, o aumento da força policial foi proveitoso para todos – mas o proveito de Giuliani foi muito maior do que o de Dinkins.

Mais prejudicial ao argumento de que as inovações da polícia de Nova York provocaram a queda da criminalidade é um fato simples e geralmente desprezado: a criminalidade caiu *em todos os lugares* nos anos 90, não apenas em Nova York. Poucas cidades lançaram mão do tipo de estratégia usada em Nova York e nenhuma, certamente, o fez com tamanho zelo. Mesmo em Los Angeles, porém, uma cidade famosa por seu policiamento deficiente, a criminalidade caiu em percentuais muito parecidos com os de Nova York, quando não se leva em conta o aumento da força policial desta última.

Seria estúpido negar que um policiamento inteligente seja uma boa coisa. Bill Bratton decerto merece o crédito de ter revigorado a força policial de Nova York, mas os indícios são alarmantemente parcos no sentido de sua estratégia ter tido o efeito panacéia sobre a criminalidade que ele e a mídia a ela atribuíram. A próxima etapa será continuar a medir o impacto das inovações policiais – em Los Angeles, por exemplo, onde o próprio Bratton assumiu o cargo de secretário de Segurança no final de 2002. Ao mesmo tempo em que pôs devidamente em prática ali algumas das inovações que foram sua marca registrada em Nova York, Bratton anunciou que sua prioridade era mais elementar: arranjar dinheiro para contratar milhares de novos policiais.

Exploremos agora outra dupla freqüente de explicações para a queda da criminalidade:

Leis mais duras em relação a armas
Mudanças no mercado de crack e de outras drogas

Primeiro, as armas. Raramente as discussões sobre esse tema são puramente racionais. Os defensores das armas consideram as leis que as regem severas demais; seus adversários afirmam precisamente o contrário. Como pessoas inteligentes podem ter visões tão distintas? O motivo é que uma arma gera um conjunto complexo de questões que mudam ao sabor de um único fator: a mão que empunha a arma.

Vale a pena voltar um passo e fazer uma pergunta elementar: O que *é* uma arma? Uma ferramenta que pode ser usada para matar alguém, é claro. Principalmente, porém, uma arma é um grande agente perturbador da ordem natural.

Uma arma altera o resultado de qualquer disputa. Digamos que um sujeito parrudo e outro não tão parrudo troquem desaforos num bar e comecem uma briga. Para o menos parrudo é bastante óbvio que ele vai apanhar. Sendo assim, por que se dar ao trabalho de brigar? A ordem natural das coisas permanece intacta. Se, no entanto, o mais fracote está armado, ele passa a ter uma boa chance de vencer. Nesse cenário, a introdução de uma arma pode muito bem acarretar mais violência.

Imaginemos agora, em lugar de um sujeito parrudo e outro menos parrudo, uma estudante abordada à noite na rua por um assaltante. O que acontece se apenas o assaltante estiver armado? E se for apenas a estudante? E se ambos estiverem armados? Um adversário das armas dirá que, para começar, a arma deve ser mantida longe do assaltante. Um defensor das armas dirá que a estudante precisa ter uma arma para reverter o que se tornou a ordem natural: são os bandidos que têm armas (se a menina espantar o assaltante, a introdução da arma, nesse caso, pode levar a *menos* violência). Qualquer assaltante com um mínimo de iniciativa provavelmente porta uma arma, já que num país como os Estados Unidos, com um dinâmico mercado negro delas, qualquer pessoa é capaz de adquirir a sua.

Existem tantas armas nos Estados Unidos que se dermos uma para cada adulto, faltarão adultos para recebê-las. Quase dois terços dos homicídios americanos envolvem uma arma de fogo, parcela bem maior do que em outros países industrializados. Nosso índice de homicídios também é muito mais alto do que o desses países. Pode parecer que ele seja alto assim porque é tão fácil obter uma arma. As pesquisas, com efeito, comprovam que isso é verdade.

As armas, contudo, não são as únicas responsáveis. Na Suíça todo homem adulto recebe um rifle para o serviço militar juntamente com a permissão para guardá-lo em casa. Numa proporção *per capita*, a Suíça tem mais armas de fogo do que qualquer outro país, mas mesmo assim é um dos lugares mais seguros do mundo. Em outras palavras, as armas não causam os crimes. Dito isso, os métodos americanos usados para manter as armas longe do alcance de pessoas *capazes* de cometer crimes são, na melhor das hipóteses, insuficientes. Tendo em vista que uma arma – ao contrário de um papelote de cocaína, ou um carro, ou uma calça – dura praticamente para sempre, mesmo o ato de fechar a torneira provedora de novas armas ainda deixa um oceano delas disponíveis.

Com isso em mente, consideremos uma variedade de iniciativas de controle das armas para verificar seu impacto sobre a criminalidade nos anos 90.

A lei mais famosa de controle de armas é a Lei Brady, aprovada em 1993, que exige uma averiguação criminal e um período de espera antes que alguém tenha o direito de adquirir um revólver. É possível que os políticos tenham achado atraente essa solução, mas para um economista ela não faz muito sentido. Por quê? Porque as regras de um mercado legal estão fadadas a fracassar quando existe um mercado negro de peso para o mesmo produto. Com armas tão baratas e fáceis de conseguir, o criminoso padrão não tem incentivo algum para preencher um formulário de aquisição de armas de fogo na loja do bairro e depois ainda esperar uma semana. A Lei Brady, por isso, revelou-se praticamente impotente para reduzir a criminalidade (um estudo com presos mostrou que mesmo antes da Lei Brady apenas 1/5 dos criminosos comprava suas armas de um comerciante autorizado). Várias leis locais de controle de armas também fracassaram. Tanto Washington como Chicago instituíram a proibição de armas muito antes que a criminalidade começasse a declinar em todo o país nos anos 90, mas ainda assim essas duas cidades foram retardatárias – e não precursoras – em relação à redução nacional da criminalidade. Um freio que *comprovou* ser moderadamente eficaz foi o aumento das penas dos indivíduos flagrados na posse ilegal de armas. Existe espaço, contudo, para aperfeiçoamentos nessa seara. Não que seja provável, mas se a pena de morte fosse aplicada a qualquer pessoa na posse ilegal de uma arma, e se tal pena fosse realmente cumprida, o número de crimes com armas de fogo certamente despencaria.

Outro destaque do combate ao crime da década de 1990 – e dos telejornais – foi a devolução remunerada de armas. Todos se recordam das imagens: uma ameaçadora pilha reluzente de armas de fogo no meio de um círculo formado pelo prefeito, pelo secretário de Segurança e pelos ativistas da comunidade. Belo cenário para uma foto, sem dúvida, mas isso é tudo. As armas devolvidas são em geral peças de coleção ou velharias. A remuneração para quem a devolve – normalmente $50 ou $100, sendo que num caso da Califórnia foram três horas gratuitas de psicoterapia – não é um incentivo adequado para alguém que realmente planeje usar sua arma. Além disso, o número de armas devolvidas não chega aos pés sequer do volume das que simultaneamente dão entrada no mercado. Relacionando-se o número de armas nos Estados Unidos e o número anual de homicídios, a probabilidade de uma dessas armas ter sido usada para matar alguém no ano de sua devolução é de uma em 10 mil. O programa de devolução rotineiro envolve menos de mil armas – o que representa uma expectativa de menos de 1/10 de um homicídio por vez, ou seja, insuficiente para produzir sequer um microscópico impacto na queda da criminalidade.

Existe, ainda, um argumento oposto – o de que precisamos de *mais* armas na rua, só que na mão das pessoas certas (como a estudante citada anteriormente, ao invés do assaltante). O economista John R. Lott Jr. é o principal defensor dessa idéia. Seu cartão de visita é o livro *Mais armas, menos crimes*, no qual argumenta que o número de crimes violentos diminuiu em áreas onde é permitido aos cidadãos de bem portar armas de forma não-ostensiva. Tal teoria talvez surpreenda, mas faz sentido. Se um criminoso imagina que sua vítima potencial pode estar armada, é possível que desista de cometer o crime. Os adversários de armas chamam Lott de ideólogo pró-armas, e o próprio Lott tornou-se um pára-raio dessa controvérsia, tendo cunhado um pseudônimo que só fez exacerbar essa condição: "Mary Rosh". Com esse nome, ele defende sua teoria em discussões online. Mary Rosh, que se identificou como ex-aluna de Lott, elogiou o intelecto, a imparcialidade e o carisma do professor. "Devo dizer que ele foi o melhor professor que já tive", escreveu. "Não dava a perceber para a classe que era um radical de direita... Costumávamos nos inscrever em qualquer matéria lecionada por Lott até um dia em que ele nos disse que era melhor estudarmos com outros professores para aprender de forma diferente as disciplinas do curso de graduação." Em seguida, vieram as alegações inquietantes de que Lott efetivamente inventara parte dos dados da pesquisa que fundamentou sua teoria. Independente de serem ou não fraudados esses dados, a hipótese de Lott, que ele mesmo admite ser curiosa, não parece válida. Quando outros estudiosos tentaram obter os mesmos resultados, a conclusão foi de que as leis de permissão do porte de armas simplesmente não diminuem a criminalidade.

Consideremos a explicação que vem a seguir: *o estouro da bolha do crack*. O crack de cocaína é uma droga tão potente e viciadora que um mercado altamente lucrativo surgiu praticamente da noite para o dia. É fato que apenas os líderes das gangues de crack estavam enriquecendo, mas isso só fazia os traficantes "fichinhas" ficarem mais ansiosos por uma promoção. Muitos deles se dispunham a matar seus rivais com esse fim, não importando se o rival era da mesma gangue ou não. Havia, também, combates armados pela posse de valiosos pontos-de-venda. O típico homicídio relacionado ao crack consistia na morte de um traficante (ou mais de um) por outro (ou outros), e não, ao contrário do que reza a sabedoria convencional, na de um lojista por um drogado por causa de uns trocados. O resultado foi uma enorme escalada dos crimes violentos. Um estudo revelou que mais de 25% dos homicídios de Nova York em 1988 estavam relacionados ao crack.

A associação da violência ao crack começou a esmorecer por volta de 1991, induzindo muita gente a achar que o próprio crack sumira. Não é fato. Fumar crack continua hoje em dia muito mais comum do que muitos imaginam. Quase 5% de todas as prisões nos Estados Unidos ainda se vinculam à cocaína (contra 6% no auge da onda do crack), e as visitas aos pronto-socorros por parte de seus usuários também não diminuíram significativamente.

O que *realmente* acabou foram os lucros gigantescos na venda de crack. O preço da cocaína há anos vem caindo e isso se acentuou à medida que o crack se popularizava. Os traficantes começaram a fazer concorrência de preços e os lucros evaporaram. A bolha do crack estourou tão dramaticamente como a bolha da Nasdaq acabará estourando um dia (compare a primeira geração de traficantes à dos milionários da Microsoft e a segunda às Pets.com). Quando os traficantes veteranos começaram a ser mortos ou mandados para a cadeia, os traficantes mais jovens concluíram que os lucros menores não justificavam o risco. O torneio perdera seu encanto. Já não valia mais a pena matar alguém para tomar seu território e menos ainda morrer por isso.

Assim, a violência esmoreceu. De 1991 a 2001, o índice de homicídios entre jovens negros – com representação desproporcional entre os traficantes de crack – caiu 48%, comparado aos 30% de homicídios entre negros e brancos mais velhos (outro fator menos significativo para essa queda foi o fato de alguns traficantes terem passado a atirar nas nádegas de seus inimigos ao invés de matá-los. Esse método altamente ofensivo era considerado mais degradante – bem como, obviamente, merecedor de punição menos severa – do que o homicídio). Tudo isso considerado, o *crash* do mercado de crack foi responsável por apenas 15% da queda da criminalidade nos anos 90 – um percentual de peso, sem dúvida, embora mereça ser ressaltado que o crack havia respondido por muito mais do que 15% do *aumento* da criminalidade nos anos 80. Em outras palavras, o efeito concreto do crack ainda se faz sentir em termos de crimes violentos, para não falar do sofrimento que a droga em si continua a gerar.

O último par de explicações para a queda da criminalidade diz respeito a duas tendências demográficas. A primeira foi citada fartamente na mídia: *o envelhecimento da população.*

Até a queda drástica da criminalidade, ninguém jamais mencionara tal teoria. Na verdade, a corrente "banho-de-sangue" da criminologia apregoava precisamente o oposto – que um aumento na parcela adolescente da população produziria um estoque de superpredadores que poriam a nação de joelhos. "No horizonte espreita uma nuvem que o vento logo soprará sobre nós", James Q. Wilson escreveu em 1995. "A população começará a rejuvenescer novamente... Preparem-se."

No todo, porém, a parcela adolescente *não* vinha aumentando. Criminologistas como Wilson e James Alan Fox interpretaram equivocadamente os dados demográficos. O crescimento real da população nos anos 90 ocorreu, com efeito, entre os mais velhos. Embora isso possa ter alarmado os planos de saúde e a Previdência Social, o americano médio pouco tinha a temer dessa horda crescente de idosos. Que os idosos não tenham muita tendência para o crime não é propriamente uma novidade; a possibilidade de um idoso médio ser preso é 1/50 da probabilidade de que a de um adolescente médio ir para a cadeia. É isso que torna tão atraente a teoria do envelhecimento da população como explicação para a queda da criminalidade: como as pessoas "amolecem" com a idade, um número maior de idosos deve levar a menos crimes. Um exame cuidadoso dos dados, contudo, revela que as cabeças grisalhas dos Estados Unidos nada fizeram para reduzir a criminalidade nos anos 90. A mudança demográfica é um processo muito lento e sutil – ninguém passa de adolescente baderneiro a cidadão decano em meia dúzia de anos – para sequer começar a explicar o repentino declínio da criminalidade.

Houve, porém, uma outra mudança demográfica – imprevista e de longa gestação – que drasticamente reduziu a criminalidade nos anos 90.

Voltemos, brevemente, à Romênia de 66. De repente e sem aviso, Nicolae Ceausescu declarou ilegal o aborto. As crianças nascidas na esteira da proibição do aborto tinham muito mais possibilidade de se tornarem criminosas do que as nascidas anteriormente. Por quê? Estudos em outras regiões da Europa Oriental e na Escandinávia dos anos 30 aos anos 60 revelaram uma tendência similar. Na maioria dos casos o aborto não foi totalmente proibido, mas exigia-se que a mulher recorresse a um juiz para fazê-lo. Os pesquisadores descobriram que nas situações em que o aborto era negado a uma mulher, ela em geral se ressentia do filho, deixando de proporcionar para a criança um lar saudável. Mesmo descontando os fatores renda, idade, instrução e saúde da mãe, esses pesquisadores concluíram que tais crianças também eram mais propensas a se tornarem criminosas.

Por outro lado, os Estados Unidos tiveram uma história diversa da Europa na questão do aborto. Nos primórdios da nação, era permitido fazer um aborto antes da fase do "chute" – ou seja, quando os primeiros movimentos do feto já podem ser sentidos, normalmente por volta de 16 a 18 semanas de gravidez. Em 1828, Nova York tornou-se o primeiro estado a limitar o aborto: em 1900, ele foi declarado ilegal em todo o país. No século XX, o procedimento costumava ser perigoso e caro, razão pela qual poucas mulheres pobres faziam abortos. O acesso dessas mulheres aos métodos de controle de natalidade também era menor. Em conseqüência disso, elas tinham mais filhos.

No final dos anos 60, vários estados começaram a permitir o aborto em circunstâncias extremas: estupro, incesto ou risco para a mãe. Em 1970, cinco estados já haviam legalizado o aborto e tornado o procedimento acessível: Nova York, Califórnia, Washington, Alasca e Havaí. Em 22 de janeiro de 1973, a legalização do aborto foi repentinamente estendida a todo o país com a sentença da Suprema Corte no processo *Roe x Wade*. A opinião da maioria, relatada pelo desembargador Harry Blackmun, se referia especificamente ao calvário da futura mãe:

> O prejuízo que o Estado imporia à mulher grávida ao negar tal opção é evidente...

> A maternidade, ou uma prole adicional, pode gerar para a mulher uma vida e um futuro preocupantes. O dano psicológico pode ser iminente. A saúde física e emocional pode ser sobrecarregada pelos cuidados maternos. Existe ainda o sofrimento, para todos os envolvidos, relacionado a um filho indesejado, além do problema de fazer nascer uma criança em uma família já incapaz, em termos psicológicos e outros, de cuidar dela.

A Suprema Corte verbalizou o que as mães na Romênia e na Escandinávia – bem como em outros lugares – há muito sabiam: quando uma mulher não deseja um filho, em geral há bons motivos para isso. Ela pode ser solteira ou ter um mau casamento, bem como se considerar pobre demais para criar um filho. Pode achar que sua vida é instável ou infeliz demais ou, ainda, que o álcool ou as drogas que consome são capazes de prejudicar a saúde do bebê. Talvez se considere demasiado jovem ou pouco instruída. É possível até que queira muito ter filhos, mas não neste momento. Alguma razão, em um leque delas, a faz crer que é incapaz de oferecer um lar apropriado à criação de uma criança saudável e produtiva.

No primeiro ano que se seguiu ao processo *Roe x Wade*, cerca de 750 mil mulheres fizeram abortos nos Estados Unidos (ou seja, um aborto para cada quatro nascimentos com vida). Em 1980, o número de abortos chegava a 1,6 milhão (um para cada 2,25 nascimentos com vida), patamar em que estacionou. Em um país com 225 milhões de habitantes, 1,6 milhão de abortos por ano – um para cada 140 americanos – talvez não soasse tão dramático. No primeiro ano que se seguiu à morte de Nicolae Ceausescu, quando foi suspensa a proibição desse procedimento na Romênia, houve um aborto para cada *vinte e dois* romenos. Ainda assim, a cada ano, 1,6 milhão de americanas grávidas deixaram, de uma hora para a outra, de dar à luz esses bebês.

Até o processo *Roe x Wade*, eram predominantemente as filhas de pais da classe média ou da classe média alta que podiam providenciar e custear um aborto ilegal seguro. Agora, em lugar de um procedimento ilegal que chegava a custar $500, o aborto estava ao alcance de qualquer mulher por menos de $100.

Qual era o perfil feminino mais provável de se beneficiar da decisão do caso *Roe x Wade*? Em geral, a mulher solteira, de menos de 20 anos e pobre, e, algumas vezes, com as três características. Que tipo de futuro o bebê dessa mulher teria? Um estudo demonstrou que a típica criança impedida de nascer nos primeiros anos da legalização do aborto estaria 50% mais propensa que a média a viver na pobreza; teria, igualmente, uma probabilidade 60% maior de ser criada por apenas um dos genitores. Esses dois fatores – uma infância pobre e um lar de mãe/pai solteiro – estão entre os mais fortes fatores determinantes de um futuro criminoso. Crescer num lar de genitor solteiro praticamente dobra a propensão de uma criança para o crime. O mesmo ocorre com os filhos de mães adolescentes. Um outro estudo mostrou que a baixa instrução materna é o fator isolado de mais peso para conduzir à criminalidade.

Em outras palavras, os próprios fatores que levaram milhões de americanas a fazerem aborto também representam indicadores de que seus filhos, caso tivessem nascido, teriam vidas infelizes e possivelmente criminosas.

Naturalmente, a legalização do aborto nos Estados Unidos teve uma série de conseqüências. O infanticídio diminuiu drasticamente, bem como os casamentos forçados e o número de bebês entregues à adoção (o que causou um boom na adoção de bebês estrangeiros). As gravidezes aumentaram quase 30%, mas os nascimentos *caíram* 6%, sugerindo que muitas mulheres estariam usando o aborto como método de controle de natalidade, um tipo cruel e drástico de política de prevenção.

No entanto, o efeito mais dramático da legalização do aborto – e que levaria anos para se fazer sentir – talvez tenha sido o seu impacto sobre a criminalidade. No início dos anos 90, precisamente quando a primeira leva de crianças nascidas após o caso *Roe x Wade* chegava à adolescência – época em que os jovens do sexo masculino atingem seu auge criminoso –, o índice de criminalidade começou a cair. O que faltava nessa leva, é claro, eram as crianças mais propensas a se tornarem criminosas. A criminalidade continuou a cair à medida que uma geração inteira alcançou a maioridade, dela excluídas as crianças cujas mães não haviam querido pô-las no mundo. O aborto legalizado resultou num número menor de filhos indesejados; filhos indesejados levam a altos índices de criminalidade. A legalização do aborto, assim, levou a menos crimes.

Essa teoria está fadada a provocar inúmeras reações, que vão da descrença à repulsa, bem como uma variedade de objeções, das triviais às morais. A primeira objeção é a mais direta: A teoria é válida? Talvez aborto e criminalidade estejam meramente correlacionados, não havendo aí nexo causal.

Talvez seja mais cômodo acreditar no que dizem os jornais, ou seja, que a queda dos índices de criminalidade deveu-se a um policiamento brilhante, a um controle inteligente das armas e a uma economia emergente. Habituamo-nos a vincular causalidade a coisas que podemos tocar ou sentir, não a fenômenos distantes e complexos. Acreditamos, principalmente, em causas de curto prazo: uma cobra morde um amigo nosso, ele grita de dor e morre. A mordida da cobra, concluímos, foi a causa da morte. Na maioria das vezes esse raciocínio está correto, mas quando se trata de causa e efeito, é comum haver um "porém" nesse tipo de raciocínio "bateu, levou". Sorrimos com superioridade, hoje em dia, quando pensamos em antigas culturas que abraçavam causas equivocadas – os guerreiros que acreditavam, por exemplo, que estuprando virgens sairiam vencedores nas batalhas. No entanto, também abraçamos causas equivocadas, geralmente incitados por um especialista que afirma uma verdade na qual tem interesse pessoal.

Como, então, saber se o vínculo aborto-crime tem nexo causal ou se aqui se trata tão-somente de uma correlação?

Uma forma de testar o efeito do aborto sobre a criminalidade seria examinar os dados da criminalidade nos cinco estados que legalizaram o aborto antes que a Suprema Corte estendesse esse direito ao restante do país. Em Nova York, na Califórnia, em Washington, no Alasca e no Havaí, a uma mulher já era permitido recorrer ao aborto no mínimo dois anos antes do caso *Roe x Wade*, e realmente esses estados precursores da legalização viram a criminalidade baixar antes dos outros 45 estados e do Distrito de Columbia. Entre 1988 e 1997, os crimes violentos nos estados que primeiro legalizaram o aborto caíram 13% se comparados aos demais; entre 1994 e 1997, seus índices de homicídio caíram 23% mais do que os dos outros estados.

E se tudo isso não tiver senão sido uma coincidência? O que mais deve ser investigado nos dados para estabelecer o vínculo aborto-criminalidade?

Um fator a buscar seria uma correlação entre o índice de abortos e o da criminalidade em cada um deles. Na verdade, os estados com os mais altos índices de aborto nos anos 70 apresentaram as maiores quedas na criminalidade nos anos 90, enquanto os estados com baixos índices de aborto mostraram uma queda menor na criminalidade (esta correlação existe até mesmo quando descontada uma variedade de fatores que influem na criminalidade: o nível de prisões efetuadas, o número de policiais e a situação econômica). Desde 1985 os estados com altos índices de abortos tiveram uma queda aproximadamente 30% maior do que a dos estados com índices baixos de aborto (a cidade de Nova York apresentava um índice alto de abortos *e* fazia parte de um estado precursor da legalização, uma dupla de fatores que comprometem ainda mais a afirmação de que o policiamento inovador motivou a queda da criminalidade). Além disso, não havia ligação entre o índice de abortos e os índices de criminalidade estado a estado *antes* do final da década de 1980 – quando o primeiro grupo afetado pelo aborto legalizado alcançou seu pico criminoso –, o que é mais uma indicação de que o caso *Roe x Wade* foi o acontecimento que efetivamente desequilibrou a balança da criminalidade.

Existem mais correlações ainda, positivas e negativas, a escorar o vínculo aborto-criminalidade. Em estados com altos índices de aborto, a diminuição dos crimes, em termos absolutos, se deu na leva de jovens pós-*Roe*, e não no grupo de criminosos mais velhos. Ademais, estudos na Austrália e no Canadá desde então estabeleceram um vínculo similar entre a legalização do aborto e a criminalidade. Deixaram de integrar a leva pós-*Roe* não só milhares de jovens criminosos, mas também milhares de mães solteiras adolescentes – já que muitas das meninas abortadas teriam provavelmente seguido a tendência das *próprias* mães.

Não é preciso dizer que é chocante descobrir que o aborto foi um dos maiores fatores responsáveis pela diminuição da criminalidade da história americana. A sensação é menos darwiniana do que swiftiana, trazendo à lembrança uma velha observação ferina atribuída a G. K. Chesterton: quando inexistem chapéus suficientes para todos, a solução do problema não é cortar algumas cabeças. A queda da criminalidade foi, no jargão dos economistas, "um benefício acidental" da legalização do aborto. Não é preciso, porém, ser contra o aborto, do ponto de vista moral ou religioso, para perder o prumo diante da noção de que um sofrimento pessoal possa ser convertido em satisfação coletiva.

Com efeito, muita gente considera o aborto em si um crime violento. Um jurista afirmou que a legalização do aborto foi pior que a escravidão (já que implica morte) ou que o Holocausto (já que o número de abortos pós-*Roe* nos Estados Unidos – aproximadamente 37 milhões até 2004 – superou o dos seis milhões de judeus mortos na Europa). Quer se tenha ou não opinião extremada em relação ao aborto, o tema continua a ser extremamente delicado. Anthony V. Bouza, um ex-policial de elite tanto no Bronx como em Minneapolis, descobriu isso quando se candidatou a governador do estado de Minnesota em 1994. Alguns anos antes, Bouza escrevera um livro em que qualificava o aborto como sendo "possivelmente o único instrumento eficaz na prevenção da criminalidade neste país desde o final dos anos 60". Quando essa declaração foi publicada pouco antes da eleição, Bouza despencou nas pesquisas. E acabou derrotado.

Seja qual for a posição assumida frente ao aborto, uma pergunta geralmente assoma à mente: Que atitude tomar quanto à troca de mais abortos por menos crimes? É possível arbitrar um preço para uma transação tão complicada?

Acontece que os economistas têm o curioso hábito de arbitrar preços para transações complicadas. Consideremos as tentativas para salvar da extinção a coruja pintalgada. Um estudo econômico descobriu que para proteger cerca de cinco mil corujas, os custos de oportunidade – ou seja, a renda de que abdica a indústria hoteleira e outras – seriam da ordem de $46 bilhões, ou pouco mais de $9 milhões por coruja. Depois do vazamento de óleo do *Exxon Valdez* em 1989, um outro estudo estimou a soma que cada domicílio americano estaria disposto a pagar para evitar outro desastre como aquele: $31. Um economista é capaz de fixar um preço até mesmo para as partes do corpo. Consideremos a tabela que o estado de Connecticut utiliza para indenizar acidentes de trabalho.

PARTE DO CORPO LESADA OU PERDIDA	INDENIZAÇÃO EM REMUNERAÇÕES SEMANAIS
Dedo (primeiro)	36
Dedo (segundo)	29
Dedo (terceiro)	21
Dedo (quarto)	17
Polegar (da mão principal)	63
Polegar (da outra mão)	54
Mão (principal)	168
Mão (a outra)	155
Braço (principal)	208
Braço (o outro)	194
Dedo do pé (dedão)	28
Dedo do pé (qualquer outro)	9
Pé	125
Nariz	35
Olho	157
Rim	117
Fígado	347

PARTE DO CORPO LESADA OU PERDIDA	INDENIZAÇÃO EM REMUNERAÇÕES SEMANAIS
Pâncreas	416
Coração	520
Mama	35
Ovário	35
Testículo	35
Pênis	35-104
Vagina	35-104

Apenas para argumentar, façamos uma pergunta indecente: Qual a relação de valor entre um feto e um recém-nascido? Diante da tarefa salomônica de sacrificar a vida de um recém-nascido em troca de um número indeterminado de fetos, que número você escolheria? Este não é senão um exercício de raciocínio – obviamente não existe uma resposta certa –, mas talvez ajude a esclarecer o impacto do aborto sobre a criminalidade.

Para alguém que seja definitivamente pró-vida ou definitivamente pró-escolha, esse é um cálculo simples. O primeiro, acreditando que a vida começa com a concepção, provavelmente consideraria o valor de um recém-nascido *versus* o de um feto como sendo 1 para 1. O segundo, acreditando que o direito de uma mulher de escolher o aborto supera qualquer outro fator, provavelmente diria que nenhum número de fetos equivale ao valor de um recém-nascido que seja.

Tomemos, porém, uma terceira pessoa (se você se identifica intimamente com a primeira ou a segunda pessoa acima, talvez se sinta agredido pelo exercício a seguir e prefira pular os dois próximos parágrafos). Esta terceira pessoa não crê que um feto seja equivalente a um recém-nascido na proporção de 1 para 1, mas também não acredita que a um feto não possa ser atribuído valor algum. Digamos que, uma vez obrigado a atribuir um valor relativo, apenas para argumentar, ele decida que um recém-nascido equivale a 100 fetos.

Nos Estados Unidos acontecem, aproximadamente, um milhão e meio de abortos anualmente. Para alguém que acredite que um recém-nascido equivale a 100 fetos, esse milhão e meio de abortos representaria – dividindo-se 1,5 milhão por 100 – a perda de 15 mil vidas humanas, o que por acaso é mais ou menos o número de vítimas anuais de homicídio nos Estados Unidos, e bem mais que o número de homicídios evitados anualmente graças à legalização do aborto. Assim, mesmo para quem considera que um feto equivalha tão-somente a 1/100 de um ser humano, a permuta mais abortos x menos crimes, sob a ótica de um economista, é altamente ineficaz.

O que o vínculo aborto-criminalidade nos diz é: quando o governo dá a uma mulher a oportunidade de escolha quanto ao aborto, ela em geral pondera corretamente se está ou não em condições de criar bem o bebê. Se conclui que não está, geralmente opta pelo aborto.

Uma vez, porém, que uma mulher decida que *vai* ter seu bebê, uma pergunta premente se impõe: O que se espera dos pais a partir do nascimento de um filho?

5 O que faz um pai ser perfeito?

Terá existido algum dia uma arte tão zelosamente convertida em ciência quanto a da parentalidade?

Ao longo das últimas décadas, um rebanho vasto e variado de especialistas em parentalidade surgiu no cenário. Qualquer um que tente, ainda que acidentalmente, seguir seus conselhos corre o risco de ficar paralisado, pois a sabedoria convencional em termos de parentalidade muda a cada hora. Vezes há em que isso decorre da divergência entre dois especialistas. Noutras, os especialistas mais badalados concordam em massa, de repente, que a sabedoria convencional até então vigente estava errada e que a nova, ao menos por algum tempo, é irrefutavelmente válida. A amamentação, por exemplo, é a única maneira de assegurar que uma criança seja saudável e intelectualmente apta – a menos que a mamadeira seja a resposta. Um bebê só pode ser posto para dormir de barriga para cima – até que seja decretado que ele só pode ser posto para dormir de bruços. Comer fígado é: a) tóxico, ou b) obrigatório para o desenvolvimento do cérebro. Aposente o cinto e mime a criança; dê palmadas e vá preso.

Em seu livro *Raising America: Experts, Parents, and a Century of Advice About Children*,* Ann Hulbert documentou a freqüência

* *Nota da Tradutora*: "Educando os Estados Unidos: Especialistas, Pais e um Século de Conselhos sobre os Filhos."

com que os especialistas em educação infantil contradizem uns aos outros e até mesmo a si próprios. Sua falação seria hilária se não causasse tanta confusão e, muitas vezes, medo. Gary Ezzo, que na série de livros *Babywise* avaliza uma "estratégia de administração da criança" para mães e pais em busca "da perfeição como genitores", enfatiza a importância de habituar um bebê, desde cedo, a dormir sozinho a noite toda. Do contrário, adverte Ezzo, a falta de sono pode "causar um impacto negativo sobre o desenvolvimento do sistema nervoso central da criança", levando a dificuldades de aprendizado. Por outro lado, os que defendem que o bebê deve "dormir acompanhado" advertem que dormir sozinho é psicologicamente prejudicial para o bebê e que o mesmo deve ser acolhido na "cama da família". E quanto à estimulação? Em 1983, T. Berry Brazelton escreveu que um bebê vem ao mundo "totalmente equipado para aprender sobre si mesmo e o mundo que o cerca". Brazelton era a favor de uma calorosa estimulação precoce – uma criança "interativa". Cem anos antes, porém, L. Emmett Holt alertara para o fato de que um bebê não era um "brinquedo". Não devia haver "pressão, coação ou estimulação indevida" durante os dois primeiros anos de vida. Para Holt, o cérebro se desenvolve de tal forma nesse período que uma estimulação exagerada pode "causar muitos danos". Ele acreditava, também, que um bebê que chora não deve ser posto no colo a menos que esteja com dor. Sua explicação era a de que é preciso deixar um bebê chorar de 15 a 30 minutos por dia: "Esse é o exercício do bebê."

O típico especialista dessa área, como os de outras, tende a passar uma excessiva autoconfiança. Um especialista não fica pesando todos os lados de uma questão: finca logo uma bandeira num deles. Isso acontece porque um especialista cujos argumentos soem comedidos ou reticentes não atrai muita atenção. Um especialista tem que ser direto se o que pretende é transformar sua teoria de algibeira em sabedoria convencional. O melhor meio para consegui-lo é falar à emoção da platéia, pois a emoção é a inimiga da argumentação racional. Em termos de emoções, uma delas – o medo – é mais forte que as demais. O superpredador, as armas de destruição em massa iraquianas, o mal da vaca louca, a síndrome da morte súbita de bebês: como ignorar os conselhos do especialista nesses horrores quando, à semelhança do tio malvado que conta histórias de terror para crianças pequenas demais, ele nos reduz a bebês apavorados?

Ninguém é mais suscetível ao terrorismo de um especialista do que um pai ou uma mãe. O medo é, na verdade, um componente de peso no exercício da parentalidade. Um genitor, afinal é o zelador da vida de uma outra criatura, criatura essa que no começo é mais indefesa do que o recém-nascido de praticamente qualquer das outras espécies. Isso leva um bom número de pais a gastar um bocado da energia de que precisam para criar os filhos administrando o medo.

O problema é que eles costumam temer as coisas erradas. Não lhes cabe culpa por isso. Distinguir fatos de boatos é sempre difícil, principalmente para um pai (ou mãe) ocupado. E o burburinho causado pelos especialistas – para não falar na pressão por parte de outros pais – é tão acachapante que eles quase não conseguem pensar por si mesmos. Os fatos que conseguem enxergar em geral já foram maquiados ou exagerados, se não mesmo descontextualizados, para servir ao interesse de terceiros.

Consideremos os pais de uma menina de oito anos chamada – digamos – Molly. Suas duas melhores amigas, Amy e Imani, moram na vizinhança. Os pais de Molly sabem que os pais de Amy têm uma arma em casa e por isso proibiram Molly de brincar lá. Por essa razão, Molly passa um bom tempo na casa de Imani, onde existe uma piscina na parte dos fundos. Os pais de Molly estão satisfeitos por terem feito uma escolha inteligente visando à segurança da filha.

Segundo os dados, contudo, essa escolha nada tem de inteligente. Todos os anos há um afogamento infantil para cada 11 mil piscinas residenciais nos Estados Unidos (num país com 6 milhões de piscinas, isso representa, aproximadamente, 550 crianças de menos de dez anos afogadas anualmente). Enquanto isso, a possibilidade de morte infantil por arma de fogo é de uma para cada 1 milhão de armas (num país com um número estimado de 200 milhões de armas, isso significa que 175 mortes de crianças são causadas anualmente por armas de fogo). A probabilidade de morte por afogamento em uma piscina (1 em 11 mil) contra morte por arma de fogo (1 em 1 milhão) nem sequer é digna de comparação: Molly tem aproximadamente 100 vezes mais possibilidade de morrer afogada na casa de Imani do que brincando com a arma dos pais de Amy.

No entanto, a maioria de nós, como os pais de Molly, é incompetente para calcular riscos. Peter Sandman, que se autodescreve como "consultor de riscos" em Princeton, New Jersey, deu seu parecer no início de 2004 depois que um único caso do mal da vaca louca nos Estados Unidos provocou um frenesi anticarne de boi. "A realidade é que", disse ele ao *The New York Times*, "os riscos que assustam as pessoas e os riscos que causam suas mortes são muito diferentes".

Sandman fez uma comparação entre o mal da vaca louca (uma aterrorizante, mas muitíssimo improvável ameaça) e a disseminação de patógenos oriundos de alimentos na média das cozinhas domésticas (ocorrência extremamente comum, mas por algum motivo bem menos aterrorizadora). "Os riscos que controlamos são uma fonte muito menor de indignação do que os que estão fora do nosso controle", disse Sandman. "No caso da vaca louca, me parece que os riscos estão além do nosso controle. Não posso afirmar se há ou não príon na minha carne. Não dá para ver ou perceber através do olfato, enquanto a sujeira da minha própria cozinha está totalmente sob o meu controle. Posso lavar minhas esponjas, posso limpar o chão."

O princípio do "controle" de Sandman também é capaz de explicar por que a maioria de nós tem mais medo de andar de avião do que de carro. O raciocínio é o seguinte: já que posso controlar o carro, sou eu o responsável pela minha segurança; como não posso controlar o avião, fico à mercê de uma série de fatores externos.

Sendo assim, o que realmente devemos temer mais, o avião ou o carro?

Talvez valha a pena fazer primeiro uma pergunta mais básica: de quê, exatamente, temos medo? De morrer, supostamente. Mas o medo da morte precisa ser delimitado. Claro que sabemos que vamos morrer e nos preocupamos acidentalmente com isso, mas se lhe disserem que você tem 10% de possibilidade de morrer no ano que vem, sua preocupação aumentará muito e talvez você até decida viver de maneira diferente. E se for informado de que tem uma possibilidade de 10% de morrer no próximo minuto, você provavelmente entrará em pânico. Assim, é a possibilidade *iminente* da morte que detona esse medo – o que significa que o modo mais lógico de calcular o medo da morte seria pensar nele em termos de horas.

Se você vai fazer uma viagem e tem a opção de usar o avião ou o carro, talvez prefira levar em conta o índice de mortes por hora em avião *versus* carro. É certo que muito mais pessoas morrem anualmente nos Estados Unidos em acidentes automobilísticos (aproximadamente 40 mil pessoas) do que em desastres aéreos (menos de mil pessoas). Mas também é verdade que a maioria delas passa mais tempo em carros do que em aviões (mais pessoas morrem anualmente até mesmo em acidentes de barco do que em desastres aéreos; como vimos no caso das piscinas *versus* armas, a água é bem mais perigosa do que se imagina). No entanto, o índice de mortes por hora em acidentes automobilísticos e aéreos é praticamente igual. Os dois artefatos são igualmente capazes (ou, na verdade, incapazes) de levar à morte.

Mas o medo floresce melhor no tempo presente. Por isso os especialistas contam com ele: num mundo cada vez mais impaciente diante de processos de longo prazo, o medo é um potente elemento de curto prazo. Digamos que você seja uma autoridade do governo encarregada de buscar recursos para combater um dos dois males mais comprovadamente letais: os ataques terroristas e as doenças cardíacas. Qual dessas causas levaria os membros do Congresso a abrir os cofres? A probabilidade de qualquer pessoa ser morta em um ataque terrorista é infinitesimalmente menor do que a da mesma pessoa entupir suas artérias de gordura alimentar e morrer de uma doença cardíaca. Só que um ataque terrorista acontece *agora*; a morte por doença cardíaca é uma catástrofe distante e silenciosa. Os atos terroristas estão fora do nosso controle; as batatas fritas, não. Tão importante quanto o fator controle é aquilo que Peter Sandman chama de fator pavor. A morte provocada por ataque terrorista (ou pelo mal da vaca louca) é considerada absolutamente pavorosa; a morte causada por uma doença cardíaca, por algum motivo, não é vista assim.

Sandman é um especialista que atua dos dois lados da moeda. É capaz de ajudar um grupo de ambientalistas a expor um perigo para a saúde pública num dia e no outro ter como cliente o presidente de uma cadeia de lanchonetes que tenta conter um surto de *E. coli*. Sandman reduziu sua competência de especialista a uma equação simples: risco = perigo + indignação. Para o presidente da cadeia de lanchonetes com a carne do hambúrguer contaminada, Sandman trabalha para "reduzir a indignação"; para os ambientalistas, sua função é "fazer crescer a indignação".

Vale a pena observar que Sandman dirige suas baterias para a indignação, não para o perigo em si. Ele admite que a indignação e o perigo não têm o mesmo peso em sua equação "risco". "Quando o perigo é grande e a indignação pequena, a reação do público é insuficiente", diz ele. "Quando o perigo é pequeno e a indignação grande, a reação é exacerbada."

Então por que uma piscina atemoriza menos que uma arma? A idéia de uma criança ser morta com um tiro no peito vindo da arma do vizinho é abominável, dramática, aterradora – resumindo: ultrajante. Piscinas não inspiram indignação, em parte devido ao fator familiaridade. Assim como a maioria das pessoas passa mais tempo em carros do que em aviões, a maioria de nós está muito mais familiarizada com o ato de nadar em piscinas do que com o de disparar armas. No entanto, apenas 30 segundos bastam para uma criança se afogar, e isso costuma acontecer sem barulho. Um bebê pode se afogar numa poça d'água de uns poucos centímetros. As providências para evitar os afogamentos, em compensação, são bastante simples: um adulto vigilante, uma cerca em volta da piscina, uma porta trancada para que uma criança pequena não saia sem ser vista.

Se todos os pais adotarem essas precauções, as vidas de umas 400 crianças serão salvas anualmente, superando o número de vidas salvas por duas das invenções mais difundidas dos últimos tempos: berços mais seguros e assentos infantis para automóveis. Os dados mostram que as cadeirinhas para carro são, na melhor das hipóteses, nominalmente úteis. Certamente é mais seguro manter a criança no banco traseiro do que no colo de um adulto no banco da frente, onde, no caso de um acidente, ela se transforma num projétil. Mas a segurança aqui provém de evitar que a criança viaje em situação propícia a virar uma bala, não do fato de amarrá-la numa cadeirinha de $200. Mesmo assim, muitos pais exageram de tal forma a vantagem de uma dessas cadeirinhas que correm para a delegacia ou o corpo de bombeiros mais próximo para instalá-la corretamente. O gesto, é claro, denota amor, mas não deixa de ser um sintoma do que poderíamos chamar de parentalidade obsessiva (pais obsessivos sabem que o são e geralmente se orgulham disso; pais não-obsessivos também sabem quem são os obsessivos e costumam zombar deles).

A maioria das novidades no campo da segurança infantil está associada – choque dos choques – a um novo produto a entrar no mercado (quase cinco milhões de cadeirinhas para automóveis são vendidas a cada ano). Esses produtos quase sempre resultam de algum temor crescente quanto ao qual, como diria Peter Sandman, a indignação supera o perigo. Comparemos as 400 vidas que umas poucas precauções para garantir a segurança das piscinas salvariam ao número de vidas salvas graças a cruzadas bem mais ruidosas: embalagens à prova de manuseio infantil (estimativa de 50 vidas por ano), pijamas à prova de chamas (10 vidas), manter as crianças longe dos *airbags* dos carros (ocorreram menos de cinco mortes de crianças pequenas por ano desde o advento dos *airbags*) e cadarços seguros em roupas infantis (2 vidas).

Espere aí!, você dirá. Qual o problema de os pais serem manipulados por especialistas e marqueteiros? Não deveríamos aplaudir qualquer tentativa, por mais insignificante ou manipuladora que seja, que aumente a segurança de uma criança? Os pais já não têm preocupações suficientes? Afinal, são responsáveis por um dos feitos mais incrivelmente importantes de que temos conhecimento: a modelagem do próprio caráter do filho. Não são?

A última guinada mais radical na sabedoria convencional sobre a parentalidade foi provocada por uma pergunta simples: Quão importantes, efetivamente, são os pais?

Maus pais com certeza fazem uma enorme diferença. Como o vínculo aborto-criminalidade deixa claro, os filhos indesejados – desproporcionalmente sujeitos à negligência e ao abuso – têm um futuro pior do que os filhos ansiosamente esperados por seus pais. Mas quanto esses pais extremosos realmente contribuem para a vida dos filhos?

Essa pergunta representa a evolução de décadas de pesquisas. Uma série de estudos, incluindo pesquisas com gêmeos separados ao nascer, já concluíram que os genes sozinhos são responsáveis por cerca de 50% da personalidade e da capacidade de uma criança.

Assim, se a natureza responde por metade do destino de uma criança, o que responde pela outra metade? Certamente deve ser a criação – as fitas Baby Mozart, os sermões na igreja, as visitas aos museus, as aulas de francês, as conversas, carinhos, brigas e castigos que, no todo, constituem a função dos pais. Como explicar, porém, um outro estudo famoso, o Projeto de Adoção do Colorado, que acompanhou a vida de 245 bebês entregues à adoção, não encontrando absolutamente *nenhuma* relação entre os traços de personalidade da criança e os dos pais adotivos? Ou os outros estudos que demonstraram que o caráter de uma criança é pouco afetado por fatores como: freqüentar ou não uma creche, ter pai e mãe ou apenas um genitor (ou dois pais e duas mães ou somente um de cada) e ser filha de mãe que trabalhe fora?

Essas discrepâncias natureza-criação foram abordadas num livro de 1998 escrito por uma autora de livros didáticos pouco conhecida chamada Judith Rich Harris. *The Nurture Assumption* era, na verdade, um ataque à parentalidade obsessiva. O livro, de tão polêmico, exigiu dois subtítulos: "Por que as crianças dão no que dão" e "Os pais são menos importantes do que se pensa, e os amiguinhos, mais". Judith Harris argumenta, embora com tato, que os pais se equivocam ao pensar que contribuem imensamente na formação da personalidade dos filhos. Essa crença, escreveu ela, foi um "mito cultural", e a influência de cima para baixo dos pais é suplantada pelos efeitos imediatos da pressão dos iguais, a força esmagadora exercida diariamente pelos amigos e colegas de escola.

A imprevisibilidade da bomba de Judith – uma avó, sem PhD ou currículo acadêmico – provocou especulações e contrariedade. "O público terá razão de dizer 'Lá vem mais uma'", escreveu um comentarista. "Num ano nos dizem que os laços são a chave da questão, no outro, o que importa é o lugar que a criança ocupa entre os irmãos. Espere aí! O que importa mesmo é a estimulação. Os primeiros cinco anos de vida são os mais importantes. Não! Os três primeiros é que são. Não! Está tudo encerrado no primeiro ano. Esqueça: a genética é que manda!"

Mas a teoria da autora foi devidamente endossada por uma galeria de pesos-pesados, entre os quais Steven Pinker, o psicólogo cognitivo e escritor best-seller, que, em seu próprio livro *Blank Slate*, chamou as idéias de Judith Harris de "perturbadoras" (no bom sentido). "Os pacientes nas terapias tradicionais gastam os 50 minutos que têm relembrando os conflitos da infância e aprendendo a atribuir a infelicidade que sentem à forma como foram tratados pelos pais", escreveu Pinker. "Muitas biografias buscam na infância dos biografados as raízes para as tragédias e triunfos de suas vidas adultas. 'Especialistas em parentalidade' fazem as mulheres se sentirem madrastas se saírem de casa para trabalhar ou deixarem, uma vez que seja, de ler uma história para os filhos na hora de dormir. Todas essas crenças profundamente enraizadas terão que ser revistas."

Será? Os pais *têm* que fazer diferença, você dirá. Além disso, ainda que os amiguinhos exerçam tamanha influência sobre a criança, não são os pais que basicamente escolhem os amiguinhos dos filhos? Não é por isso que se angustiam tanto na hora de escolher a vizinhança certa, a escola certa, o grupo certo de amigos?

Apesar de tudo, é boa a pergunta sobre o quanto importam os pais. Ela também é tremendamente complicada. Para determinar a influência dos pais, qual a dimensão da criança a ser medida? A sua personalidade? As notas escolares? A postura moral? A competência criativa? Seu salário na fase adulta? E que peso deve ser atribuído a cada um dos elementos que afetam o desenvolvimento de uma criança, isto é, os genes, o ambiente familiar, o nível socioeconômico, a escolaridade, a discriminação, a sorte, as doenças etc.?

Apenas para argumentar, consideremos a história de dois meninos, um branco e um negro.

O branco cresce na zona residencial de Chicago, criado por pais que lêem muito e são engajados na reforma do ensino. O pai, que tem um bom emprego na indústria, freqüentemente leva o filho para caminhadas ecológicas. A mãe é uma dona de casa que acaba voltando para a faculdade e se formando em educação. O menino é feliz e tem um ótimo desempenho escolar. Seus professores acham que ele tem condições de se tornar um gênio da matemática. Os pais o encorajam e ficam orgulhosíssimos quando o filho pula um ano. Seu irmão mais novo é uma gracinha e muito inteligente também. A família chega ao ponto de fazer saraus literários em casa.

O menino negro nasceu em Daytona Beach, na Flórida, e foi abandonado pela mãe aos dois anos. O pai tem um bom emprego como vendedor, mas bebe muito e costuma espancar o garoto com a ponta de metal de uma mangueira de jardim. Uma noite, quando o menino tem 11 anos e está enfeitando uma pequena árvore de Natal – a primeira da sua vida –, o pai começa a surrar a namorada na cozinha. A surra é tão violenta que alguns dentes da moça vão parar na base da árvore de Natal, mas o menino sabiamente não abre a boca. Na escola, ele não se empenha o mínimo. Em pouco tempo, está vendendo drogas, assaltando e andando armado. Faz questão de já estar dormindo quando o pai chega bêbado da rua e de sair antes que ele acorde. O pai acaba sendo preso por agressão sexual e, aos 12 anos, o garoto já está se virando sozinho.

Não é preciso ser defensor da parentalidade obsessiva para ver que o segundo menino não tem chance alguma e que o primeiro já nasceu com a vida ganha. Quais as chances de o segundo, com o problema adicional da discriminação, vir a levar uma vida produtiva? Quais as chances de o primeiro, tão decididamente talhado para o sucesso, vir a fracassar? E quanto desse destino deve cada um deles creditar aos pais?

Seria possível teorizar indefinidamente sobre o que torna um pai perfeito. Os autores deste livro dispõem de dois motivos para não fazê-lo. O primeiro é que nenhum dos dois se declara especialista em parentalidade (embora, juntos, tenhamos seis filhos com menos de cinco anos). O segundo é que a teoria nos convence menos do que o dizem os dados.

Algumas facetas do futuro de uma criança – a personalidade, por exemplo, ou a criatividade – não são facilmente mensuráveis através dos dados. Mas o desempenho escolar é. Uma vez que a maioria dos pais concorda quanto ao fato de que a educação é o núcleo da formação de uma criança, faz todo sentido começar pelo exame de um conjunto revelador de dados escolares.

Esses dados dizem respeito à escolha da escola, um tema sobre o qual a maioria das pessoas tem opiniões fortes, num sentido ou noutro. Os defensores desse princípio argumentam que os impostos que pagam devem lhes dar o direito de mandar os filhos para a melhor escola possível. Seus adversários se preocupam com a possibilidade da escolha acabar confinando os piores alunos nas piores escolas. Ainda assim, praticamente todos os pais acreditam que seu filho virá a se desenvolver, bastando apenas que freqüente a escola *certa*, aquela que combine de forma apropriada ensino, atividades extracurriculares, ambiente amistoso e segurança.

A opção de escolha não é novidade na rede pública escolar de Chicago. Isso se deve ao fato de que nela, como acontece na maioria dos distritos escolares urbanos, havia um número desproporcional de alunos pertencentes a minorias. A despeito da decisão de 1954 da Suprema Corte americana no caso *Brown x Conselho de Educação de Topeka*, ordenando a dessegregação nas escolas, muitos alunos negros da rede pública de Chicago continuaram freqüentando escolas praticamente só de negros. Por isso, em 1980 o Ministério da Justiça americano e o Conselho de Educação de Chicago se juntaram para tentar integrar melhor as escolas da cidade. Decretou-se que os alunos novos podiam se inscrever em qualquer escola secundária do distrito.

Afora sua longevidade, há várias razões que fazem do programa de livre-escolha da rede pública de Chicago um bom material de estudo. Ele oferece um enorme conjunto de dados – Chicago tem a terceira maior rede pública de ensino do país, depois de Nova York e Los Angeles – bem como uma ampla variedade de escolha (mais de 60 escolas secundárias) e muita flexibilidade. Os índices de adoção do programa são, por isso, muito altos, com cerca da metade dos alunos da rede pública de Chicago optando por escolas que não se situam em seus bairros. O maior achado do programa de ensino público de Chicago – como tema de um estudo, ao menos – é a forma de execução do jogo da livre-escolha escolar.

Como seria de esperar, abrir as portas de qualquer escola a todos os estudantes secundários de Chicago criaria um pandemônio. As que obtivessem boas notas nos provões e registrassem altos índices de graduação rapidamente se veriam inundadas, tornando impossível satisfazer o desejo de todos os alunos.

Para garantir justiça, o sistema optou pelo sorteio. Para um pesquisador essa é uma dádiva notável. Um cientista comportamentalista dificilmente vislumbraria uma experiência melhor em seu laboratório. Assim como os cientistas aleatoriamente atribuem um rato a um grupo de tratamento e outro a um grupo de controle, o conselho escolar de Chicago fez o mesmo. Imaginemos dois estudantes, estatisticamente idênticos, querendo freqüentar uma escola nova e melhor. Dependendo do movimento das bolinhas na esfera de metal, um deles vai para a nova escola e o outro fica onde está. Agora multipliquemos esses dois estudantes alguns milhares de vezes. O resultado é uma experiência natural em grande escala. Claro que não foi esse o objetivo das autoridades do sistema de ensino de Chicago ao conceberem o sorteio. No entanto, quando visto dessa forma, o sorteio provê um meio excelente de avaliar precisamente quanta diferença faz, afinal de contas, a escolha de uma escola – ou, na verdade, uma escola melhor.

E o que revelam os dados?

A resposta não é animadora para os pais obsessivos: neste caso, a escolha da escola praticamente não fez diferença alguma. É verdade que os alunos de Chicago que entraram no sorteio se mostraram mais propensos a se formar do que os que ficaram de fora – aparentemente sugerindo que a escolha de escola faça diferença. Mas isso não passa de ilusão. A prova está na seguinte comparação: o desempenho dos alunos que ganharam no sorteio e foram para uma escola "melhor" não foi superior aos alunos equivalentes que perderam no sorteio e ficaram onde estavam. Ou seja, um aluno que optou por estudar numa escola fora do próprio bairro demonstrou mais propensão para se formar independentemente de ter tido a oportunidade de ir para uma escola melhor. O que à primeira vista soa como uma vantagem oriunda da mudança para uma nova escola não se vincula de forma alguma à nova escola, significando tão-somente que os alunos – e pais – que optam pela mudança costumam ser, para começar, mais inteligentes e mais motivados do ponto de vista escolar. Estatisticamente, porém, não houve qualquer benefício acadêmico com a troca de escolas.

Será que os alunos que permaneceram nas escolas do bairro foram prejudicados? Não. Suas notas continuaram mais ou menos as mesmas de antes da suposta mudança dos mais aptos.

Houve, contudo, um grupo de estudantes em Chicago que enfrentou uma mudança dramática: os que entraram numa escola técnica ou numa academia para profissionais de carreira. O desempenho destes foi substancialmente superior ao apresentado nos antigos cenários acadêmicos, e seu índice de conclusão de curso ficou muito acima do que o desempenho anterior levaria a prever. Assim, o programa de livre-escolha de Chicago realmente ajudou a preparar para carreiras sólidas um pequeno grupo de estudantes que sem esse benefício seriam problemáticos, aos lhes dar uma formação prática. Mas aparentemente não tornou nenhum deles mais inteligente.

É válido afirmar que a escolha da escola não tem grande importância? Nenhum pai responsável, seja ele obsessivo ou não, está disposto a acreditar nisso, mas alto lá: talvez seja porque a avaliação do estudo anterior envolva alunos do ensino médio; talvez a essa altura a sorte já esteja lançada. "Muitíssimos alunos chegam ao ensino médio despreparados", comentou recentemente o secretário de Educação do estado de Nova York, Richard P. Mills: "Muitíssimos alunos chegam ao ensino médio com os conhecimentos nas áreas da leitura, da escrita e da matemática no nível do ensino fundamental. Os problemas precisam ser corrigidos nos níveis anteriores."

Com efeito, há estudos acadêmicos que dão razão à ansiedade de Mills. Ao examinar a diferença de renda entre os adultos negros e brancos – é fato comprovado que os negros ganham bem menos –, os estudiosos descobriram que a diferença praticamente desaparece se forem levadas em conta as notas mais baixas dos negros na 8ª série. Em outras palavras, a diferença de renda entre negros e brancos é, em boa parte, um resultado da diferença de instrução entre negros e brancos que poderia ter sido percebida muitos anos antes. "A redução do abismo entre as notas de negros e brancos", escreveu um dos autores do estudo, "seria mais produtiva na promoção da igualdade racial do que qualquer outra estratégia que demande amplo apoio político".

Qual a origem da disparidade das notas escolares de negros e brancos? Ao longo dos anos, surgiram muitas teorias: a pobreza, a constituição genética, o fenômeno do "retrocesso de verão" (supõe-se que os negros perdem mais terreno do que os brancos durante as férias escolares), preconceito racial nas provas ou no que tange à percepção dos professores e uma resistência dos negros contra o "comportamento de branco".

Em um trabalho chamado "The Economics of 'Acting White'" o jovem economista negro de Harvard Roland G. Fryer Jr. defende que alguns estudantes negros "têm um enorme desestímulo para investir em comportamentos específicos (instrução, balé etc.) devido ao risco de passarem por negros querendo parecer brancos (= 'comportamento entreguista'). Em algumas comunidades, esse rótulo pode acarretar punições que vão desde a rejeição como um pária até o risco de espancamento e até mesmo de morte". Fryer cita as lembranças de um certo jovem, Kareem Abdul-Jabbar, conhecido como Lew Alcindor, que logo após começar a freqüentar a 4ª série da nova escola descobriu que sabia ler melhor do que os alunos da 7ª: "Quando os colegas perceberam, virei um alvo... Era a minha primeira experiência num ambiente fora de casa, em um contexto de negros apenas, e me vi sendo punido por tudo que me haviam ensinado que era certo. Eu tirava 10 em tudo e era odiado por isso; falava de maneira correta e era xingado. Tive que aprender uma nova linguagem só para lidar com as ameaças. Eu era bem educado e bonzinho e apanhei por isso."

Fryer também é um dos autores de "Understanding the Black-White Test Score Gap in the First Two Years of School" (Entendendo a diferença das notas de negros e brancos nos primeiros dois anos escolares). Esse trabalho aproveita um novo conjunto de dados do governo que ajuda a abordar de forma confiável a questão. O mais interessante é que os dados conseguem responder à pergunta que qualquer pai – seja branco, negro ou de outra raça – gostaria de fazer: Quais são os fatores que afetam e quais os que não afetam o desempenho escolar de uma criança?

No final do anos 90, o Ministério da Educação americano assumiu um projeto monumental chamado Estudo Longitudinal da Primeira Infância. Sua meta era avaliar o progresso acadêmico de mais de 20 mil crianças do jardim-de-infância à 5ª série. Meninos e meninas foram escolhidos em todo o país a fim de representar uma amostragem precisa das crianças estudantes americanas.

O estudo avaliou o desempenho acadêmico dos alunos e coletou informações básicas sobre cada um deles: raça, sexo, estrutura familiar, nível socioeconômico, nível de instrução dos pais e daí por diante. Seu alcance, porém, se estendeu além dessa base, incluindo ainda entrevistas com os pais (e os professores e diretores das escolas), em que era feita uma longa lista de perguntas mais íntimas do que as que normalmente constam dos formulários oficiais: se os pais espancavam os filhos e com que regularidade; se os levavam para visitar bibliotecas ou museus; quanto tempo as crianças gastavam por dia vendo televisão.

O resultado foi um riquíssimo conjunto de dados que, uma vez que se façam as perguntas corretas, contam uma história surpreendente.

Como é possível que esse tipo de dados conte uma história confiável? Submetendo-o ao artifício favorito dos economistas: a análise de regressão. Não, a análise de regressão não é uma forma ultrapassada de tratamento psiquiátrico, mas uma ferramenta poderosa – embora limitada – que utiliza técnicas estatísticas para identificar correlações que de outra forma nos escapariam.

Correlação não é senão um termo estatístico que indica se duas variáveis caminham juntas. Costuma fazer frio quando neva; esses dois fatores estão positivamente correlacionados. Sol e chuva, enquanto isso, têm correlação negativa. Nada mais fácil – desde que existam apenas umas poucas variáveis. No entanto, quando se trata de umas poucas *centenas* de variáveis, tudo fica mais difícil. A análise de regressão é a ferramenta que capacita um economista a ordenar essas enormes pilhas de dados. Isso é feito tornando artificialmente constante todas as variáveis, salvo as duas que desejamos examinar para depois demonstrar como as mesmas se correlacionam.

Em um mundo perfeito, um economista pode realizar uma experiência controlada exatamente como faz um físico ou um biólogo: escolhendo duas amostras, manipulando aleatoriamente uma delas e avaliando o efeito. Mas um economista raramente tem a seu dispor uma experiência tão pura (razão pela qual o sorteio para escolha de escolas em Chicago foi uma coincidência tão feliz). Ele geralmente dispõe de um conjunto de dados com inúmeras variáveis, nenhuma aleatoriamente gerada, sendo que algumas estão relacionadas e outras, não. Nessa barafunda, é preciso determinar quais fatores se correlacionam e quais, não.

No caso dos dados do Estudo Longitudinal da Primeira Infância, imaginemos que a análise de regressão cumpra a seguinte tarefa: converter cada uma dessas 20 mil crianças em idade escolar numa espécie de painel eletrônico com idêntico número de botões, cada um deles representando uma categoria de dados da criança: suas notas de matemática da 1ª série, suas notas de matemática da 3ª série, sua média em leitura na 1ª série, a média em leitura na 3ª série, o grau de instrução da mãe, a renda do pai, o número de livros que ela tem em casa, a abastança relativa da vizinhança e daí por diante.

Agora o pesquisador é capaz de tirar algumas conclusões desse mesmo conjunto complicado de dados. Ele pode juntar as crianças que partilhem várias características – todos os painéis eletrônicos que tenham os botões virados na mesma direção – e, em seguida, pescar a característica que elas *não* partilham. É esse o meio de identificar o real impacto daquele único botão no amplo painel eletrônico. É assim que o efeito desse botão – e, mais cedo ou mais tarde, o de cada um deles – fica evidente.

Digamos que desejemos descobrir, por meio dos dados desse estudo, a resposta para uma questão fundamental sobre parentalidade e educação: Ter um monte de livros em casa determina um bom desempenho da criança na escola? A análise de regressão não tem como responder a essa pergunta, mas é capaz de responder a outra ligeiramente diferente: Uma criança que tenha em sua casa um monte de livros costuma se sair melhor na escola do que uma cuja casa não abrigue livro algum? A diferença entre a primeira e a segunda pergunta é a diferença entre causalidade (1ª pergunta) e correlação (2ª pergunta). Uma análise de regressão pode demonstrar correlação, mas não comprova causalidade. Afinal, existem muitas maneiras pelas quais duas variáveis se correlacionam. X pode causar Y; Y pode causar X; algum terceiro fator pode estar causando X e Y. Uma regressão sozinha não vai responder se neva por estar frio, se está frio por estar nevando ou se os dois fatores aparecem juntos apenas por coincidência.

Os dados do estudo mostram, por exemplo, que uma criança cuja casa tem muitos livros em geral tira notas mais altas do que outra sem livros em casa. Mas as notas altas também estão correlacionadas a muitos outros fatores. Se compararmos apenas crianças com muitos livros e crianças sem livros, a resposta pode não ser representativa. Talvez o número de livros na casa de uma criança aponte tão-somente para o nível de renda de seus pais. A comparação que realmente se deseja fazer é entre duas crianças iguais em tudo, exceto numa coisa – no caso, o número de livros em casa –, para ver se esse único fator influencia o desempenho escolar.

É preciso que se diga que a análise de regressão é menos ciência do que arte (nesse sentido, tem muito em comum com a própria função de criar filhos). Mas um pesquisador experiente pode usá-la para verificar quão representativa uma correlação é – e talvez até mesmo dizer se tal correlação indica uma relação causal.

Assim sendo, o que nos diz a análise dos dados do estudo sobre o desempenho escolar? Várias coisas. A primeira diz respeito ao abismo entre as notas dos negros e as dos brancos.

Há muito vem sendo observado que o desempenho das crianças negras, mesmo antes de entrarem na sala de aula, fica abaixo do das brancas. Mais que isso: as crianças negras não se equiparavam nem quando descontada uma ampla gama de variáveis (descontar uma variável significa, basicamente, eliminar sua influência, assim como um golfista utiliza seu handicap em comparação ao de outro golfista. No caso de um estudo acadêmico como o Estudo Longitudinal da Primeira Infância, um pesquisador poderia descontar qualquer número de deficiências de um aluno quando comparado com o aluno médio). No entanto, esse novo conjunto de dados conta uma outra história. Após descontar apenas um punhado de variáveis – incluídos aí o nível de renda e de instrução dos pais e a idade da mãe por ocasião do nascimento do primeiro filho –, o abismo entre as crianças negras e as brancas praticamente inexiste no momento em que elas entram na escola.

Tal descoberta é encorajadora sob dois aspectos: significa que as crianças negras pequenas continuaram a obter ganhos quando comparadas às brancas. Significa, ainda, que o abismo remanescente, seja de que dimensão for, pode ser vinculado a um punhado de fatores prontamente identificáveis. Os dados revelam que o mau desempenho escolar das crianças negras não se deve ao fato de ser negro, mas ao de vir de lares de baixa renda e baixa instrução. Crianças negras e brancas do mesmo nível socioeconômico, porém, apresentam a mesma capacidade para leitura e para matemática ao entrar no jardim-de-infância.

Uma boa notícia, não? Calma. Primeiramente, tendo em vista que a criança negra média *tem* maior probabilidade de vir de um lar de baixa renda e baixa instrução, o abismo é bastante real: na média, as crianças negras ainda *continuam tendo* desempenhos piores. Para piorar, mesmo quando descontamos a renda e a instrução dos pais, o abismo entre negros e brancos reaparece logo nos primeiros dois anos depois da entrada na escola. No final do ensino fundamental, o desempenho de uma criança negra está abaixo do de uma criança branca estatisticamente equivalente. E o abismo cresce consistentemente ao longo do ensino médio e da faculdade.

Por quê? Essa é uma pergunta difícil e complexa, mas uma resposta possível talvez seja a de que a escola freqüentada pela criança negra padrão não é a mesma que a criança branca padrão freqüenta, e a da primeira é simplesmente... ruim. Mesmo 50 anos depois do caso *Brown x Conselho de Educação*, muitas escolas americanas continuam, na prática, segregadas. O Estudo Longitudinal pesquisou aproximadamente mil escolas, tomando como amostragem 20 alunos de cada. Em 35% dessas escolas, nem uma única criança negra foi incluída na amostragem. A típica criança branca do estudo freqüenta uma escola que tem apenas 6% de alunos negros, enquanto a típica criança negra freqüenta uma escola com cerca de 60% de negros.

Em que aspecto as escolas negras são ruins? Curiosamente, não nos aspectos tradicionalmente avaliados. Em termos de tamanho das classes, instrução dos professores e índice de computadores por aluno, as escolas para negros e brancos são similares. A típica escola de alunos negros, contudo, tem uma taxa mais alta de indicadores de problemas, como gangues, pessoas estranhas postadas à porta e carência de subsídios para Associações de Pais e Mestres. Essas escolas oferecem um ambiente que simplesmente não conduz ao aprendizado.

Os alunos negros não são os únicos a padecer nas escolas ruins. O desempenho das crianças brancas que as freqüentam também é deficiente. Na verdade, não existe um desnível entre as notas de negros e brancos *dentro* de uma escola ruim nos primeiros anos escolares, descontado o ambiente familiar do aluno. Todos os alunos de uma escola ruim, sejam negros ou brancos, *perdem* terreno para os alunos das boas escolas. Talvez educadores e pesquisadores equivocadamente atribuam importância demasiada à disparidade entre as notas de negros e brancos; a discrepância má escola/boa escola pode ser a questão mais relevante. Consideremos este fato: os dados do estudo revelam que alunos negros em boas escolas *não* têm desempenho pior do que têm os brancos, e os alunos negros em boas escolas têm desempenho melhor do que os alunos brancos em escolas ruins.

Assim, segundo esses dados, a escola tem evidente impacto no progresso escolar de uma criança. Será válido dizer o mesmo quanto à parentalidade? Todas aquelas fitas do Baby Mozart trazem retorno? E quanto à leitura de histórias de ninar? A mudança para o bairro mais residencial e de nível melhor valeu a pena? Os filhos de pais que fazem parte de Associação de Pais e Mestres se saem melhor do que os filhos de pais que nunca ouviram falar dessas associações?

A ampla gama de dados do estudo oferece uma correlação convincente entre as circunstâncias pessoais de uma criança e seu desempenho escolar. Por exemplo, quando descontados todos os fatores, fica evidente que as crianças das zonas rurais se saem pior do que a média. As que moram nos arredores da cidade se situam na metade da curva, enquanto as das áreas urbanas tiram notas acima da média (é possível que as cidades atraiam uma mão-de-obra mais instruída e, conseqüentemente, pais com filhos mais inteligentes). Na média, as meninas conseguem notas melhores do que os meninos, e o desempenho dos asiáticos fica acima do dos brancos – embora os negros, como já relatamos acima, estejam no mesmo nível dos brancos com características equivalentes e em escolas equivalentes.

De posse do que você sabe agora sobre análise de regressão, sabedoria convencional e parentalidade, pondere a seguinte lista de 16 fatores. Segundo os dados do Estudo Longitudinal, oito deles revelam uma forte correlação – positiva ou negativa – com as notas escolares. Os demais não parecem relevantes. Fique à vontade para descobrir quais são quais.

A criança tem pais muito instruídos.
A família da criança está intacta.
Os pais da criança têm alto nível socioeconômico.
Os pais da criança se mudaram recentemente para um bairro melhor.
A mãe da criança tinha 30 anos ou mais na ocasião do nascimento do primeiro filho.
A mãe da criança não trabalhou fora entre o nascimento do filho e a sua entrada no jardim-de-infância.
A criança nasceu com baixo peso.
A criança freqüentou o programa pré-escolar Head Start.
Os pais da criança falam a língua nacional (inglês) em casa.
Os pais costumam levar a criança a museus.
A criança é adotada.
A criança é espancada com freqüência.
Os pais da criança estão engajados na Associação de Pais e Mestres.
A criança assiste bastante à televisão.
A criança tem muitos livros em casa.
Os pais lêem para a criança quase diariamente.

Abaixo estão os oito fatores que *estão* fortemente correlacionados com as notas escolares:

A criança tem pais muito instruídos.
Os pais da criança têm alto nível socioeconômico.
A mãe da criança tinha 30 anos ou mais na ocasião do nascimento do primeiro filho.
A criança nasceu com baixo peso.
Os pais da criança falam a língua nacional (inglês) em casa.
A criança é adotada.
Os pais da criança estão engajados na Associação de Pais e Mestres.
A criança tem muitos livros em casa.

E os oito que não estão:

A família da criança está intacta.
Os pais da criança se mudaram recentemente para um bairro melhor.
A mãe da criança não trabalhou fora entre o nascimento do filho e a sua entrada no jardim-de-infância.
A criança fez parte do programa pré-escolar Head Start.
A criança é espancada com freqüência.
A criança assiste bastante à televisão.
Os pais lêem para a criança quase diariamente.

Agora, dois a dois:

Relevante: A criança tem pais muito instruídos.
Irrelevante: A família da criança está intacta.

Uma criança cujos pais sejam muito instruídos costuma se sair bem na escola, o que não chega a causar espanto. Uma família com muito preparo tende a dar valor ao ensino. Mais importante ainda: pais com QIs altos em geral adquirem mais instrução, e o QI é um fator altamente hereditário. No entanto, o fato de uma família estar intacta não parece relevante. Assim como os estudos anteriormente citados mostram que a estrutura da família tem pouco impacto na personalidade da criança, aparentemente não afetando seu desempenho acadêmico. Isso não quer dizer que as famílias devam sair por aí se desmanchando. Entretanto, a constatação pretende encorajar os cerca de 20 milhões de crianças americanas em idade escolar que são criadas por um único genitor.

Relevante: Os pais da criança têm alto nível socioeconômico.
Irrelevante: Os pais da criança se mudaram recentemente para um bairro melhor.

Um nível socioeconômico alto está profundamente correlacionado com as notas escolares, o que parece lógico. O nível socioeconômico é um forte indicador de sucesso em geral – sugere um QI mais alto e mais instrução – e pais bem-sucedidos têm maior probabilidade de ter filhos bem-sucedidos. A mudança para um bairro melhor, por outro lado, não aumenta as possibilidades de uma criança na escola, talvez porque a mudança em si represente um fator de ruptura. Mais provavelmente, porém, a explicação é que uma casa mais bonita não gera notas mais altas, assim como um tênis mais bonito não faz um atleta saltar mais alto.

Relevante: A mãe da criança tinha 30 anos ou mais na ocasião do nascimento do primeiro filho.
Irrelevante: A mãe não trabalhou fora entre o nascimento do filho e sua entrada no jardim-de-infância.

Uma mulher que só veio a ter o primeiro filho com, no mínimo, 30 anos provavelmente testemunhará seu bom desempenho escolar. Essa mãe costuma ser alguém que quis adquirir uma instrução mais extensa ou deslanchar a própria carreira. Igualmente é mais provável que ela tenha *desejado* um filho mais do que uma mãe adolescente o faria. Isso não significa que uma primípara mais velha seja necessariamente uma mãe melhor, mas certamente ela pôs a si mesma – e seus filhos – numa posição mais vantajosa (vale a pena mencionar que essa vantagem não é contabilizada no caso de uma mãe adolescente que espera até os 30 anos para ter um *segundo* filho. Os dados do Estudo Longitudinal mostram que o desempenho do segundo filho não será melhor do que o do primeiro). Ao mesmo tempo, uma mãe que opta por não trabalhar fora até que a criança entre no jardim-de-infância aparentemente não beneficia em nada o desempenho escolar do filho. Pais obsessivos talvez achem incômoda essa falta de correlação – qual o sentido de todas aquelas sessões de deveres escolares com a mamãe? –, mas é isso que nos dizem os dados.

Relevante: A criança nasceu com baixo peso.
Irrelevante: A criança fez parte do programa pré-escolar Head Start.

Uma criança nascida com baixo peso costuma se sair mal na escola, talvez porque o simples nascimento prematuro seja prejudicial ao seu bem-estar geral. Outra razão é que o nascimento com baixo peso muitas vezes prediz uma futura má criação, já que uma mãe que fuma, bebe ou de outra forma qualquer trata mal seu bebê no útero não está propensa a mudar de comportamento apenas porque teve um filho. Uma criança de baixo peso, por sua vez, costuma ser uma criança pobre – e, como tal, com mais probabilidade de freqüentar o Head Start, o programa pré-escolar federal. De acordo com os dados do Estudo Longitudinal, contudo, o Head Start em nada afeta as notas futuras do aluno. A despeito da grande aprovação que cerca o Head Start (um dos autores deste livro foi um dos participantes do projeto-piloto), é preciso admitir que sua ineficácia tem sido insistentemente demonstrada. Uma razão provável é que em lugar de passar o dia com sua própria mãe semi-instruída e extenuada pelo trabalho, a criança que faz parte do Head Start passa o dia com a mãe semi-instruída e extenuada de outra criança (e mais outras tantas crianças igualmente carentes).

Na verdade, menos de 30% dos professores do Head Start têm licenciatura. Além disso, o emprego é tão mal remunerado – uma professora do Head Start ganha cerca de $21 mil anuais contra os $40 mil da média das professoras de jardins-de-infância públicos – que é pouco provável que boas professoras sejam atraídas para o programa em futuro próximo.

Relevante: Os pais da criança falam a língua nacional (inglês) em casa.
Irrelevante: Os pais levam com freqüência a criança a museus.

Uma criança cujos pais falam a língua nacional (no caso, inglês) apresenta melhor desempenho escolar do que outra cujos pais não o façam. Mais uma vez, isso não espanta. Essa correlação ganha mais fundamento com o desempenho dos alunos hispânicos no Estudo Longitudinal. Como grupo, os alunos hispânicos apresentam desempenho ruim; igualmente mostram uma probabilidade desproporcionalmente alta de ter pais que não falam inglês (no entanto, nas últimas séries costumam alcançar os colegas mais adiantados). Se assim é, o que acontece na situação oposta – um pai e uma mãe que não só são proficientes em inglês, mas passam o fim de semana alargando os horizontes culturais do filho com visitas a museus? Lamento, mas embora pais obsessivos acreditem piamente em injeções de cultura, os dados do Estudo Longitudinal não revelam qualquer correlação entre as visitas ao museu e as notas escolares.

Relevante: A criança é adotada.
Irrelevante: A criança é espancada com freqüência.

Existe uma forte correlação – negativa – entre a adoção e as notas escolares. Por quê? Os estudos demonstraram que a competência acadêmica de uma criança é muito mais influenciada pelo QI dos pais biológicos do que o dos pais adotivos, e as mães que entregam seus filhos à adoção em geral têm QIs significativamente mais baixos do que aqueles que os adotam. Existe uma outra explicação para adotados com baixo índice de aprendizado, que, embora soe de mau gosto, combina com a teoria econômica básica do interesse pessoal: a mãe que sabe que vai entregar seu bebê à adoção costuma não tomar os mesmos cuidados pré-natais que uma mulher que manterá o filho consigo (consideremos – correndo o risco de expandir o raciocínio de mau gosto – a forma como alguém trata o próprio carro e aquele que alugou para o fim de semana).

Mas se um filho adotado tende a tirar notas mais baixas, o mesmo não acontece com uma criança que apanha. Talvez isso surpreenda – não porque espancamentos são necessariamente prejudiciais, mas porque, em termos convencionais, bater é considerado uma prática ignorante. Assim somos levados a supor que pais que batem nos filhos sejam ignorantes sob outros aspectos. Porém, esse talvez não seja o caso, ou quem sabe exista uma outra história a ser contada sobre os espancamentos. Recordemos que o Estudo Longitudinal incluiu entrevistas diretas com os pais das crianças. Assim, um pai – ou mãe – teria que se sentar cara a cara com o pesquisador oficial e admitir espancar o filho, o que levaria a crer que por estar disposto a isso, ele/ela seja ignorante ou – mais interessante ainda – tremendamente honesto. É possível que a honestidade seja mais essencial para configurar uma boa criação do que o hábito de espancar seja essencial para configurar uma má criação.

Relevante: Os pais da criança estão engajados na Associação de Pais e Mestres.
Irrelevante: A criança assiste bastante à televisão.

Uma criança cujos pais estejam engajados na Associação de Pais e Mestres costuma se sair bem na escola – o que provavelmente indica que os pais com forte ligação com a educação criam crianças mais inteligentes. Os dados do estudo, por outro lado, não mostram correlação entre as notas escolares de uma criança e a quantidade de tempo que ela passa diante da televisão. Contrariamente à sabedoria convencional, ao que tudo indica ver televisão não embota o cérebro da criança (na Finlândia, onde o sistema de ensino foi classificado como o melhor do mundo, a maioria das crianças não entra na escola antes dos sete anos, mas muitas delas costumam aprender a ler sozinhas assistindo a programas de televisão americanos com legendas em finlandês). Igualmente, o uso de computador em casa não transforma ninguém num Einstein: os dados do estudo não mostram correlação alguma entre o uso do computador e os resultados escolares.

Agora, a última dupla de fatores:

Relevante: A criança tem muitos livros em casa.
Irrelevante: Os pais lêem para a criança quase diariamente.

Conforme observado anteriormente, comprovou-se que uma criança com muitos livros em casa realmente se sai melhor nos estudos. Ler regularmente para ela, porém, *não* afeta suas notas.

Tal afirmação parece encerrar um enigma, remetendo-nos à pergunta original: Quanto exatamente, e de que forma, os pais realmente importam?

Comecemos com a correlação positiva: ter livros em casa é igual a melhores notas na escola. A maioria inferiria dessa correlação uma óbvia relação de causa e efeito. Vejamos: um garotinho chamado Isaías tem um monte de livros em casa. Ele se sai muitíssimo bem nas provas de leitura na escola, provavelmente porque o pai ou a mãe costuma ler para ele. No entanto, a coleguinha Emily, que também tem um monte de livros em casa, praticamente nunca toca neles, preferindo brincar com sua Barbie e ver desenhos na televisão. Emily tem exatamente o mesmo desempenho escolar de Isaías. Por outro lado, o amiguinho de Isaías e Emily, Ricky, não tem *nenhum* livro em casa, mas freqüenta a biblioteca diariamente com a mãe; Ricky é um leitor fanático. Curiosamente, seu desempenho escolar é *pior* do que o de Emily ou o de Isaías.

O que deduzir daí? Se ler livros não produz impacto nas notas escolares da primeira infância, será que sua mera presença física na casa torna as crianças mais inteligentes? Exercerão os livros algum tipo de osmose mágica no cérebro infantil? Se assim é, poderíamos nos ver tentados a simplesmente enviar um caminhão abarrotado de livros para todas as casas em que moram crianças em idade pré-escolar.

Com efeito, foi o que tentou fazer o governador de Illinois. No início de 2004, o Governador Rod Blagojevich anunciou sua intenção de enviar um livro por mês a cada criança do estado, desde o nascimento até o ingresso no jardim-de-infância. O plano custaria $26 milhões anuais, mas, para Blagojevich, tratava-se de uma intervenção vital em um estado onde 40% dos alunos de 3ª série se encontravam abaixo da média em leitura. "Quando se possui [livros] e eles são seus", disse ele, "fazem parte da sua vida, isso contribui para uma sensação... de que os livros devem fazer parte da sua vida".

Assim, todas as crianças nascidas em Illinois teriam uma biblioteca de 60 volumes ao ingressarem na escola. Isso resultaria em notas mais altas em leitura?

Provavelmente não (embora jamais venhamos a saber com certeza: no final, o Legislativo de Illinois rejeitou o projeto). Afinal, os dados do Estudo Longitudinal não dizem que ter livros em casa *produza* notas mais altas, indicando apenas que os dois fatores estão correlacionados.

Como interpretar tal correlação? Eis uma teoria provável: para começar, os pais que compram muitos livros infantis em sua maioria são inteligentes e instruídos (e transmitem seus conhecimentos e ética funcional aos filhos). Ou talvez se preocupem bastante com educação e com os filhos de maneira geral (o que significa que criam um ambiente que estimula e premia o aprendizado). Esses pais acreditam – tão firmemente quanto o governador de Illinois – que cada livro infantil seja um talismã que conduz a uma inteligência ilimitada. No entanto, tal crença provavelmente não passa de um equívoco. Um livro é muito mais um *indicador* do que um agente de inteligência.

Então o que tudo isso diz a respeito da importância dos pais em geral? Consideremos novamente os oito fatores do estudo correlacionados às notas escolares:

A criança tem pais muito instruídos.
Os pais da criança têm nível socioeconômico alto.
A mãe da criança tinha 30 anos ou mais na ocasião do nascimento do primeiro filho.
A criança nasceu com baixo peso.
Os pais da criança falam a língua nacional (inglês) em casa.
A criança é adotada.
Os pais da criança estão engajados na Associação de Pais e Mestres.
A criança tem muitos livros em casa.

E os oito fatores sem correlação:

A família da criança está intacta.
Os pais da criança se mudaram recentemente para um bairro melhor.
A mãe não trabalhou fora entre o nascimento do filho e seu ingresso no jardim-de-infância.
A criança freqüentou o programa pré-escolar Head Start.
Os pais costumam levar a criança a museus.
A criança apanha com freqüência.
A criança assiste bastante à televisão.
Os pais lêem para a criança quase diariamente.

Supergeneralizando: a primeira lista descreve coisas que os pais *são*; a segunda, coisas que os pais *fazem*. Os pais realmente instruídos, bem-sucedidos e saudáveis tendem a ter filhos que se saem bem na escola. Aparentemente, porém, não faz grande diferença o fato de uma criança freqüentar museus, apanhar ou participar do programa pré-escolar Head Start, nem o de ler assiduamente ou se plantar diante da televisão.

Para os pais – e os especialistas em parentalidade – que estejam obcecados com técnicas de criação de filhos, isso pode ser uma má notícia. A realidade é que, aparentemente, a técnica vem sendo supervalorizada.

No entanto, isso não significa que os pais não tenham importância. É claro que têm um bocado. Esta é a charada: quando se pega um livro sobre como criar filhos, já é tarde demais. A maior parte das coisas importantes foi decidida há muito tempo – quem somos, com quem nos casamos, que tipo de vida levamos. Se você é inteligente, trabalhador, instruído, ganha bem e está casado com alguém igualmente privilegiado, seus filhos têm grandes chances de se dar bem na vida (também não atrapalha, ao que tudo indica, ser honesto, equilibrado, carinhoso, bem como interessado pelo mundo à volta). Porém não se trata tanto do que você *faz* como pai, mas de quem você é. Nesse sentido, um pai superprotetor lembra muito um candidato político que acredita que o dinheiro ganha eleições, quando na verdade todo o dinheiro do mundo não é capaz de eleger alguém que os eleitores não apreciem.

Em um trabalho intitulado "The Nature and Nurture of Economic Outcomes", o economista Bruce Sacerdote abordou o debate natureza-criação, fazendo uma avaliação quantitativa de longo prazo dos efeitos da criação de um filho. Utilizou três estudos sobre adoção – dois americanos e um inglês –, contendo dados consistentes a respeito das crianças adotadas, seus pais adotivos e os biológicos. Sacerdote descobriu que os pais que adotam filhos são quase sempre mais inteligentes, mais instruídos e mais bem pagos do que os pais biológicos do bebê. No entanto, as vantagens dos pais adotivos exercem pouca influência sobre o desempenho escolar do filho. Como também foi visto nos dados do Estudo Longitudinal, os filhos adotivos tiram notas relativamente baixas na escola; qualquer que seja a influência que os pais adotivos exerçam, ela aparentemente é suplantada pela força da genética. Sacerdote descobriu, porém, que os pais não permanecem impotentes para sempre. Ao se tornarem adultos, os filhos adotivos já deram uma guinada expressiva quanto ao destino que lhes fora reservado apenas em função do seu QI. Comparados a crianças similares que não foram entregues à adoção, observou-se que os adotados são muito mais propensos a freqüentar a universidade, conseguir empregos bem remunerados e esperar até o final da adolescência para casar. É a influência dos pais adotivos, concluiu Sacerdote, que faz a diferença.

6 Pais perfeitos, parte II; ou: uma Roshanda seria tão doce se tivesse outro nome?

Obsessivos ou não, pais e mães *querem* crer que é grande a diferença que fazem quanto ao tipo de pessoa que o filho vier a ser. Caso contrário, por que se dar a tanto trabalho?

O primeiro ato oficial dos pais – dar nome ao bebê – evidencia tal crença. Como qualquer pai/mãe moderno sabe, a indústria dos nomes de bebês está em alta, conforme comprova a proliferação de livros, sites na Internet e consultores especializados. Muitos pais parecem acreditar que uma criança não terá sucesso a menos que receba o nome certo, sendo que muitos os consideram portadores de um elemento estético ou até mesmo de poderes proféticos.

É possível que isso explique por que, em 1958, um cidadão nova-iorquino, Robert Lane, resolveu chamar seu filho recém-nascido de Winner (vencedor). Os Lane, que residiam num conjunto habitacional no Harlem, já tinham vários filhos, cada um com um nome banal. Mas este agora... Aparentemente, Robert Lane sentira algo diferente com relação ao garoto. Winner Lane: Como ele poderia fracassar com um nome desses?

Três anos depois, os Lane tiveram outro menino, o sétimo e último filho. Por razões que ninguém hoje consegue identificar, Robert resolveu chamá-lo Loser (perdedor/fracassado). Que se saiba, ele nada tinha contra o novo bebê, querendo apenas fazer uma brincadeira com os nomes dos dois últimos filhos. Primeiro um Vencedor, agora um Perdedor. Mas se Winner Lane não tinha como dar errado, seria válido esperar que Loser Lane desse certo?

Na verdade, Loser Lane deu certo. Cursou a escola preparatória com uma bolsa de estudos, formou-se na Universidade Lafayette na Pensilvânia e entrou para o Departamento de Polícia de Nova York (sonho antigo da mãe), onde chegou a detetive e, depois, a sargento. Embora jamais escondesse o nome, muitos se sentiam constrangidos em usá-lo. "Por isso tenho um monte de nomes", conta ele hoje, "de Jimmy a James, ou qualquer outro que resolvam escolher, como, por exemplo, Timmy. Raramente, porém, alguém me chama de Loser". Segundo ele, de vez em quando "alguém joga um tempero francês: 'Losier'". Os colegas de trabalho o chamam de Lou.

E quanto ao irmão com o nome fadado ao sucesso? A realização mais notável de Winner Lane, hoje quarentão, é o comprimento de sua ficha criminal: quase 40 prisões por assalto, violência doméstica, invasão, resistência à prisão e outros delitos.

Atualmente os irmãos quase não se falam. O pai, que os batizou, já morreu. A idéia que teve estava certa – os nomes pressagiam o destino –, mas ele deve ter confundido os meninos.

Existe ainda o caso recente de Temptress (provocadora), uma menina de 15 anos cujas infrações a levaram ao Tribunal de Família do Condado de Albany, em Nova York. O juiz, W. Dennis Duggan, há muito vinha se dando conta dos nomes estranhos de alguns dos infratores. Um adolescente, Amcher, recebera o nome da primeira coisa que os pais viram ao chegar ao hospital: o letreiro Albany Medical Center Hospital Emergency Room (Emergência do Centro Médico de Albany). Não obstante, Duggan considerou Temptress o nome mais chocante com que já esbarrara.

"Pedi-lhe que saísse da sala de audiências para poder perguntar à mãe a razão de ter dado à filha o nome de Temptress", recordou-se mais tarde o juiz. "Ela respondeu que, assistindo ao programa de televisão *The Cosby Show*, gostara da jovem atriz. Expliquei-lhe que o nome da moça era na verdade *Tempestt* Bledsoe, recebendo dela a resposta de que descobrira mais tarde ter entendido errado. Perguntei-lhe se conhecia o significado da palavra 'temptress', ao que ela respondeu que também disso ela só tomara ciência depois. A filha foi autuada por comportamento incontrolável, o que incluía levar homens para casa enquanto a mãe estava no trabalho. Indaguei da mãe se lhe ocorrera que a filha pudesse estar fazendo jus ao nome. A maior parte da nossa conversa escapou totalmente ao seu alcance."

Estaria Temptress realmente "fazendo jus ao nome", como inferiu o Juiz Duggan? Ou acabaria se envolvendo em confusões ainda que se chamasse Chastity (castidade)?*

Não é preciso ser gênio para presumir que Temptress não tinha os pais ideais. Não apenas a mãe se dispôs a chamá-la assim, como era ignorante o bastante para não saber o significado da palavra. Também não espanta, até certo ponto, que um rapaz chamado Amcher fosse parar num tribunal. Pessoas que não se dão ao trabalho de escolher um nome para o filho não parecem propensas a ser os melhores pais do mundo.

Afinal, o nome que damos aos filhos afeta ou não suas vidas? Ou será a *nossa* vida que se reflete nos nomes deles? Seja como for, que tipo de sinal o nome de uma criança manda para o mundo? E o mais importante: isso realmente faz diferença?

Por acaso, Loser e Winner, Temptress e Amcher eram todos negros. Será mera coincidência ou haverá algum sentido maior vinculando nomes a culturas?

Toda geração tem produzido um punhado de acadêmicos badalados que promovem a reflexão sobre a cultura negra. Roland G. Fryer Jr., o jovem economista que analisou o fenômeno do "comportamento branco" e a defasagem negros-brancos nas

---

* *Nota da Tradutora*: Ver nota da página 316.

notas escolares, talvez conste da próxima. Sua ascensão foi surpreendente. Um aluno indiferente, do ensino fundamental, oriundo de uma família instável, ingressou na Universidade do Texas em Arlington com uma bolsa de estudos esportiva. Duas coisas lhe aconteceram durante a faculdade: perceber de imediato que jamais chegaria à NFL (National Football League) ou à NBA (National Basketball Association) e, levando a sério os estudos pela primeira vez na vida, descobrir que gostava de estudar. Depois de estagiar na Penn State e na Universidade de Chicago, Fryer foi contratado como professor em Harvard aos 25 anos. Sua reputação de avaliador ponderado da questão racial já estava consolidada.

A missão de Fryer é o estudo do subdesempenho dos negros. "Pode-se recitar de cor todas as estatísticas quanto ao desempenho inferior dos negros", diz ele. "Pode-se olhar para os diferenciais nos nascimentos fora do casamento, na mortalidade infantil ou na expectativa de vida. Os negros constituem o grupo étnico de pior desempenho nos SATs.* Os negros ganham menos que os brancos. Ainda não estão se dando bem, ponto final. Desejo descobrir, basicamente, onde foi que os negros falharam e pretendo dedicar minha vida a isso."

Além da disparidade econômica e social entre negros e brancos, a atenção de Fryer foi despertada pela existência, na prática, de uma segregação cultural. Negros e brancos assistem a programas de televisão distintos (o *Monday Night Football* é o único que aparece na lista dos programas mais assistidos pelos dois grupos; *Seinfeld*, uma das séries mais populares da história da televisão, sequer aparece entre os 50 preferidos dos negros). Negros e brancos fumam cigarros de marcas diferentes (a marca Newport tem 75% da preferência dos adolescentes negros contra 12% dos brancos; os adolescentes brancos preferem a marca Marlboro). E pais negros dão a seus filhos nomes totalmente diversos dos das crianças brancas.

---

* *Nota da Tradutora*: Em português, Teste de Aptidão Acadêmica.

Fryer acabou por se perguntar: essa cultura negra diferente seria uma *causa* da disparidade econômica entre negros e brancos ou meramente um reflexo desta?

Como ocorreu com o Estudo Longitudinal, Fryer foi buscar a resposta em uma pilha de dados: informações contidas nas certidões de nascimento de cada criança nascida na Califórnia desde 1961. Os dados, abrangendo mais de 16 milhões de nascimentos, incluíam itens-padrão, como nome, sexo, raça, peso do nascituro e o estado civil dos pais, bem como fatores mais reveladores sobre a família: o código postal (que indica o status socioeconômico e a composição racial de um bairro), os recursos para o pagamento da conta do hospital (novamente um indicador econômico) e o nível de instrução dos pais.

Os dados californianos comprovaram o quão diferente são os pais negros dos brancos na hora de dar nome aos filhos. Pais brancos e ásio-americanos, enquanto isso, põem nomes bastante semelhantes em seus filhos. Existe uma certa disparidade entre os pais brancos e os hispano-americanos, mas ela é insignificante diante da diferença observada quando se trata de negros e brancos.

Os dados também mostram que esse abismo entre negros e brancos é um fenômeno recente. Até o início dos anos 70, havia bastante semelhança entre os nomes dos negros e os dos brancos. A menina nascida numa comunidade negra em 1970 recebia um nome duas vezes mais comum entre os negros do que entre os brancos. Em 1980, passou a receber um nome *vinte* vezes mais comum entre negros (os nomes de meninos acompanharam a mesma tendência, com agressividade menor, porém – provavelmente porque os pais de todas as raças são menos audaciosos com os nomes de meninos do que com os de meninas). Tendo em vista a localização e a época dessa mudança – áreas urbanas populosas onde o ativismo afro-americano vinha ganhando força –, a causa mais provável dessa explosão de nomes negros ostensivamente distintos parecia ser o movimento Black Power, que buscou acentuar a cultura africana e combater o argumento de que os negros seriam inferiores. Se tal revolução nos nomes foi efetivamente inspirada pelo Black Power, essa teria sido uma das conseqüências mais duradouras do movimento. Penteados afros são raros hoje em dia, *dashikis* mais raros ainda. O fundador do Black Panther, Boby Seale, é mais conhecido hoje por promover uma linha de produtos para churrasco.

Uma grande quantidade de nomes negros são hoje exclusividade dos negros. Mais de 40% das meninas negras nascidas na Califórnia num dado ano recebem um nome que *nenhuma* das cerca de 100 mil recém-nascidas brancas recebeu naquele mesmo ano. Mais notável ainda é o fato de que 30% das meninas negras ganham um nome que não aparece entre os bebês em geral, brancos e negros, nascidos naquele ano na Califórnia (vale dizer que, só na década de 1990, 228 bebês também foram batizados de "Unique",* além de três que receberam os similares "Uneek", "Uneque" e "Uneqqee"). Mesmo quando se trata de nomes negros muito populares, é rara a sua escolha por brancos. Das 626 meninas batizadas de Deja nos anos 90, 591 eram negras. Das 454 Precious, 431 eram negras. Das 318 Shanices, 310 eram negras.

Que tipo de genitor tem mais propensão a batizar um filho com um nome negro tão peculiar? Os dados fornecem uma resposta cristalina: uma mãe solteira, de baixa renda e pouco instruída oriunda de um bairro negro e dona, ela própria, de um nome negro peculiar. Para Fryer, dar a um filho um nome supernegro é, por parte de pais negros, um sinal de solidariedade com a comunidade. "Se eu batizar meu filho de Madison", diz ele, "talvez pensem 'tem alguém querendo se mudar para o outro lado da linha do trem, não é?'". Se as crianças negras que estudam cálculo e balé são acusadas de "comportamento branco", argumenta Fryer, as mães que põem o nome de Shanice nas filhas estão simplesmente adotando o "comportamento negro".

* *Nota da Tradutora*: Em português tem o sentido de especial, ímpar.

O estudo californiano mostra que muitos pais brancos sinalizam na direção oposta. Mais de 40% dos bebês brancos recebem nomes que são, no mínimo, mais comuns entre os brancos. Consideremos Connor e Cody, Emily e Abigail. Numa amostragem recente abrangendo dez anos, cada um desses nomes foi dado a pelo menos dois mil bebês na Califórnia – menos de 2% deles negros.

Então, quais são os nomes "mais brancos" e os "mais negros"?

Os 20 nomes "mais brancos" para meninas

1. Molly
2. Amy
3. Claire
4. Emily
5. Katie
6. Madeline
7. Katelyn
8. Emma
9. Abigail
10. Carly
11. Jenna
12. Heather
13. Katherine
14. Caitlin
15. Kaitlin
16. Holly
17. Allison
18. Kaitlyn
19. Hannah
20. Kathryn

Os 20 nomes "mais negros" para meninas

1. Imani
2. Ebony
3. Shanice
4. Aalyah
5. Precious
6. Nia
7. Deja
8. Diamond
9. Asia
10. Aliyah
11. Jada
12. Tierra
13. Tiara
14. Kiara
15. Jazmine
16. Jasmin
17. Jazmin
18. Jasmine
19. Alexus
20. Raven

Os 20 nomes "mais brancos" para meninos

1. Jake	11. Cole
2. Connor	12. Lucas
3. Tanner	13. Bradley
4. Wyatt	14. Jacob
5. Cody	15. Garrett
6. Dustin	16. Dylan
7. Luke	17. Maxwell
8. Jack	18. Hunter
9. Scott	19. Brett
10. Logan	20. Colin

Os 20 nomes "mais negros" para meninos

1. DeShawn	11. Demetrius
2. DeAndre	12. Reginald
3. Marquis	13. Jamal
4. Darnell	14. Maurice
5. Terrell	15. Jalen
6. Malik	16. Darius
7. Trevon	17. Xavier
8. Tyrone	18. Terrance
9. Willie	19. André
10. Dominique	20. Darryl

Agora, que diferença faz ter um nome muito branco ou muito negro? Ao longo dos anos, uma série de "estudos atuariais" tentou avaliar como são vistos os nomes. Numa das modalidades desses estudos, um pesquisador enviava para empregadores potenciais dois currículos idênticos (e falsos): um com um nome tradicionalmente branco e o outro com um nome identificado com imigrantes ou membros de uma minoria. Os currículos "brancos" sempre conseguiam um número maior de entrevistas.

De acordo com esse estudo, se DeShawn Williams e Jake Williams mandassem currículos idênticos para o mesmo empregador, Jake Williams teria mais chances de ser chamado. A implicação é que nomes que soam negros acarretam uma punição econômica. Tais estudos são fascinantes, mas altamente limitados, pois não conseguiram explicar *por que* DeShawn não foi chamado. Terá sido rejeitado porque o empregador é racista e está convencido de que DeShawn Williams seja negro? Ou sua rejeição se deveu à impressão de que "DeShawn" seja alguém de uma família de baixa renda e pouca instrução? Um currículo representa um conjunto de pistas não-confiáveis – um estudo recente demonstrou que mais de 50% deles contêm mentiras –, e "DeShawn" pode simplesmente sugerir uma estrutura familiar carente para um empregador que ache que funcionários de tal extração não são confiáveis.

Esses estudos também não prevêem o que teria acontecido numa entrevista de emprego. E se o empregador *for* racista e involuntariamente tiver concordado em entrevistar um negro portador de um nome que soa branco? Ficará mais inclinado a contratar o candidato negro depois de encontrá-lo cara a cara? Ou a entrevista é uma perda de tempo dolorosa e desanimadora para o candidato negro – ou seja, uma multa econômica por ter um nome *de branco*? Seguindo esse mesmo raciocínio, talvez um negro com nome de branco pague uma multa econômica na comunidade *negra*. O que dizer, ainda, da vantagem potencial a ser auferida na comunidade *negra* por ter um nome ostensivamente negro? Por não poderem avaliar o futuro real dos fictícios DeShawn Williams e Jake Williams, os estudos atuariais são incapazes de processar o impacto mais amplo de um nome ostensivamente negro.

Quem sabe DeShawn devesse simplesmente mudar de nome.

Faz-se isso o tempo todo, é claro. Os funcionários do Registro Civil da cidade de Nova York recentemente informaram que a troca de nomes está no auge. Algumas das mudanças são apenas, ainda que sob um aspecto bizarro, de natureza estética. Um jovem casal, Natalie Jeremijenko e Dalton Conley, acabaram de rebatizar o filho de quatro anos de Yo Xing Heyno Augustus Eisner Alexander Weiser

Knuckles Jeremijenko-Conley. Alguns trocam seus nomes por motivos econômicos: depois que um motorista de táxi, Michael Goldberg, de Nova York foi morto com um tiro no início de 2004, noticiou-se que o Sr. Goldberg era na verdade um sikh indiano que achou vantajoso adotar um nome judeu ao imigrar para a cidade. A decisão de Goldberg deve ter perturbado uns e outros nos círculos do showbiz, onde é tradição de longa data trocar de nome quando este for judeu. Foi assim que Issur Danielovitch virou Kirk Douglas e que a William Morris adquiriu fama sob a direção de seu dono, o ex-Zelman Moses.

A pergunta é: Teria Zelman Moses se saído tão bem caso não passasse a se chamar William Morris? O futuro de DeShawn Williams seria mais brilhante caso seu nome fosse Jake ou Connor Williams? É tentador achar que sim, como também é tentador acreditar que um caminhão abarrotado de livros infantis pudesse tornar mais inteligente uma criança.

Embora os estudos atuariais não possam ser usados para genuinamente avaliar quanta diferença faz um nome, os dados californianos fazem isso.

Como? Os dados californianos incluem não apenas as estatísticas vitais sobre um bebê, mas informações sobre o nível de instrução, a renda e, mais relevante que tudo isso, a data de nascimento da mãe. Através deste último elemento é possível identificar as centenas de milhares de mães californianas nascidas na Califórnia e dessa forma vinculá-las a suas *próprias* certidões de nascimento. Assim, uma nova e poderosa história emergiu dos dados: era viável monitorar o futuro de qualquer dessas mulheres. Esse é o tipo de cadeia de dados com que sonham os pesquisadores, possibilitando a identificação de um conjunto de crianças nascidas sob circunstâncias similares para localizá-las novamente mais tarde e ver no que deram. Entre essas centenas de milhares de mulheres dos dados californianos, muitas tinham nomes ostensivamente negros, e muitas não. Utilizando a análise de regressão para descontar fatores que pudessem ter influído em suas trajetórias de vida, foi possível avaliar o impacto de um único fator – no caso, o prenome de uma mulher – sobre sua instrução, renda e saúde.

E o nome importa?

Os dados mostram que, na média, uma pessoa com um nome ostensivamente negro – seja uma mulher chamada Imani ou um homem chamado DeShawn – *tem*, com efeito, um futuro pior do que uma mulher chamada Molly ou um homem chamado Jake. O problema, contudo, não está no nome. Se dois garotos negros, Jake Williams e DeShawn Williams nascem no mesmo bairro e sob as mesmas circunstâncias familiares e econômicas, é provável que os dois tenham futuros similares. No entanto, o tipo de pai que batiza o filho de Jake *não* costuma morar no mesmo bairro onde mora o tipo de pai que dá ao filho o nome de DeShawn nem partilhar as circunstâncias econômicas deste. Por isso, na média, um menino chamado Jake tende a ganhar mais dinheiro e adquirir mais instrução do que outro chamado DeShawn. É mais provável que um DeShawn se veja comprometido por um passado de baixa renda, pouca instrução e um lar de um único genitor. Seu nome é um indicador – não uma causa – de seu futuro. Assim como uma criança que não tem livros em casa tem menos probabilidade de tirar notas altas na escola, um menino chamado DeShawn tem menos probabilidade de se dar bem na vida.

E se DeShawn *tivesse* mudado seu nome para Jake ou Connor? Sua situação mudaria para melhor? Eis uma pista: qualquer um que se dê ao trabalho de mudar de nome em prol do sucesso econômico está, no mínimo – como os estudantes de Chicago que entraram no sorteio para escolher uma escola –, altamente motivado, e motivação talvez seja um indicador de sucesso maior do que este ou aquele nome.

Assim como os dados do Estudo Longitudinal responderam a perguntas sobre parentalidade que extrapolavam a questão do abismo entre as notas escolares de negros e de brancos, os dados californianos sobre nomes contam uma série de histórias além daquela dos nomes ostensivamente negros. Genericamente falando, os dados nos dizem como os pais vêem a si mesmos – e, o que é mais significativo, que tipo de expectativas têm em relação aos filhos.

Para começar, uma pergunta: afinal, de onde vêm os nomes? Não a fonte em si onde são garimpados – isso é óbvio: a Bíblia, o enorme apanhado de nomes tradicionais ingleses, alemães, italianos e franceses, nomes de princesas e nomes hippies, nomes nostálgicos e de lugares. Cada vez mais os nomes de marcas (Lexus, Armani, Bacardi, Timberland) e o que chamaríamos de nomes "aspiracionais". Os dados californianos mostram oito Harvards nascidos nos anos 90 (todos eles negros), 15 Yales (todos brancos) e 18 Princetons (todos negros). Não está registrado nenhum Doctor, mas há três Lawyers (advogados) (todos negros), nove Judges (juízes) (oito deles brancos), três Senators (senadores) (todos brancos) e dois Presidents (ambos negros). Existem, também, os nomes inventados. Roland G. Fryer Jr., ao longo do programa de rádio em que discutia sua pesquisa sobre nomes, recebeu um telefonema de uma mulher negra preocupada com o nome dado a uma sobrinha recém-nascida. O mesmo era pronunciado *shuh-Teed*, mas tinha a grafia "Shithead" (cabeça de merda).*

Shithead ainda não caiu na boca do povo, mas outros, já. Como é que um nome se espalha, e por quê? Seria apenas uma questão de modismo, ou existe uma explicação lógica? Sabemos que os nomes vão e vêm – basta observar o resgate de Sophie e Max praticamente da extinção – mas será que existe um padrão nesses movimentos?

A resposta está nos dados californianos: sim.

Entre as mais interessantes revelações presentes nos dados está a correlação entre o nome de um bebê e o status socioeconômico dos pais. Consideremos os nomes femininos mais comumente encontrados nos lares brancos de classe média e nos lares brancos de classe baixa (esta e outras listas posteriores incluem dados dos anos 90 apenas, para assegurar uma amostragem ampla, mas também atual).

---

* Ver nota à página 315.

Nomes femininos mais comuns em lares brancos de classe média

1. Sarah	11. Nicole
2. Emily	12. Taylor
3. Jessica	13. Elizabeth
4. Lauren	14. Katherine
5. Ashley	15. Madison
6. Amanda	16. Jennifer
7. Megan	17. Alexandra
8. Samantha	18. Brittany
9. Hannah	19. Danielle
10. Rachel	20. Rebecca

Nomes femininos mais comuns em lares brancos de baixa renda

1. Ashley	11. Emily
2. Jessica	12. Nicole
3. Amanda	13. Elizabeth
4. Samantha	14. Heather
5. Brittany	15. Alyssa
6. Sarah	16. Stephanie
7. Kayla	17. Jennifer
8. Amber	18. Hannah
9. Megan	19. Courtney
10. Taylor	20. Rebecca

É verdade que existe uma boa dose de coincidência. Não esqueçamos, contudo, que esses são os nomes mais comuns entre todos e consideremos o volume do conjunto de dados. A diferença de uma para outra posição consecutiva nessas listas pode representar várias centenas ou até milhares de crianças. Assim, se Brittany aparece em quinto lugar na lista "baixa renda" e no 18º na lista "classe média", ele é sem dúvida um nome do segmento mais pobre. Outros exemplos são ainda mais incisivos. Cinco nomes de cada categoria sequer aparecem entre os 20 da outra. A seguir, os cinco favoritos das famílias abastadas e das famílias modestas, na ordem de disparidade em relação à outra categoria:

Os nomes femininos mais comuns
entre os brancos mais abastados

1. Alexandra
2. Lauren
3. Katherine
4. Madison
5. Rachel

Os nomes femininos mais comuns
entre os brancos mais pobres

1. Amber
2. Heather
3. Kayla
4. Stephanie
5. Alyssa

E os masculinos:

Os nomes preferidos pelos brancos mais abastados

1. Benjamin
2. Samuel
3. Jonathan
4. Alexander
5. Andrew

Os nomes preferidos pelos brancos mais pobres

1. Cody
2. Brandon
3. Anthony
4. Justin
5. Robert

Considerando-se a relação entre a renda e a escolha dos nomes e o fato de que renda e *instrução* guardam estreita correlação, não espanta descobrir um vínculo igualmente forte entre o nível de instrução dos pais e o nome escolhido para seus filhos. Voltando mais uma vez aos nomes mais comuns entre crianças brancas, as escolhas a seguir são as mais freqüentes entre pais que têm mais alto grau de instrução e entre os que têm mais baixo grau de instrução:

Nomes mais comuns para meninas brancas de pais com alto grau de instrução

1. Katherine
2. Emma
3. Alexandra
4. Julia
5. Rachel

Nomes mais comuns para meninas brancas de pais com baixo grau de instrução

1. Kayla
2. Amber
3. Heather
4. Brittany
5. Brianna

Nomes mais comuns para meninos brancos de pais com alto grau de instrução

1. Benjamin
2. Samuel
3. Alexander
4. John
5. William

Nomes mais comuns para meninos brancos de pais com baixo grau de instrução

1. Cody
2. Travis
3. Brandon
4. Justin
5. Tyler

O efeito é ainda mais gritante quando a amostragem é ampliada para além dos nomes mais comuns. Consultando todo o banco de dados da Califórnia, os seguintes são os nomes que representam os pais brancos menos instruídos.

Os 20 nomes para meninas brancas mais representativos de pais de baixa instrução[1]

(média de anos de escolaridade da mãe entre parênteses)

1. Angel	(11,38)	11. Jazmine	(11,94)
2. Heaven	(11,46)	12. Shyanne	(11,96)
3. Misty	(11,61)	13. Britany	(12,05)
4. Destiny	(11,66)	14. Mercedes	(12,06)
5. Brenda	(11,71)	15. Tiffanie	(12,08)
6. Tabatha	(11,81)	16. Ashly	(12,11)
7. Bobbie	(11,87)	17. Tonya	(12,13)
8. Brandy	(11,89)	18. Crystal	(12,15)
9. Destinee	(11,91)	19. Brandie	(12,16)
10. Cindy	(11,92)	20. Brandi	(12,17)

[1] Com um mínimo de 100 ocorrências.

Se você ou alguém de quem você gosta se chama Cindy ou Brenda e está acima, digamos, de 40 anos, pode ter a impressão de que esses nomes não denotavam então uma família de pouca instrução. Isso é verdade. Esses nomes, como vários outros, vêm, ultimamente, sofrendo guinadas acentuadas e rápidas. Alguns dos outros preferidos por pais de baixa instrução são, obviamente, produto de equívocos ortográficos, intencionais ou não, com relação a nomes-padrão. Na maioria dos casos, mesmo com a ortografia padrão, esses nomes – Tabitha, Cheyenne, Tiffany, Brittany e Jasmine – também revelam pouca instrução. As diversas ortografias até de um mesmo nome, porém, são capazes de revelar uma grande disparidade:

Dez "Jasmines" em ordem crescente de instrução materna

(anos de escolaridade da mãe entre parênteses)

1. Jazmine (11,94)
2. Jazmyne (12,08)
3. Jazzmin (12,14)
4. Jazzmine (12,16)
5. Jasmyne (12,18)
6. Jasmina (12,50)
7. Jazmyn (12,77)
8. Jasmine (12,88)
9. Jasmin (13,12)
10. Jasmyn (13,23)

A seguir, a lista de nomes para meninos brancos filhos de pais de baixa instrução. Ela inclui eventuais equívocos de ortografia (Micheal e Tylor), mas a tendência mais comum é o uso de apelido como nome.

Os 20 nomes para meninos brancos mais representativos de pais de baixa instrução[2]

(anos de escolaridade da mãe entre parênteses)

1. Ricky	(11,55)	11. Tommy	(11,89)
2. Joey	(11,65)	12. Tony	(11,96)
3. Jessie	(11,66)	13. Micheal	(11,98)
4. Jimmy	(11,66)	14. Ronnie	(12,03)
5. Billy	(11,69)	15. Randy	(12,07)
6. Bobby	(11,74)	16. Jerry	(12,08)
7. Johnny	(11,75)	17. Tylor	(12,14)
8. Larry	(11,80)	18. Terry	(12,15)
9. Edgar	(11,81)	19. Danny	(12,17)
10. Steve	(11,84)	20. Harley	(12,22)

Vejamos, agora, os nomes que indicam o grau *mais alto* de instrução dos pais. Esses nomes não têm muito em comum, fonética ou esteticamente falando, com os nomes escolhidos por pais de baixa instrução. Os de meninas são, sob muitos aspectos, originais, embora com uma boa parcela de influência literária ou artística de modo geral. Um alerta para os candidatos a pais que estejam buscando um nome "inteligente": lembrem-se de que ele não *tornará* seu filho inteligente, mas fará com que compartilhe o mesmo nome de outras crianças inteligentes – ao menos por algum tempo (uma lista maior de nomes de meninos e meninas se encontra na página 316-320).

[2] Com um mínimo de 100 ocorrências.

Os 20 nomes de meninas brancas mais representativos de pais de alto grau de instrução[3]

(número de anos de escolaridade da mãe entre parênteses)

1. Lucienne	(16,60)	11. Rorem	(16,08)
2. Marie-Claire	(16,50)	12. Oona	(16,00)
3. Glynnis	(16,40)	13. Atara	(16,00)
4. Adair	(16,36)	14. Linden	(15,94)
5. Meira	(16,27)	15. Waverly	(15,93)
6. Beatrix	(16,26)	16. Zofia	(15,88)
7. Clementine	(16,23)	17. Pascale	(15,82)
8. Philippa	(16,21)	18. Eleanora	(15,80)
9. Aviva	(16,18)	19. Elika	(15,80)
10. Flannery	(16,10)	20. Neeka	(15,77)

Agora, os nomes de meninos que vêm surgindo atualmente em lares com alto nível de instrução. Esta lista apresenta boa incidência de nomes hebreus, com uma perceptível tendência para o tradicionalismo irlandês.

Os 20 nomes de meninos brancos mais representativos de alto grau de instrução dos pais[4]

(anos de escolaridade da mãe entre parênteses)

1. Dov	(16,50)	11. Finnegan	(16,13)
2. Akiva	(16,42)	12. MacGregor	(16,10)
3. Sander	(16,29)	13. Flroian	(15,94)
4. Yannick	(16,20)	14. Zev	(15,92)
5. Sacha	(16,18)	15. Beckett	(15,91)
6. Guillaume	(16,17)	16. Kia	(15,90)
7. Elon	(16,16)	17. Ashkon	(15,84)
8. Ansel	(16,14)	18. Harper	(15,83)
9. Yonah	(16,14)	19. Sumner	(15,77)
10. Tor	(16,13)	20. Calder	(15,75)

[3] Com um mínimo de 10 ocorrências.

[4] Com um mínimo de 10 ocorrências.

Se muitos nomes das listas anteriores lhe soam pouco familiares, não fique sem graça. Mesmo os nomes de meninos – que sempre foram menos variados do que os de meninas – vêm se proliferando loucamente. Isso significa que mesmo os nomes mais populares hoje em dia são menos populares do que costumavam ser. Consideremos os dez nomes mais populares para meninos negros na Califórnia em 1990 e, em seguida, em 2000. Os "dez mais" de 1990 abrangem 3.375 bebês (18,7% dos nascidos naquele ano), enquanto os "dez mais" de 2000 abrangem apenas 2.115 (14,6% dos bebês nascidos naquele ano).

Nomes mais populares para meninos negros

(número de ocorrências entre parênteses)

1990		2000	
1. Michael	(532)	1. Isaiah	(308)
2. Christopher	(531)	2. Jordan	(267)
3. Anthony	(395)	3. Elijah	(262)
4. Brandon	(323)	4. Michael	(235)
5. James	(303)	5. Joshua	(218)
6. Joshua	(301)	6. Anthony	(208)
7. Robert	(276)	7. Christopher	(169)
8. David	(243)	8. Jalen	(159)
9. Kevin	(240)	9. Brandon	(148)
10. Justin	(231)	10. Justin	(141)

Em dez anos, até o nome mais popular para bebês negros (532 ocorrências de Michael) tornou-se muito menos popular (308 ocorrências de Isaiah). Isso deixa claro que os pais estão escolhendo nomes mais variados. No entanto, uma guinada mais notável ocorreu nessas listas: uma taxa muito rápida de inversões. Observa-se que quatro dos nomes de 1990 (James, Robert, David e Kevin) não constam da lista dos "dez mais" de 2000. É certo que todos eles ocupavam posições na segunda metade dela, mas os nomes que os substituíram em 2000 não ficaram na lanterna. Três deles – Isaiah, Jordan e Elijah – ficaram em primeiro, segundo e terceiro lugares em 2000. Veremos um exemplo ainda mais radical de como um nome pode total e rapidamente entrar e sair de moda se considerarmos os dez nomes mais populares para meninas brancas na Califórnia em 1960 e, depois, em 2000.

Nomes mais populares para meninas brancas

1960	2000
1. Susan	1. Emily
2. Lisa	2. Hannah
3. Karen	3. Madison
4. Mary	4. Sarah
5. Cynthia	5. Samantha
6. Deborah	6. Lauren
7. Linda	7. Ashley
8. Patricia	8. Emma
9. Debra	9. Taylor
10. Sandra	10. Megan

Nem um único nome da lista de 1960 permaneceu entre os "dez mais" de 2000. Alguém dirá que é difícil ficar na moda durante 40 anos. Que tal, então, comparar os nomes mais populares de hoje com os "dez mais" de apenas 20 anos atrás?

Os nomes mais populares para meninas brancas

1980	2000
1. Jennifer	1. Emily
2. Sarah	2. Hannah
3. Melissa	3. Madison
4. Jessica	4. Sarah
5. Christina	5. Samantha
6. Amanda	6. Lauren
7. Nicole	7. Ashley
8. Michelle	8. Emma
9. Heather	9. Taylor
10. Amber	10. Megan

Há um único remanescente: Sarah. E de onde essas Emilys, Emmas e Laurens surgiram? De onde terá saído *Madison**? É facílimo ver que esses novos nomes se tornaram altamente populares muito rápido. Mas por quê?

Vamos dar uma outra olhada numa dupla de listas anteriores. Abaixo os nomes mais populares escolhidos para meninas nos anos 90 por famílias de baixa renda e por famílias de classe média ou alta.

Os nomes mais comuns para meninas brancas da classe alta nos anos 90

1. Alexandra
2. Lauren
3. Katherine
4. Madison
5. Rachel

Os nomes mais comuns para meninas brancas de baixa renda nos anos 90

1. Amber
2. Heather
3. Kayla
4. Stephanie
5. Alyssa

Deu para perceber alguma coisa? Talvez valha a pena comparar esses nomes com a lista dos nomes mais populares para meninas brancas da página 189, que inclui os "dez mais" de 1980 a 2000. Lauren e Madison, dois dos preferidos da classe alta dos anos 90, chegaram à lista dos "dez mais" de 2000. Por outro lado, Amber e

* Madison quase certamente surgiu no filme "Splash: uma sereia em minha vida", de 1984, estrelado por Daryl Hannah como uma sereia que foi para Nova York e escolheu seu nome ao olhar a placa da Madison Avenue. O nome, que era raro, passou a ser conhecido, tornando-se um dos cinco nomes mais escolhidos pelos pais.

Heather, dois dos "dez mais" de 1980, agora se encontram na lista das famílias de baixa renda.

Vemos claramente um padrão: quando um nome "pega" entre os indivíduos da classe alta – pais com alto grau de instrução –, ele começa a empreender uma viagem ladeira abaixo na escala socioeconômica. Amber e Heather começaram sua carreira como nomes da classe alta, como aconteceu com Stephanie ou Brittany. Para cada bebê de classe alta batizado de Stephanie ou Brittany, outros cinco de baixa renda receberam esses nomes no curso de dez anos.

Então, onde as famílias de baixa renda vão buscar os nomes para seus filhos? Muita gente supõe que a tendência na escolha dos nomes é ditada pelas celebridades, mas, na verdade, sua influência sobre os nomes de bebês é reduzida. Até o ano de 2000, a cantora Madonna já vendera 130 milhões de discos no mundo todo, mas não havia gerado nem as 10 homônimas necessárias – e isso na Califórnia – para integrar o *master index* de quatro mil nomes do qual se originou a lista de nomes para meninas da página 316. Talvez, ao ver todas as Brittanys, Britneys, Brittanis, Brittanies, Brittneys e Brittnis que pululam por aí hoje em dia, Britney Spears lhe venha à cabeça. Na verdade, porém, ela é um sintoma, não uma causa, da explosão de Brittanys/Britneys/Brittanis/Brittanies/Brittneys/Brittnis. Com sua grafia mais comum – Brittany – na 18ª posição entre os nomes favoritos da classe alta e na quinta entre os "dez mais" da classe baixa, certamente ele se aproxima do fim do prazo de sua validade. Décadas atrás, Shirley Temple foi, igualmente, um sintoma do boom de Shirleys, embora seja freqüentemente lembrada como causa dele (é preciso que se diga também que muitos nomes de menina, inclusive Shirley, Carol, Leslie, Hilary, Renee, Stacy e Tracy começaram a vida como nomes de menino. O contrário, porém – nomes de meninas virarem nomes de menino –, quase nunca ocorre).

Assim é que não são os famosos que mandam no jogo dos nomes. É a família ali do outro quarteirão, aquela que tem a casa maior e o carro mais novo. As famílias que foram pioneiras na escolha dos nomes Amber e Heather para suas filhas e que agora as estão batizando de Lauren ou de Madison; as famílias que costumavam dar a seus filhos os nomes de Justin ou Brandon e que agora optam por Alexander ou Benjamin. Os pais relutam em pedir de empréstimo nomes de alguém próximo demais – parentes ou amigos íntimos –, mas muitos, quer se dêem conta ou não, gostam do som de nomes que soam "bem-sucedidos".

No entanto, quando um nome da classe alta é adotado em massa, os pais da classe alta o abandonam, e ele acaba sendo considerado tão trivial que até os pais de baixa renda acabam por desprezá-lo, momento em que ele cai de moda por completo. Os pais de baixa renda, enquanto isso, vão atrás do próximo nome que os pais da classe alta acabaram de descobrir.

Assim, fica claro o seguinte: os pais de todas essas Alexandras, Laurens, Katherines, Madisons e Rachels que não esperem que o seu cachê perdure muito. Esses nomes já estão a caminho de se tornar coqueluche. De onde, então, brotarão os novos nomes da classe alta?

Não seria surpresa encontrá-los entre os nomes mais "inteligentes" de meninos e meninas na Califórnia, listados na páginas 187, que ainda são bastante obscuros. Sem dúvida alguns deles – Oona e Glynnis, Florian e Kia – estão fadados a continuar obscuros. É válido supor o mesmo com relação à maioria dos nomes hebreus (Rotem e Zofia, Akiva e Zev), embora muitos dos nomes mais em moda hoje em dia (David, Jonathan, Samuel, Benjamin, Rachel, Hannah, Sarah e Rebecca) sejam nomes bíblicos. Aviva talvez seja o único nome hebreu moderno prestes a estourar: é fácil de pronunciar, bonito, forte e convenientemente flexível.

Elaborada a partir de alguns bancos de dados de nomes "sofisticados", vejamos uma amostragem dos nomes da classe alta de hoje. Alguns, por incrível que pareça, serão coqueluche amanhã. Antes de torcer o nariz, pergunte-se: existe algum entre eles mais ridículo do que lhe teria parecido "Madison" há dez anos?

Os nomes mais populares para meninas de 2015?

Annika	Isabel
Ansley	Kate
Ava	Lara
Avery	Linden
Aviva	Maeve
Clementine	Marie-Claire
Eleanor	Maya
Ella	Philippa
Emma	Phoebe
Fiona	Quinn
Flannery	Sophie
Grace	Waverly

Os nomes mais populares para meninos de 2015?

Aidan	Jackson
Aldo	Johan
Anderson	Keyon
Ansel	Liam
Asher	Maximilian
Beckett	McGregor
Bennett	Oliver
Carter	Reagan
Cooper	Sander
Finnegan	Sumner
Harper	Will

Obviamente, uma série de motivos contribui para a escolha de um nome para um filho. Os pais podem preferir algo mais tradicional ou algo mais original, algo ímpar ou totalmente na moda. Seria chover no molhado dizer que todos buscam – conscientemente ou não – um nome "sofisticado" ou "classe A". No entanto, também é verdade que todo pai tenta sinalizar *alguma coisa* com um nome, seja ele Winner ou Loser, Madison ou Amber, Shithead ou Sander, DeShawn ou Jake. O que os dados californianos sugerem é que um número incrível de pais lança mão de um nome para expressar *suas próprias expectativas* a respeito de quão bem-sucedidos serão seus filhos. Provavelmente o nome não fará a mínima diferença, mas dará aos pais, no mínimo, a sensação de, desde o comecinho, ter tentado fazer o melhor possível.

EPÍLOGO: Dois caminhos para Harvard

E agora, depois de todas essas páginas, uma promessa feita no início foi cumprida: este livro, realmente, não tem um "tema unificador".

No entanto, ainda que não haja tema unificador em *Freakonomics*, ao menos existe um fio condutor nas aplicações cotidianas desse campo de estudo, que tem a ver com o raciocínio lógico sobre o comportamento humano no mundo real. Para isso basta adotar uma nova maneira de olhar, discernir e avaliar. Essa não é, necessariamente, uma tarefa difícil nem requer um raciocínio ultra-sofisticado. Tentamos, basicamente, descobrir o que um membro-padrão de uma gangue ou um lutador de sumô descobriu por si próprio (embora tenhamos tido que fazer o processo inverso).

Será que a competência para pensar assim vai melhorar a sua vida em termos materiais? É pouco provável. Talvez você decida cercar sua piscina ou pressionar seu corretor de imóveis a trabalhar mais duro. É possível, porém, que o efeito concreto seja mais sutil. Talvez se torne mais cético quanto à sabedoria convencional; talvez comece a procurar indícios de que as coisas não são exatamente como parecem; talvez pesquise um punhado de dados e os examine, equilibrando inteligência e intuição para chegar a uma brilhante idéia nova. Algumas delas poderão tornar você meio polêmico, quem sabe mesmo impopular. Afirmar que a legalização do aborto resultou na maciça queda da criminalidade inevitavelmente levantará protestos explosivos do ponto de vista da moral. Mas o cerne da questão é que o raciocínio estilo *Freakonomics* simplesmente não tem nada a ver com moralidade. Como sugerimos no início deste livro, se a moralidade representa um mundo ideal, a economia representa o mundo real.

O mais provável resultado da leitura deste livro é o seguinte: você vai se descobrir fazendo um bocado de perguntas. Muitas não levarão a coisa alguma, mas outras produzirão respostas interessantes e até mesmo surpreendentes. Lembre-se da pergunta feita no final do penúltimo capítulo: Quão importantes, realmente, são os pais?

Os dados a esta altura já deixaram claro que os pais são imensamente importantes sob determinados aspectos (em sua maioria definidos muito antes do nascimento de um filho) e totalmente irrelevantes sob outros (aqueles que nos deixam obcecados). Não se pode culpar os pais por tentarem fazer alguma coisa – qualquer coisa – para ajudar os filhos a alcançar o sucesso, ainda que isso seja tão sem importância quanto escolher para ele um nome de rico.

No entanto, também existe um enorme efeito acidental que compromete até mesmo as tentativas paternas mais bem-intencionadas. Se você está dentro da média, certamente conhece alguns pais inteligentes e dedicados cujos filhos saíram totalmente dos trilhos. Talvez também já tenha testemunhado a situação oposta, em que um filho se deu bem apesar das piores intenções e hábitos dos pais.

Recordemos os dois meninos, um branco e o outro negro, descritos no Capítulo 5. O menino branco criado nos arredores de Chicago teve pais carinhosos, inteligentes, encorajadores e equilibrados, que enfatizavam a importância da instrução e da família. O menino negro de Daytona Beach foi abandonado pela mãe, espancado pelo pai e se tornou um gângster em tempo integral na adolescência. O que terá acontecido com os dois?

O segundo, hoje com 27 anos, é Roland G. Fryer Jr., o economista de Harvard que estuda o subdesempenho dos negros.

O branco também chegou a Harvard, mas, pouco depois, tudo desandou para ele. Seu nome é Ted Kaczynski.*

* *Nota da Tradutora*: O "Unabomber" americano, preso pelo FBI em abril de 1996, hoje cumprindo uma pena de 30 anos sem direito à condicional.

MATERIAL EXTRA ADICIONADO À EDIÇÃO REVISTA E AMPLIADA

1. O artigo original de autoria de Stephen J. Dubner sobre Steven D. Levitt, que gerou a idéia deste livro, publicado na revista *New York Times*.

2. Sete colunas "Freakonomics" escritas para a revista *New York Times* e publicadas entre agosto de 2005 e abril de 2006.

3. Mensagens selecionadas no blog *Freakonomics*, enviadas entre abril de 2005 e maio de 2006 para o endereço http://www.freakonomics.com/blog/.

A PROBABILIDADE DE SER TRAPACEADO POR UM CORRETOR DE IMÓVEIS (E OUTROS ENIGMAS DA VIDA MODERNA)

Por dentro da mente curiosa do jovem e badalado economista Steven Levitt

Steven J. Dubner

New York Times Magazine, 3 de agosto de 2003

O jovem economista mais brilhante dos Estados Unidos – aquele assim considerado por seus pares mais velhos – pára num sinal de trânsito na zona pobre de Chicago num dia ensolarado do mês de junho. Ele está ao volante de um velho Chevette com o painel empoeirado e uma janela que não fecha direito, produzindo um ronco surdo da quinta marcha em diante. No momento, porém, o carro está silencioso, como também estão as ruas nesta hora de almoço. Reina o silêncio nos postos de gasolina, nas calçadas e nos prédios de janelas de madeira.

Um mendigo idoso se aproxima. Traz uma tabuleta que o identifica como sem-teto e aproveita para pedir dinheiro. Veste um casaco surrado, quente demais para um dia de calor, e um imundo boné vermelho de beisebol.

O economista não tranca sua porta nem engrena a primeira. Também não remexe no bolso atrás de algum trocado. Simplesmente observa, como se olhasse um aquário. Passado algum tempo, o mendigo se afasta.

"Que fones bacanas", diz o economista, ainda acompanhando o velho pelo espelho retrovisor. "Mais legais que os meus. Afora isso, acho que ele não possui muitos bens."

Steven Levitt não vê as coisas como a maioria das pessoas. Nem como a maioria dos economistas. Essa pode ser uma característica formidável ou incômoda, dependendo da opinião que você tenha dos economistas. A maioria dos economistas costuma emitir oráculos sobre toda e qualquer questão monetária. Mas se você pedir a Levitt para opinar sobre qualquer tema padrão da economia, ele provavelmente afastará o cabelo dos olhos e dirá que desconhece o assunto. "Não entendo muito de economia", declarou a Dubner a certa altura. "Não sou bom em matemática, não domino econometria e também sou fraco em teoria. Se pedirem minha opinião sobre se as ações vão subir ou cair, se me perguntarem se a economia vai crescer ou encolher, se deflação é uma coisa boa ou ruim, ou se quiserem que eu fale de impostos, seria charlatanice de minha parte opinar sobre qualquer um desses temas."

Na visão de Levitt, a economia é uma ciência com instrumentos excelentes para chegar a respostas, mas sofre de uma tremenda escassez de perguntas interessantes. O talento notável de Levitt é a capacidade de formular tais perguntas. Por exemplo: Se os traficantes de drogas ganham tanto dinheiro, por que ainda moram com suas mães? O que é mais perigoso, uma arma ou uma piscina? Qual foi, realmente, o fator responsável pela queda do índice de criminalidade na década passada? Por que os casais negros dão aos filhos nomes que podem prejudicar suas chances profissionais? Os professores trapaceiam para conseguir boas avaliações? O sumô é um esporte corrupto?

E mais: como um mendigo arrumou dinheiro para comprar fones de $50?

Muita gente – inclusive um bom número de seus colegas – talvez não chamasse de economia o que Levitt faz. No entanto, ele apenas depura a chamada ciência lúgubre, levando-a ao que é seu objetivo primeiro: explicar como as pessoas conseguem o que querem ou aquilo de que precisam. Ao contrário de muitos estudiosos, Levitt não tem medo de usar comentários pessoais e curiosidades, do mesmo jeito que não foge das piadas e das histórias (mas foge dos cálculos matemáticos). É um intuitivo. Mergulha numa pilha de dados para descobrir algo ainda não descoberto por ninguém. Inventa uma maneira de medir um efeito que economistas veteranos rotularam de imensurável. Seus interesses prioritários – embora ele afirme que jamais se envolveu pessoalmente com eles – são a fraude, a corrupção e o crime.

Seu interesse pelos fones do mendigo, contudo, não durou muito. "Quem sabe", disse ele mais tarde, "eles só comprovem o fato de que sou desorganizado demais para comprar um fone de ouvido que me desperte cobiça".

Levitt é o primeiro a reconhecer que alguns de seus temas beiram o trivial, mas provou ser um pesquisador tão engenhoso e possuir um raciocínio tão claro que, em vez de se limitar à orla de seu campo, realizou precisamente o oposto: mostrou a outros economistas o quanto suas ferramentas são úteis para explicar o mundo real.

"Levitt é considerado um semideus, uma das mentes mais criativas da economia e talvez de todas as ciências sociais", diz Colin Camerer, um economista do Instituto de Tecnologia da Califórnia. "Levitt representa algo que todos acham que se tornarão quando fizerem mestrado em economia, mas, na maioria dos casos, a criatividade das pessoas é esgotada pela quantidade de matemática estudada. Essa espécie de detetive intelectual que busca decifrar as coisas se perde no processo."

Levitt é um populista num campo que está passando por um surto de popularização. As faculdades de economia de universidades de elite andam atopetadas de alunos. A economia é vista como a combinação ideal de prestígio intelectual (afinal, com ela se pode ganhar um Prêmio Nobel) e de aprendizado prático para uma carreira financeira de sucesso (a menos que, como Levitt, você opte pela vida acadêmica). Ao mesmo tempo, a economia ganha cada vez mais visibilidade no mundo real, graças ao contínuo fascínio exercido pelo mercado de ações e à contínua fixação na figura de Alan Greenspan.

A maior mudança, porém, ocorreu nos círculos acadêmicos. Os microeconomistas vêm se impondo sobre os macroeconomistas, sobre os empíricos, sobre os teóricos. Os economistas comportamentais questionam a própria noção do "*homo economicus*", o tomador de decisões supostamente racional que existe em todos nós. Jovens economistas de toda cepa mostram-se mais inclinados a trabalhar com assuntos que dizem respeito ao mundo real e a beber na fonte de disciplinas fronteiriças – a psicologia, a criminologia, a sociologia e até mesmo a neurologia –, a fim de resgatar a ciência que escolheram de sua dependência submissa aos modelos matemáticos.

Levitt se encaixa em todo lugar e não se encaixa em lugar algum. É uma borboleta intelectual que ninguém alfinetou – já lhe ofereceram um cargo na equipe econômica de Clinton, e a campanha eleitoral de 2000 de Bush convidou-o a dar consultoria na área criminal –, mas que é amplamente admirada.

"Steve não é propriamente um economista comportamental, mas essa categoria adoraria tê-lo em suas hostes", diz Austan Goolsbee, professor de economia da Faculdade de Administração da Universidade de Chicago. "Não é um teórico da velha guarda, mas o pessoal da Universidade de Chicago gosta de tê-lo como colega. Ele não pertence realmente a Cambridge" – embora Levitt tenha estudado em Harvard e depois no MIT –, "mas Cambridge adoraria recebê-lo de volta".

Há quem o critique, é claro. Daniel Hamermesh, um famoso economista especializado em mercado de trabalho da Universidade do Texas, usa a tese de Levitt, "O Impacto da Legalização do Aborto sobre a Criminalidade", em suas aulas. "Já estudei essa tese quando era um esboço e depois na versão final, de trás para frente e de frente para trás, e não consigo ver nada de errado nela", comenta Hamermesh. "Por outro lado, não acredito numa palavra sequer escrita ali. E essa história dos lutadores de sumô... Não chega a ser propriamente fundamental, a menos que você seja japonês e pese 250 quilos."

No entanto, aos 36 anos, Levitt é professor titular da Faculdade de Economia da Universidade de Chicago, a mais respeitada do país (ele ganhou a cátedra em apenas dois anos). Atua como editor do *Journal of Political Economy*, importante publicação especializada. Recentemente, recebeu da Associação Americana de Economia a Medalha John Bates Clark, concedida a cada dois anos ao melhor economista do país com menos de 40 anos.

Levitt é um escritor prolífico e com produção diversificada, mas sua tese vinculando o aumento do número de abortos à queda da crimi nalidade provocou mais estardalhaço do que todo o conjunto anterior de sua obra. Levitt e seu co-autor – John Donohue, da Faculdade de Direito de Stanford – defenderam que metade da responsabilidade pela vertiginosa queda da criminalidade a partir do início dos anos 90 estaria ligada ao processo *Roe* × *Wade*. O raciocínio dos dois foi o seguinte: as mulheres com mais probabilidade de buscar um aborto – as mães pobres, as solteiras, as negras ou as adolescentes – são as mesmas cujos filhos, se nascidos, seriam os indivíduos mais propensos a se tornar criminosos. Como essas crianças *não* nasceram, a criminalidade começou a decrescer ao longo dos anos em que eles teriam atingido o pico de sua criminalidade. Em conversas, Levitt reduz a teoria a um silogismo fechado: "A rejeição leva a um alto índice de crimes; o aborto diminui a rejeição, logo o aborto diminui a criminalidade."

Levitt já havia publicado vários trabalhos tratando de crime e punição. Um deles, escrito na época em que era universitário, ainda continua a ser constantemente citado. Sua pergunta era candidamente simples: Mais policiais resultam em menos crimes? A resposta pareceria óbvia – sim –, mas jamais foi comprovada: como o número de policiais costuma aumentar de acordo com o número de crimes, é difícil aquilatar sua eficácia.

Levitt precisava de um mecanismo que desvinculasse os índices de criminalidade da contratação de policiais. Encontrou-o na política. Notou que os prefeitos e governadores candidatos à reeleição quase sempre contratavam mais policiais. Ao medir *esses* aumentos do efetivo policial e compará-los com os índices de criminalidade, ele conseguiu concluir que um número maior de policiais realmente gerava uma redução nos crimes violentos.

Mais tarde, a tese foi contestada – outro universitário encontrou nela um sério erro matemático –, mas a engenhosidade de Levitt era óbvia. Passaram a reconhecê-lo como um mestre de soluções simples, inteligentes. Ele é como aquele sujeito que, numa comédia pastelão, observa um enxame de engenheiros quebrando a cabeça para fazer funcionar uma máquina quebrada e se toca que ninguém pensou em ligá-la na tomada.

Defender que a polícia ajuda a reduzir a criminalidade não gerou inimigos para Levitt, mas defender que o aborto reduziu a criminalidade foi outra história.

Na tese sobre o aborto, publicada em 2001, ele e Donohue avisavam que suas descobertas não deviam ser encaradas como "um aval ao aborto nem como um pedido de intervenção do Estado nas decisões femininas quanto à fertilidade". Os dois sugeriram que a criminalidade poderia ser reduzida por meio da "promoção de um ambiente melhor para as crianças que apresentassem maior risco de se tornar criminosas no futuro".

Ainda assim, o tópico em si conseguiu ofender praticamente todo mundo. Os conservadores ficaram enfurecidos diante da idéia de que o aborto pudesse ser visto como ferramenta para coibir a criminalidade. Os liberais sentiram consternação porque as mulheres pobres e as negras haviam sido discriminadas. Os economistas rosnaram que a metodologia de Levitt não era consistente. Um silogismo, afinal, pode ser um truque de mágica: todos os gatos morrem; Sócrates morreu, logo Sócrates era um gato.

"Acho que ele é extremamente inteligente em muitas áreas, concentrando-se bastante na questão da causalidade inversa", comenta Ted Joyce, um economista do Baruch College, que escreveu uma crítica à tese do aborto, "mas neste caso me parece tê-la ignorado ou não haver se voltado o bastante para ela".

Enquanto a imprensa se regalava com a polêmica aborto-criminalidade, Levitt se viu alvo de ataques diretos. Foi chamado de ideólogo (tanto por conservadores quanto por liberais), de eugenista, de racista e, simplesmente, de cruel.

Na verdade, aparentemente ele não é nada disso. Tem pouca simpatia pela política e menos ainda pelo moralismo. É bonachão, discreto e imperturbável, além de seguro sem ser arrogante. É um professor e um colega respeitado, um colaborador muito procurado que, devido à sua ampla curiosidade, costuma trabalhar com acadêmicos de outras áreas – uma raridade a mais para um economista.

"Hesito em usar estas palavras, mas Steve é um vigarista, no melhor sentido", comentou Sudhir Venkatesh, um sociólogo da Universidade de Columbia. "Ele é um bufão shakespeareano. Consegue fazer você acreditar que as idéias dele são suas." Venkatesh foi co-autor com Levitt de "Uma Análise Econômica das Finanças de uma Gangue de Traficantes", em que ambos descobriram que o traficante de rua em geral mora com a mãe porque seu salário, para ser franco, é péssimo. O trabalho analisou as atividades financeiras de uma gangue como se esta fosse uma empresa (foi Venkatesh quem conseguiu obter os dados com um ex-membro da gangue). Algo assim jamais havia sido tentado. "Essa falta de foco", atacou Levitt, com cara-de-pau, numa das versões do trabalho, "pode ser em parte atribuída ao fato de que poucos economistas se dedicaram ao estudo de gangues".

Levitt fala com um leve ciciado. Sua aparência é a do protótipo do *nerd*: camisa xadrez abotoada até o colarinho, calça cáqui com cinto de tressé e mocassins confortáveis. Sua agenda de bolso traz o logotipo do Departamento Nacional de Pesquisas Econômicas. "Seria ótimo se ele pudesse cortar o cabelo mais de três vezes por ano", lamenta a esposa, Jeannette, "e trocasse os óculos que vem usando há 15 anos e que sequer naquela época estavam na moda". Foi um bom golfista no ensino médio, mas acabou tão enferrujado que chama a si mesmo de "o ser humano mais frágil ainda vivo" e pede à mulher que abra as latas em casa. Nada em sua aparência ou comportamento sugere que ele seja um cospe-fogo. Diz que tudo que faz é ficar sentado à sua mesa, dia e noite, lutando com algum estranho monte de dados. Afirma que faria isso de graça (dizem que ganha mais de $200 mil por ano) e consegue nos convencer de que é sincero. Talvez seja um provocador acidental, mas sem dúvida é um provocador.

Tem um prazer especial em pegar transgressores. Em um de seus trabalhos, Levitt bolou um conjunto de algoritmos capaz de identificar no sistema público de ensino de Chicago professores envolvidos em trapaças. "As classes em que existe trapaça serão em várias dimensões sistematicamente diferentes das outras", escreveu, em parceria com Brian Jacob, da Kennedy School of Government, em "Como Pegar Professores Trapaceiros". "Por exemplo, os alunos das classes em que existe trapaça são mais propensos a apresentar um desempenho anormalmente bom no ano da trapaça, acompanhado de um desempenho anormalmente ruim ou de um declínio constante no ano seguinte, quando o empurrão atribuível à trapaça desaparece."

Levitt utilizou dados sobre notas de provas nas escolas de Chicago que há muito se encontravam disponíveis para outros pesquisadores. Existem várias maneiras, segundo ele percebeu, de um professor trapacear. Se for especialmente ousado (e burro), o mestre pode fornecer aos alunos as respostas corretas ou, depois da prova, apagar as respostas erradas de seus pupilos e substituí-las pelas certas. Um trapaceiro sofisticado tomaria o cuidado de evitar blocos conspícuos de respostas idênticas. Levitt, porém, foi ainda mais sofisticado. "O primeiro passo quando se analisam blocos de respostas suspeitas é calcular a probabilidade que cada aluno tem de dar uma resposta específica a cada pergunta", escreveu ele. "Esse cálculo é feito mediante a utilização de um modelo *logit multinomial* com notas de provas anteriores, características demográficas e socioeconômicas atuando como variáveis explicativas."

Assim, por intermédio da avaliação de vários fatores – o grau de dificuldade de uma determinada pergunta, a freqüência com que os alunos respondiam corretamente a perguntas difíceis e erradamente a perguntas fáceis, a alta incidência de correlação entre determinadas respostas numa classe específica –, Levitt foi capaz de identificar quais os professores que ele supunha estarem trapaceando. (Talvez igualmente importante tenha sido o fato de poder identificar também os bons professores.) O sistema de ensino público de Chicago, em vez de contestar as descobertas de Levitt, convidou-o a voltar às escolas para aplicar novamente as provas. O resultado foi a demissão dos trapaceiros.

Veio, depois, seu "Como entender a queda da criminalidade nos anos 90: quatro fatores que explicam o declínio e sete que não explicam". A queda da criminalidade como um todo, diz Levitt, deveu-se ao aumento do efetivo policial, a mais prisões, ao declínio da epidemia de crack e ao processo judicial *Roe* × *Wade*.

Um fator que provavelmente *não* influiu, afirma o autor, foi a estratégia policial inovadora apregoada em Nova York por Rudolph Giuliani e William Bratton. "Acredito", diz Levitt, "que sou o único a afirmar isso".

Ele vem de uma família de Minneapolis de grandes – ainda que originais – empreendedores. O pai, médico pesquisador, é considerado uma autoridade no estudo dos gases intestinais (ele mesmo se apelidou de "o homem que deu status à flatulência e elegância aos gases"). Um dos tios-avôs de Levitt, Robert May, escreveu *Rudolph the Red-Nosed Reindeer** – isto é, o livro. Outro tio-avô, Johnny Marks, compôs mais tarde a música.

Em Harvard, a tese de Levitt foi sobre criação de puros-sangues e ele se formou com louvor (ainda hoje continua obcecado por corridas de cavalo. Diz que acredita que haja corrupção nesse esporte e bolou um sistema de apostas – cujos detalhes não divulga – para tirar partido da corrupção). Trabalhou durante dois anos como consultor administrativo antes de entrar no MIT para fazer

* *Nota da Tradutora:* Em português *Rodolfo, a rena do nariz vermelho.* A canção ocupou o primeiro lugar nas paradas de sucesso nos Estados Unidos nos anos 50.

um doutorado em economia. O currículo do MIT tinha a fama de ser pesado em matemática. Levitt havia cursado apenas uma vez essa disciplina na faculdade e, ainda por cima, sequer se lembrava do que aprendera então. Na primeira aula, perguntou ao colega ao lado, apontando uma fórmula escrita no quadro-negro: "Existe alguma diferença entre o sinal da derivada de uma linha reta e de uma linha curva?" Ouviu do outro a seguinte resposta: "Você está ferrado, cara."

"O pessoal riscou o nome dele do mapa", recorda Austan Goolsbee, o economista de Chicago, que estudava na mesma classe. "Todos diziam: 'Esse cara não tem futuro.'"

Levitt adotou o próprio caminho. Outros alunos passavam a noite em claro resolvendo problemas matemáticos na tentativa de conseguir notas altas. Ele passava a noite em claro pesquisando e escrevendo. "Para mim, a maneira de vencer nessa profissão é redigindo bons trabalhos", explica ele. "Comecei a fazer isso."

Às vezes, partia de uma indagação. Às vezes, era um conjunto de dados que chamava sua atenção. Passou um verão inteiro digitando no computador os resultados de eleições de vários anos para o Congresso (hoje em dia, com tantas informações disponíveis na Internet, Levitt se queixa de não conseguir que seus alunos façam, eles próprios, o abastecimento de dados). O que o motivou foi uma vaga curiosidade sobre o porquê de tantos congressistas se reelegerem.

Por acaso, então, caiu-lhe nas mãos um livro de ciência política cujos autores afirmavam que dinheiro ganha eleição, ponto final. "Eles tentavam explicar os resultados eleitorais em função dos gastos com as campanhas", recorda-se Levitt, "ignorando por completo o fato de que os doadores só dão dinheiro para candidatos que tenham uma chance realista de vencer, e os ocupantes dos cargos só gastam muito quando têm a chance de perder. Os autores se convenceram de que havia um vínculo causal, embora seja óbvio, quando se analisa em retrospecto, que se trata de um efeito espúrio".

Óbvio, ao menos, para Levitt. Passados cinco minutos, ele visualizou a tese que escreveria. "Ela surgiu em minha cabeça", conta ele, "totalmente madura".

O problema era que os dados de que ele dispunha não podiam lhe mostrar quem era um bom candidato e quem não era. Por isso, ficava impossível avaliar o efeito do dinheiro. Como aconteceu com o enigma dos índices polícia/criminalidade, ele precisou pregar uma peça nos dados.

Por ter digitado sozinho os dados, notou uma coisa: com freqüência, os mesmos dois candidatos se enfrentavam múltiplas vezes. Ao analisar os dados dessas eleições apenas, Levitt foi capaz de encontrar um resultado fidedigno. Sua conclusão: o dinheiro de campanha tem somente um décimo do impacto que se imaginava.

Aluno desconhecido do curso de doutorado, Levitt enviou seu trabalho para o *Journal of Political Economy* – um professor o chamou de louco só por tentar –, onde ele foi publicado. Concluiu o curso em três anos, mas devido a suas prioridades, diz ele, era "invisível" no ambiente acadêmico, "um zero total". Foi quando tropeçou no que agora considera a grande virada de sua carreira: uma entrevista na Society of Fellows, o venerando clube intelectual de Harvard que paga a jovens acadêmicos para desenvolverem os próprios trabalhos durante três anos sem qualquer compromisso.

Levitt achava que não tinha a mínima chance de ser aceito. Para começar, não se considerava um intelectual. Seria entrevistado num jantar pelos *fellows* veteranos, um colegiado de filósofos, cientistas e historiadores de fama internacional. Sua preocupação era não ter conversa bastante para chegar ao segundo prato.

Ao contrário do que imaginou, viu-se inflamado. Qualquer que fosse o assunto – inteligência, formigas, filosofia –, ele sempre parecia se lembrar de algo pertinente que lera. Sua verve funcionou como jamais funcionara antes. Quando contou ao grupo sobre os dois verões que passara apostando nas corridas de cavalo em Minnesota, *todos ficaram mordidos*!

Finalmente – para lhe aumentar a ansiedade –, uma das sumidades disse: "Estou tendo dificuldade para entender o tema unificador de seu trabalho. Poderia explicá-lo?"

Levitt ficou sem fala. Não fazia idéia de qual era seu tema unificador, se é que havia um.

Amartya Sen, futuro Prêmio Nobel de Economia, apressou-se a resumir o que considerava ser o tema de Levitt.

– Isso mesmo – arrematou Levitt ansioso. – Este é o meu tema.

Outro membro da entidade sugeriu que fosse outro.

– Tem razão – disse Levitt –, meu tema é *este*.

E assim prosseguiu a entrevista, algo semelhante a uma matilha de cães descarnando um osso, até que o filósofo Robert Nozick interrompeu o festim. Se é que se pode dizer que Levitt tem um herói intelectual, sem dúvida ele é Nozick.

– Quantos anos você tem, Steve? – perguntou Nozick.

– Vinte e seis.

Nozick virou-se para seus pares:

– Ele tem 26 anos. Por que precisaria de um tema unificador? Talvez se trate de uma dessas pessoas com talento bastante para dispensar um tema unificador. Perguntado sobre algo, ele dará a resposta e ponto final.

A Faculdade de Economia da Universidade de Chicago tinha um famoso tema unificador – o Evangelho dos Mercados Livres, com um toque conservador – e por isso não parecia o lugar ideal para Levitt se encaixar. Em sua própria visão, a Universidade de Chicago tem a ver com teoria, raciocínio profundo e grandes idéias, enquanto ele tem a ver com empirismo, raciocínio inteligente e "idéias bacanas, mas basicamente inconsistentes".

Só que Chicago também tinha Gary Becker. Para Levitt, Becker é o economista mais influente dos últimos 50 anos. Muito antes de virar moda, a teoria microeconômica foi levada por Becker ao contexto dos tópicos originais, principalmente família e criminalidade. Durante anos, Becker sofreu um processo de demonização – uma única expressão como "o preço dos filhos" foi bastante para fazer soar alarmes inimagináveis. "Minha carreira sofreu um bocado de ataques por parte de gente que considerava meu trabalho tolo, irrelevante ou indigno de ser encarado como economia", relata Becker. Mas a Universidade de Chicago o apoiou; ele perseverou e conquistou o Prêmio Nobel em 1992. E se tornou o modelo de Levitt.

Becker disse a Levitt que a Universidade de Chicago seria um ótimo ambiente para ele. "Nem todos concordam com todas as suas conclusões, mas concordamos que você vem fazendo um trabalho interessante e o apoiaremos nisso."

Não tardou para Levitt descobrir que o apoio na Universidade de Chicago extrapolava o nível acadêmico. No ano seguinte à sua contratação, sua esposa deu à luz o primeiro filho do casal, Andrew. Um dia, pouco depois de completar um ano, Andrew apresentou uma ligeira febre. O médico diagnosticou uma infecção de ouvido. Quando o menino começou a vomitar na manhã seguinte, os pais o levaram ao hospital. Poucos dias depois, a criança morreu de meningite meningocócica.

Em meio ao choque e à dor, Levitt tinha uma turma de graduação que precisava de aulas. Foi Gary Becker – um Prêmio Nobel beirando os 70 anos – que o substituiu. Outro colega, D. Gale Johnson, enviou um cartão de pêsames que de tal modo emocionou Levitt que até hoje ele sabe o texto de cor.

Levitt e Johnson, um economista agrícola na casa dos 80 anos, passaram a conversar com regularidade. Levitt descobriu que a filha de Johnson fora uma das primeiras americanas a adotar uma criança chinesa. Em pouco tempo, os Levitt começaram a tomar as providências necessárias para fazer o mesmo, adotando uma menina chamada Amanda. Além de Amanda, o casal teve uma filha, hoje com quase 3 anos, e um filho. Mas a morte de Andrew gerou proveitos, de diversas formas. Os Levitt tornaram-se amigos íntimos da família da garotinha para quem doaram o fígado de Andrew (o coração também foi doado, mas o bebê receptor morreu). E não espanta que um estudioso como Levitt, que pesquisa temas da vida real, tenha, além disso, lançado mão dessa experiência com a morte em seu trabalho.

Ele e Jeannette aderiram a um grupo de apoio para pais enlutados. Levitt teve um choque ao descobrir quantas crianças morrem afogadas em piscinas. Essas mortes não viram notícia de jornal – ao contrário, por exemplo, da de uma criança atingida por uma bala enquanto brinca com uma arma de fogo.

Levitt ficou curioso e foi atrás de números que contassem a história. Registrou os resultados na forma de um artigo independente para o *Chicago Sun Times*. Dele, constava a espécie de contra-intuição pungente que o tornou famoso: "Se você possui uma arma e tem uma piscina no jardim, a possibilidade de a piscina causar a morte de uma criança é cem vezes maior."

Na tentativa de tirar da cabeça a morte, Levitt adotou um hobby: reformar e vender casas antigas em Oak Park, onde reside. Essa experiência o levou a mais um trabalho, que enfocou o mercado imobiliário. É, até hoje, o trabalho com mais cara da Universidade de Chicago, uma traquinagem em cima da teoria dos preços, um sinal de que a influência da universidade sobre ele é maior do que a dele sobre a universidade. Mas, por ser Levitt quem é, a tese também aborda corrupção.

Enquanto negociava a compra de casas antigas, Levitt percebeu que o corretor do vendedor quase sempre o encorajava, com ar astuto, a fazer ofertas menores. Era estranho: o corretor, afinal, não devia defender os interesses do vendedor? Em seguida, Levitt pensou no papel do corretor. Como acontece com vários outros "especialistas" (mecânicos de automóvel e corretores de valores, por exemplo), supõe-se que um corretor de imóveis conheça bem mais o próprio ramo do que um leigo. Um proprietário é encorajado a confiar nas informações do corretor. Assim, se o corretor apresenta uma proposta baixa e diz que talvez seja a melhor possível, o proprietário tende a acreditar. A questão, porém, conforme descobriu Levitt, é que os corretores "recebem apenas uma pequena porção do lucro adicional quando uma casa é vendida por um valor maior". Como um corretor de valores correndo atrás de comissões pela venda de ações ou um bookmaker aguando as comissões sobre as apostas, um corretor de imóveis só está interessado em fechar um negócio, qualquer negócio, razão pela qual pressiona os proprietários a venderem rápido demais e barato demais.

Ah, se fosse possível medir esse efeito, pensou Levitt. Mais uma vez, ele bolou um mecanismo inteligente. Lançando mão de dados de mais de 50 mil vendas de imóveis no Condado de Cook, em Illinois, comparou as estatísticas das vendas de casas *de propriedade* de corretores com aquelas das vendas em que o corretor havia atuado apenas como intermediário. Os imóveis dos corretores permaneciam cerca de dez dias a mais no mercado e eram vendidos por preços 2% mais altos.

É o finalzinho de uma tarde de verão. Levitt se encontra no escritório, situado nas entranhas de um dos góticos mastodontes da universidade. Há infiltrações no teto e o gesso em volta das janelas está descascando. Ele acaba de voltar de um período sabático em Stanford e sua mesa é uma bagunça total: pilhas de livros e revistas, um copinho de plástico com bico e um pequeno hipopótamo laranja de borracha.

Hoje é dia de reunião com os alunos. Levitt toma água mineral e fala baixinho. Alguns alunos vieram pegar temas para pesquisar, outros, pedir orientação. Uma aluna terminou de escrever sua tese de graduação: "The Labor Market Consequence of Graduating College in a Bad Economy" (As Conseqüências da Formação Universitária no Mercado de Trabalho numa Economia Ruim). Para uma tese, explica Levitt a ela, o trabalho é ótimo. Mas agora a moça quer vê-lo publicado.

"Seu problema é que você escreve como uma universitária. Precisa contar uma história, fornecer pistas, todos esses macetes. Você quer que o leitor tome um determinado rumo a fim de entender os resultados e acreditar neles quando os descobrir. Mas também precisa ser honesta quanto às suas fraquezas. Todo mundo é menos intolerante com as fraquezas declaradas do que com as escondidas – e é assim que deve ser."

Ser honesto quanto às próprias fraquezas. Será que já houve um acadêmico laureado tão honesto quanto Steven Levitt quanto às próprias fraquezas? Ele não entende de economia, afirma, nem de matemática. É um pequeno pensador num mundo de grandes pensadores. Não consegue sequer abrir uma lata de molho de tomate em casa, coitado!

Os amigos dizem que a autodepreciação de Levitt é tão calculada quanto genuína. No ambiente acadêmico, os economistas orgulham-se de ser os mais predadores de uma raça de predadores. Qualquer um que escreva artigos sobre o programa de televisão *The Weakest Link* (os candidatos discriminam os latinos e os velhos, concluiu Levitt, mas não os negros nem as mulheres) ou sobre sumô (para administrar melhor seu lugar no ranking dos torneios, os lutadores costumam conspirar para "combinar" o resultado) não pode mesmo ser arrogante.

Ou talvez não se trate, afinal, de autodepreciação. Talvez seja autoflagelação. Quem sabe Steven Levitt pretenda realmente se formar em tópicos "tolos", "triviais" e "superficiais".

Ele acha que está na pista de outra descoberta em seu novo trabalho a respeito de nomes negros. Quis saber se alguém com um nome ostensivamente negro sofre algum prejuízo econômico. A resposta – contrariando outras pesquisas recentes – é negativa. Só que agora Levitt quer fazer uma pergunta mais ampla: A cultura negra é a causa da desigualdade racial ou sua conseqüência? Para um economista, até mesmo para Levitt, esta é uma seara nova – a "quantificação da cultura", como ele chama. Como empreitada, Levitt a considera espinhosa, tortuosa, talvez impossível e profundamente excitante.

Voltando para casa em Oak Park, o Chevette roncando ao longo da via expressa Eisenhower, ele contempla conscientemente o próprio futuro. Trocar o ambiente acadêmico pela gerência de um fundo *hedge* ou por um cargo no governo não lhe interessa (embora pudesse, ao mesmo tempo, abrir uma empresa para pegar professores trapaceiros). Dizem que ele é o primeiro da lista de professores desejados em qualquer faculdade de economia, mas a árvore que ele e Jeannette plantaram quando Andrew morreu cresceu demais para ser transplantada. Levitt nos dá a impressão de que vai permanecer por algum tempo na Universidade de Chicago.

Existem problemas importantes que ele se sente pronto a enfrentar, admite. Por exemplo? "Sonegação de impostos. Lavagem de dinheiro. Eu gostaria de reunir um conjunto de ferramentas que nos permitisse pegar terroristas. Ainda não sei direito como fazer isso, mas com os dados certos, tenho quase certeza de que descobriria a forma."

Talvez pareça absurdo um economista desejar pegar terroristas. Também lhe pareceria absurdo, se você fosse um professor de Chicago, ser chamado à diretoria e ouvir que – imagine! – os algoritmos bolados por aquele magricela dos óculos de fundo de garrafa revelaram que você é um trapaceiro. E que está despedido. Ainda que Steven Levitt não tenha uma fé absoluta em si mesmo, de uma coisa ele não duvida: professores, criminosos, corretores de imóveis, políticos e até mesmo peritos da CIA podem mentir, mas os números não mentem.

Artigos sobre "freakonomics" publicados na *New York Times Magazine*

VIROU FUMAÇA

O que foi feito do crack?

7 de agosto de 2005

Se você confia nas notícias da mídia para se manter informado, talvez ache que o crack é coisa do passado. Se confiar nos dados, porém, a conclusão será outra.

Não é fácil medir o uso e o impacto de uma droga como o crack. Não existe um site do governo que forneça dados sobre a droga, e as pesquisas com traficantes são muito pouco confiáveis. Como, então, descobrir a verdade sobre o uso do crack? Uma das maneiras é examinar um leque de dados correlatos imperfeitos, mas plausíveis, inclusive as prisões, os atendimentos em pronto-socorro e as mortes relacionadas à cocaína. Ao contrário do que acontece com o volume de cobertura da mídia, os indicadores dos eventos mencionados continuam chocantemente altos. As prisões ligadas à cocaína, por exemplo, sofreram uma queda de apenas 15% desde a explosão do crack, no final dos anos 80. Na verdade, o número de mortes vinculadas à cocaína está maior agora, como também cresceram os atendimentos em pronto-socorro relacionados a essa droga. Quando combinados com bom senso, esses dados correlatos podem ser usados para criar um indicador útil da existência de crack.

E o que revela esse indicador? Que o uso de crack era inexistente até o início dos anos 80 e disparou qual foguete em 1985, atingindo o pico em 1989. Que o crack chegou primeiro à Costa Oeste, mas tornou-se prevalente nas cidades do nordeste e da região central do litoral do Atlântico. E que produziu um nível notável de violência armada, principalmente entre os jovens negros, que constituíam o grosso dos traficantes de rua que negociavam crack. Durante o boom do crack, o índice de homicídios entre negros de 13 a 17 anos mais que quadruplicou. No entanto, talvez a maior surpresa deste indicador seja o fato de que em 2000 – o ano mais recente para o qual existem dados disponíveis – os americanos continuavam a fumar cerca de 70% do volume de crack consumido na época de pico.

Se ainda há tanto crack sendo vendido e comprado, por que será que não ouvimos mais falar disso? Porque a violência associada ao crack desapareceu. E foi a violência que fez do crack um assunto relevante para a classe média. O que causou o fim da violência? Meramente um motivo econômico. As gangues urbanas eram as principais distribuidoras de crack. No início, a demanda pelo produto foi fenomenal, como também os lucros potenciais. A maioria dos homicídios associados ao crack não resultava de um viciado matando a avó para conseguir dinheiro para a droga, mas de brigas entre traficantes – e talvez algumas vítimas de balas perdidas – pelo domínio do território.

O mercado, porém, mudou depressa. Os efeitos destrutivos da droga se tornaram aparentes; os jovens viram os danos que o crack causava nos usuários mais antigos e começaram a abandoná-lo (uma pesquisa recente mostrou que, atualmente, o uso do crack é três vezes mais comum entre indivíduos próximos aos 40 anos do que entre jovens na casa dos 20). Com a redução da demanda, eclodiram as guerras pelo preço, derrubando os lucros. E, à medida que o montante de dinheiro em jogo foi diminuindo mais e mais, a violência também se dissipou. Jovens membros de gangues continuam a vender crack nas esquinas, mas quando uma esquina se torna menos rendosa, o incentivo para matar e morrer por ela diminui.

Como, então, explicar que o consumo de crack ainda continue tão grande? Parte da resposta talvez tenha a ver com a geografia. O índice mostra que o consumo *cresceu* nos estados longe da costa, como Arizona, Minnesota, Colorado e Michigan. A razão principal, contudo, reside na mesma guinada de preço que tornou menos violento o comércio do crack. O preço caiu hoje cerca de 75% em relação a seu pico, o que levou a um padrão de consumo interessante: existem bem menos usuários, mas cada um deles consome mais crack. Isso, também, faz todo sentido do ponto de vista econômico. Se você é um amante de crack e o preço da droga é hoje um quarto do que costumava ser, você pode se dar ao luxo de fumar quatro vezes mais.

Mas, embora o crack tenha amadurecido e virado uma droga causadora de menos danos sociais, as leis que punem sua venda continuam as mesmas. Em 1986, no frenesi nacional que se seguiu à morte de Len Bias, um promissor aspirante à vaga de titular na NBA e usuário de cocaína, o Congresso aprovou uma lei tornando obrigatória a pena de cinco anos para a venda de apenas cinco gramas de crack. É preciso vender 500 gramas de cocaína em pó para receber uma pena equivalente. A disparidade costuma ser atribuída ao racismo, já que o número de prisões é desproporcionalmente mais alto entre negros.

Com efeito, a lei provavelmente fazia sentido na época, quando um grama de crack tinha um custo muito mais devastador em termos sociais do que um grama de cocaína em pó. Atualmente não faz mais. Len Bias teria hoje 40 anos e seu período de serventia para o Boston Celtics pertence ao passado. Talvez seja hora de admitir que o mesmo se aplica à lei que sua morte inspirou.

A VERDADE RESIDE EM NÓS?

Um professor e toda uma vida de auto-experimentos

11 de setembro de 2005

Seth Roberts é um professor de psicologia de 52 anos da Universidade da Califórnia, em Berkeley. Se você tivesse conhecido Roberts 25 anos atrás, talvez se lembrasse dele como um homem com problemas. Ele sofria de acne e quase todo dia acordava cedo demais, o que o deixava exausto. Não era deprimido, mas nem sempre exibia o melhor dos humores. O que mais o incomodava era a gordura: com 1,70m, Roberts pesava mais de cem quilos.

Hoje, Seth Roberts tem pele boa, é um sujeito descansado e totalmente afável que pesa cerca de oitenta quilos e parece dez anos mais moço do que é. Como isso aconteceu?

Tudo começou quando Roberts estava na faculdade. Primeiro, ele teve a brilhante idéia de transformar seus problemas pessoais em temas de pesquisa. Depois, resolveu usar o próprio corpo como laboratório. Assim, ele embarcou num dos mais longos surtos de auto-experimentação científica que um homem já viu – não só apertando, apalpando e medindo a si mesmo mais do que devia, como também registrando com rigor todos os dados adquiridos ao longo do processo.

A auto-experimentação, embora não seja nenhuma novidade na ciência, continua rara. Muitos cientistas modernos a ignoram por não a considerarem suficientemente científica: não existe um grupo de controle e fica meio difícil conduzir uma experiência duplo-cega quando pesquisador e pesquisado são a mesma pessoa. Mas será que a natureza não muito científica da auto-experimentação pode também ser uma qualidade? Um número bastante expressivo de experiências científicas conduzidas em laboratório, principalmente no campo médico, revela-se mais tarde comprometido por uma metodologia ruim ou por um inegável interesse próprio. No caso de Roberts, havia um interesse próprio extremado, mas ao menos ele era evidente. Sua metodologia é tão simples

– experimentar milhões de soluções até encontrar uma que funcione – que gera a mais absoluta transparência.

Em certos aspectos, a auto-experimentação tem mais em comum com a economia do que com as ciências ditas exatas. Sem a possibilidade de conduzir experiências aleatórias, aos economistas quase sempre resta explorar quaisquer dados em que possam pôr as mãos. Digamos que você seja um economista tentando mensurar o efeito da prisão sobre os índices de criminalidade. O ideal seria conseguir que um punhado de estados escolhidos ao acaso soltasse dez mil prisioneiros, enquanto outro punhado também escolhido ao acaso prendesse dez mil indivíduos extras. Na ausência de uma experiência perfeita como essa, você é obrigado a confiar em correlações criativas – como ações judiciais para processar vários estados devido à superpopulação carcerária, ações essas que produzem solturas basicamente aleatórias de um grande número de presos (e, sim, a criminalidade nesses estados sobe vertiginosamente depois que esses presos são soltos).

O que poderia ser mais oportunista como meio de gerar dados do que explorar o próprio corpo? Robert começou devagar, pela acne, e depois passou para a sua insônia matinal. Foram mais de dez anos de experiências, mas ele descobriu que podia curar a insônia matutina se no dia anterior apanhasse bastante sol da manhã, não fizesse a primeira refeição do dia e ficasse no mínimo oito horas de pé.

Mais estranho ainda foi o remédio que encontrou para melhorar o humor: pelo menos uma hora de televisão pela manhã, especificamente programas de entrevistas cara a cara – mas jamais televisão à noite. Depois de esbarrar na solução, Roberts, como muitos cientistas, voltou-se para a Idade da Pedra em busca de uma explicação. A pesquisa antropológica sugere que os primeiros humanos tinham um bocado de contato cara a cara toda manhã, mas isso raramente acontecia após o cair da noite, um padrão repetido agora pelos hábitos televisivos de Roberts.

A Idade da Pedra também deu a dica para o sistema que Roberts desenvolveu para controlar o peso. Ao longo dos anos, ele tentara, entre outras, uma dieta à base de sushi, outra que consistia apenas de massa de grãos duros e uma que incluía a ingestão de cinco litros d'água por dia. As que não se revelaram ineficazes eram difíceis demais ou chatas demais para encarar. Em dado momento, ele desenvolveu a teoria de que nossos corpos são regulados por um "ponto de ajuste", uma espécie de termostato da Idade da Pedra que determina um peso ideal para cada pessoa. Esse termostato, porém, funciona ao contrário do que temos em casa. Quando a sua casa fica fria, o termostato liga o aquecimento, mas, segundo a interpretação de Roberts sobre a teoria do ponto de ajuste, quando a comida escasseia, você sente *menos* fome, ficando mais esfomeado quando há abundância de comida.

Isso parece conflitante, como se programássemos o termostato doméstico para funcionar apenas no verão, mas existe uma diferença-chave entre o aquecimento doméstico e as calorias: embora não haja um meio de estocar ar quente em casa para o próximo inverno, *há* um jeito de estocar as calorias de hoje para uso futuro. Chama-se gordura. Nesse aspecto, a gordura é como o dinheiro: você pode ganhá-la hoje, guardá-la no banco e sacar mais tarde quando precisar dela.

Durante uma era de escassez – era em que a refeição seguinte dependia de uma caçada bem-sucedida, e não de um telefonema para o restaurante da esquina –, esse sistema de regulagem era vital, permitindo que um indivíduo gastasse sua poupança de gordura quando a comida escasseava e fizesse depósitos nos momentos de abundância. Roberts se convenceu de que esse sistema vinha acompanhado de um poderoso mecanismo de alarme: toda vez que se consumia comida saborosa (o que correspondia a um período de abundância) e familiar (o que indicava que ela já fora provada antes e gerara bons proveitos), o corpo exigia um depósito do máximo de calorias possível.

Roberts entendeu que esses sinais eram associações adquiridas – tão confiáveis quanto o sininho de Pavlov – que um dia haviam sido úteis à humanidade. Hoje, contudo, ao menos em lugares onde não falta comida, os mesmos sinais podem gerar um grande e gordo problema: o consumo desenfreado.

Assim, Roberts tentou aproveitar esse sistema da Idade da Pedra. E se conseguisse manter seu termostato baixo enviando menos sinais de sabor? Uma solução óbvia seria uma dieta insossa, mas Roberts não estava interessado nisso (na verdade, ele é fã de comida). Depois de muita experimentação, ele descobriu dois agentes capazes de enganar o sistema de regulagem. Algumas colheres (sopa) de óleo sem sabor (ele usou óleo de canola e azeite extralight) ingeridas algumas vezes ao dia entre as refeições davam a seu corpo algumas calorias, mas não acionavam o alarme para estocar mais. Vários mililitros de água com açúcar (ele usou frutose granulada, que tem um teor glicêmico mais baixo do que o açúcar refinado) produziam o mesmo efeito (o doce aparentemente não age como "sabor" no sistema de alarme calórico do corpo).

Os resultados foram impressionantes. Roberts perdeu vinte quilos e jamais os recuperou. Podia comer o quanto quisesse e o que quisesse, mas sentia muito menos fome do que antes. Amigos e colegas experimentaram seu regime com resultados similares. A dieta parece satisfazer uma série de exigências que muitas dietas comerciais não satisfazem: é fácil, baseia-se numa teoria científica e, o mais importante, não deixa o indivíduo com fome.

Na comunidade acadêmica, a auto-experimentação de Roberts gerou críticas, mas também grande admiração. Um desses admiradores, o renomado psicólogo Robert Rosenthal, elogiou Roberts por "abordar os dados com um espírito mais exploratório do que confirmatório, ou, ao menos, em igual medida" e por encarar a análise de dados "como a oportunidade de confrontar-se com uma surpresa". Rosenthal chegou a prever "uma época no futuro em que a auto-experimentação virá a se tornar uma nova profissão de meio expediente (ou de expediente integral)".

Mas será que a estranha solução de Seth Roberts para controlar o peso – ele a batizou de Dieta Shangri-la – realmente funciona para os milhões de indivíduos que precisam dela? Talvez se descubra em breve. Com a empresa da dieta Atkins em processo de falência, os Estados Unidos estão ansiosos pela próxima dieta maluca. E um punhado de colheres (sopa) de açúcar pode bem ser o tipo de sacrifício que os americanos se disponham a fazer.

CONTROLANDO SEU CÃO

A tecnologia será capaz de manter Nova York limpa?

2 de outubro de 2005

Duas mil e quinhentas toneladas. Era essa a quantidade de estrume produzida diariamente pelos duzentos mil cavalos que transportavam gente e mercadoria pelas ruas de Nova York no final do século XIX. Boa parte desse estrume não era recolhida, o que gerava um problema terrível (sem falar na urina dos cavalos, no barulho ensurdecedor dos cascos ou nas carcaças que apodreciam a céu aberto). Os excrementos eram tão amplamente distribuídos, fedorentos e anti-higiênicos que os sobrados passaram a ser construídos com a entrada no segundo piso para que os proprietários pudessem ficar acima do problema.

Como tantas mazelas aparentemente sem solução, esta foi solucionada, de forma bastante indolor, pela tecnologia. O bonde elétrico e depois o automóvel levaram ao desaparecimento dos cavalos e com eles foi-se o estrume.

A maioria do esterco animal produzido na Nova York de hoje vem de nossos cães (as estimativas sobre a população canina variam muito, mas um milhão é um bom palpite). E o cocô que eles fazem não fica no meio da rua, claro. Em 1978, Nova York promulgou sua famosa (e largamente imitada) lei "sujou, limpou", e a cidade sem dúvida está nitidamente mais limpa, em termos de cocô, do que era. No entanto, uma multa de apenas $50 para a primeira infração não fornece grande incentivo financeiro para que você limpe a sujeira de seu cão. E também não parece haver grande vigilância. Vamos fingir que 99% dos donos de cachorro cumpram a lei. Ainda assim, sobram dez mil cachorros cujo cocô é deixado, diariamente, nas áreas públicas. Ao longo do último ano, foram registradas apenas 471 violações à lei do cocô de cachorro, o que sugere que o infrator médio tem aproximadamente uma chance em oito mil de ser multado. Se é assim, por que tanta gente limpa a sujeira do próprio cão? Aparentemente, trata-se de um caso em que os incentivos sociais – o olhar duro de um transeunte ou o sentimento de culpa do infrator – são no mínimo tão poderosos quanto os incentivos financeiros e legais.

Se as forças sociais executam a maior parte da tarefa, como lidar com o eventual vilão que não limpa a sujeira? Afinal, uma caminhada em praticamente qualquer bairro de Nova York comprova que a obediência à lei está longe de ser total. Enquanto isso, o Departamento de Parques e Jardins, que executa as verificações rotineiras de limpeza de parques e praças de recreio, diz que os cocôs de cachorro respondem por 20% da "falta de limpeza" nesses locais. Sem dúvida, o cocô de cachorro é um problema bem menor do que o estrume dos cavalos foi no passado. Mas, para alguém que leve diariamente a pé dois filhos ao colégio, tentando evitar que um dos três vivencie a experiência daquele som revelador de uma pisada "em falso", existe, sim, um problema.

Com os cavalos, a solução foi simplesmente eliminá-los. Haverá uma maneira de nos livrarmos do cocô de cachorro sem nos livrarmos dos cachorros? Talvez ajude se pensarmos por um instante num cão como se ele fosse uma arma. Ficou provado que lançar mão de leis para acabar com as armas é extremamente difícil. Uma arma tem um tempo de vida enorme e, como ocorre com os cães, as armas têm muitos fãs. Acabar com elas, porém, jamais deveria ter sido o objetivo do controle de armas, mas sim acabar com o *mau uso* das armas – ou seja, o uso de armas em crimes. Conseqüentemente, as políticas mais bem-sucedidas são as que punem diretamente o mau uso, como a pena obrigatória por qualquer crime que envolva uma arma. Na Califórnia e em outros lugares, tais medidas reduziram significativamente os crimes com arma de fogo.

Igualmente, o problema em Nova York não tem tanto a ver com os cães em si. Assim, quem sabe se, ao atacar o problema real – o cocô deles –, não se descubra uma solução?

Eis uma idéia: amostras de DNA. Durante o processo de concessão de licença, todo cão terá de fornecer uma amostra de saliva ou de sangue para gerar um arquivo de DNA. Depois, toda vez que for encontrado um montinho de cocô na calçada, uma amostra será colhida a fim de determinar o DNA do infrator (devido ao fato de os estômagos e intestinos partilharem tantas células, o cocô, na verdade, é uma fonte robusta de DNA; durante o julgamento de um homicídio em Indiana, em 2002, o réu foi condenado em grande parte porque o cocô de cachorro na sola de seu tênis vinculou-o à cena do crime). Uma vez comparado o DNA fecal com o do arquivo do cão, uma multa será enviada a seu dono pelo correio. Talvez custe uns $30 milhões colher uma amostra de DNA de cada cachorro nova-iorquino. Se os indivíduos pararem de infringir a lei, Nova York terá gastado $30 milhões para ter ruas mais limpas; caso contrário, os $30 milhões podem ser uma contribuição inicial para uma nova fonte de receita.

Infelizmente, esse plano tem um grande inconveniente. Para comparar um montinho de cocô com a amostra-fonte, será preciso ter o DNA de todos os cachorros e, em 2003, o ano mais recente para o qual existe registro, apenas 102.004 cães em Nova York tinham licença. Embora haja uma exigência legal de licença, ela custe pífios $8,50 anuais e seja facilmente obtida pelo correio, a maioria dos proprietários de cães ignora a lei, e por bons motivos: no ano passado, apenas 68 notificações foram emitidas em Nova York por conta de cães sem licença. Assim, mesmo que o plano do DNA fosse aprovado hoje, a maioria dos infratores continuaria impune.

Com efeito, parece lógico que o cão com licença seja *menos* propenso a infringir a lei do que o cão sem licença, já que o tipo de dono que é responsável o bastante para tirar licença para o seu cão provavelmente também deve ser mais propenso a limpar a sujeira que ele faz. Que providência tomar, então, para expedir licença para todos os cães de Nova York? Em vez de cobrar uma taxa, a cidade talvez queira pagar aos donos para tirarem licença para seus cães. Então, em vez de encarar a lei como opcional, passar a exigir que se obedeça de verdade a ela. Programar checagens aleatórias dessas licenças nas ruas talvez ofenda alguns nova-iorquinos, mas certamente combina muito bem com a abordagem "janela quebrada" da era Giuliani para os crimes de pequena monta.

Antes que você descarte de cara a idéia do DNA de cachorro por achá-la idiota – o que, sejamos francos, fomos tentados a fazer na horinha em que ela brotou em nossa cabeça –, pense o seguinte: os líderes cívicos em Viena e Dresden esboçaram recentemente a mesma idéia (um político vienense chegou a citar o prefeito Giuliani como fonte de inspiração). Mais perto de casa, em Hoboken, Nova Jersey, uma aluna da oitava série também propôs a solução do DNA.

No ano passado, durante uma sessão da Câmara de Vereadores de Hoboken, Lauren Mecka, a filha de um capitão da polícia, levantou a questão do cocô de cachorro. "Enquanto adultos como vocês ficam consternados e enojados ao verem cocô de cachorro espalhado como enfeite por nossos parques e calçadas", disse ela, "crianças como eu, e ainda mais novas, somos quem mais corre risco de contato e contaminação. Somos nós que andamos de bicicleta, jogamos bolas e andamos de patins nas calçadas. E somos nós que fazemos piqueniques e usamos a imaginação para encenar nossas fantasias nos gramados dos parques".

A Câmara, relata Lauren, aparentemente não levou sua proposta a sério. Por quê? "Eles a descartaram basicamente por eu ser uma criança de 12 anos."

POR QUE VOTAR?

Não existe um raciocínio econômico válido que justifique o comparecimento para votar. Então, o que alimenta o instinto democrático?

6 de novembro de 2005

Na faculdade de economia de certas universidades, corre uma história famosa, mas provavelmente apócrifa, sobre dois economistas de renome internacional que se encontram no local de votação.

– O que você faz aqui? – pergunta um deles.

– Minha mulher insistiu para eu vir – responde o outro.

O primeiro concorda com a cabeça:

– A minha também.

Depois de um intervalo meio constrangedor, um deles apresenta um plano:

– Se você prometer não contar a ninguém que me viu aqui, eu não digo a ninguém que vi você.

Eles selam o acordo com um aperto de mão e, depois de votar, saem apressados.

Por que um economista teria vergonha de ser visto votando? Porque votar representa um custo – em termos de tempo, esforço, produtividade perdida – sem qualquer retorno discernível, salvo talvez uma vaga noção de ter exercido um "dever cívico". Como escreveu num trabalho recente a economista Patricia Funk, "um indivíduo racional deveria se abster de votar".

As chances de que seu voto venha a afetar, efetivamente, o resultado de uma eleição são muitíssimo pequenas. Isso foi documentado pelos economistas Casey Mulligan e Charles Hunter, que analisaram mais de 56 mil eleições para o Congresso e para Câmaras estaduais desde 1898. Apesar de toda a atenção dada pela mídia a eleições apertadas, na verdade elas são uma grande raridade. A margem média de vitória nas eleições para o Congresso foi de 22%; para as Câmaras estaduais, de 25%. Mesmo nas eleições mais apertadas, quase nunca é o caso de um único voto ser crucial. Das mais de 40 mil eleições para assembléias legislativas que Mulligan e Hunter analisaram, abrangendo quase um bilhão de votos, apenas sete eleições foram decididas por um único voto, tendo outras duas terminado empatadas. Das mais de 16 mil eleições para o Congresso, em que muito mais eleitores votam, apenas uma nos últimos cem anos – em 1910, em Buffalo – foi decidida por um único voto.

Mas existe um ponto mais importante: quanto mais apertada a eleição, maior a probabilidade de o resultado ser retirado das mãos dos eleitores – o exemplo mais vívido, é claro, é o da corrida presidencial de 2000. É verdade que o resultado daquela eleição acabou nas mãos de um punhado de eleitores, mas seus nomes eram Kennedy, O'Connor, Rehnquist, Scalia e Thomas. E apenas importaram os votos que eles deram enquanto trajavam toga, não os que possam ter dado em suas zonas eleitorais.

Ainda assim, milhões de pessoas continuam a votar. Por quê? Há três possibilidades:

1. Talvez simplesmente não sejamos muito brilhantes e por isso acreditamos que nossos votos possam afetar o resultado.
2. Talvez votemos com o mesmo espírito com que compramos um bilhete de loteria. Afinal, as chances de ganhar na loteria e de influir numa eleição são muito similares. Do ponto de vista financeiro, jogar na loteria é um mau investimento. Mas é divertido e relativamente barato: pelo preço de um bilhete, você compra o direito de fantasiar como gastar o prêmio – mais ou menos como a fantasia de que seu voto terá algum impacto sobre a política.
3. Talvez tenhamos sido condicionados socialmente à idéia do voto como dever cívico, acreditando que seja uma boa coisa para a sociedade os cidadãos votarem, ainda que não seja especialmente bom para o indivíduo. Por isso, sentimo-nos culpados por não votar.

Mas espere aí, você diz. Se todo mundo encarasse o voto como os economistas encaram, talvez nem tivéssemos eleições. Nenhum eleitor comparece para votar atualmente acreditando de verdade que um único voto afetará o resultado, certo? E não é cruel a mera sugestão de que não vale a pena dar aquele voto?

Esta é, na verdade, uma bola de neve – o comportamento aparentemente irrelevante de um indivíduo que, somado ao dos outros, acaba se tornando altamente relevante. Vou citar um exemplo similar ao contrário. Imagine que você e a sua filha de 8 anos estejam caminhando num jardim botânico quando ela, de repente, arranca uma bela flor de uma árvore.

– Não faça isso – você se vê dizendo.

– Por quê? – ela pergunta.

– Ora – você argumenta –, se todo mundo arrancasse uma flor, não sobraria nenhuma.

– É, mas todo mundo *não* está arrancando – retruca a menina, de cara feia. – Só eu.

Antigamente, nos Estados Unidos, era maior o número de incentivos pragmáticos ao voto. Os partidos políticos pagavam regularmente aos eleitores $5 ou $10 para que votassem certo; às vezes, o pagamento vinha na forma de um barrilzinho de uísque, de um caixote de farinha ou, no caso de uma eleição para o Congresso em 1890, em New Hampshire, de um porco vivo.

Agora – como acontecia naquela época – muita gente se preocupa com o baixo comparecimento às urnas – apenas pouco mais da metade dos eleitores registrados participaram da última eleição presidencial nos Estados Unidos –, mas talvez valha mais a pena virar esse problema ao contrário e fazer outra pergunta: Considerando que o voto de um indivíduo quase nunca faz diferença, por que tanta gente se dá ao trabalho de votar?

A resposta pode estar na Suíça. Foi lá que Patricia Funk descobriu uma experiência natural maravilhosa que lhe permitiu fazer uma avaliação precisa do comportamento do eleitor.

Os suíços adoram votar – nas eleições parlamentares, em plebiscitos, em qualquer coisa que surja. Mas a participação do eleitor começou a decair ao longo dos anos (talvez lá também eles tenham parado de mandar porcos vivos), razão pela qual foi criada uma nova opção: o voto por via postal. Enquanto todo eleitor nos Estados Unidos precisa se registrar, esse não é o caso na Suíça. Todo cidadão suíço apto começou a receber automaticamente uma cédula pelo correio, que devia então ser preenchida e devolvida também pelo correio.

Do ponto de vista de um cientista social, havia beleza na criação desse esquema de voto postal: como ele foi introduzido em diferentes cantões (os 26 distritos-satélites que compõem a Suíça) em anos diferentes, foi possível fazer uma mensuração sofisticada do efeito produzido ao longo do tempo.

Nunca mais um eleitor suíço terá de sair na chuva para votar; o custo de dar um voto foi significativamente reduzido. Assim, um modelo econômico prediria que a participação dos eleitores aumentaria substancialmente. Foi o que aconteceu?

De jeito nenhum. Na verdade, a participação do eleitor *caiu*, principalmente nos cantões menores e nas comunidades menores dentro dos cantões. Essa descoberta pode acarretar sérias implicações para os defensores do voto pela Internet – o que, há muito se argumenta, tornaria o processo de votar mais fácil e, conseqüentemente, aumentaria a participação eleitoral. Mas o modelo suíço indica que talvez aconteça o oposto.

Por quê? Por que diabos *menos* gente vota quando o custo de fazê-lo é tão baixo?

Estamos de volta aos incentivos por trás do ato de votar. Se determinado cidadão não tem a mínima chance de fazer seu voto influenciar no resultado, por que se daria ao trabalho de votar? Na Suíça, como nos Estados Unidos, "existe uma norma social bastante estrita segundo a qual um cidadão deve comparecer para votar", escreve Patricia Funk. "Enquanto a votação em cabine era a única opção, havia um incentivo (ou pressão) para comparecer à votação apenas para ser *visto* votando. A motivação podia ser o desejo de aprovação social, os benefícios de ser visto como um colaborador ou apenas a vontade de evitar sanções informais. Como nas pequenas comunidades todo mundo se conhece melhor e é capaz de fofocar sobre quem cumpre seus deveres cívicos e quem não os cumpre, os benefícios de cumprir as normas eram especialmente altos nesse tipo de comunidade."

Em outras palavras, votamos, *sim*, por interesse próprio – conclusão que deixará os economistas satisfeitos –, mas não necessariamente o mesmo interesse próprio que nossa efetiva escolha eleitoral reflete. Apesar de todo esse papo sobre como se "vota com o bolso", o estudo suíço sugere que talvez sejamos movidos a votar menos por interesse financeiro do que por interesse social. É possível que o retorno mais valioso para o ato de votar resida simplesmente em ser visto no local de votação pelos amigos e colegas de trabalho.

A menos, é claro, que você seja um economista.

A ECONOMIA DO DESEJO

Será que o medo da AIDS pode mudar a preferência sexual?

11 de dezembro de 2005

O que é um preço?

A menos que seja um economista, você deve pensar em preço apenas como a quantia paga por determinada coisa – a cifra que você desembolsa, digamos, por um almoço de domingo em seu restaurante favorito. Para um economista, porém, preço é um conceito bem mais amplo. Os vinte minutos que você passa esperando por uma mesa é parte do preço, como também qualquer desvantagem nutricional da refeição em si: um cheeseburger, como calculou o economista Kevin Murphy, custa $2,50 mais que uma salada em termos de prejuízo à saúde no longo prazo. Existem também custos morais e sociais a computar – por exemplo, a cara de horror feita pelo vegetariano que o acompanha quando você pede o cheeseburger. Embora o cardápio do restaurante possa cotar o preço do cheeseburger em $7,95, é claro que isso é só o começo.

A regra mais fundamental da economia é que um aumento no preço leva à demanda de quantidade menor. A norma se aplica a uma refeição de restaurante, a uma compra e venda de imóveis, à instrução universitária, bem como a qualquer coisa que se possa imaginar. Quando o preço de uma coisa aumenta, compra-se menos quantidade dessa coisa (o que não significa, claro, que se *queira* menos quantidade dessa coisa).

E quanto ao sexo? O sexo, a mais irracional de todas as buscas humanas, jamais poderia se pautar pela racional teoria dos preços, certo?

Afora umas poucas situações óbvias, em geral não pensamos em sexo em termos de preço. A prostituição é uma dessas situações; o processo de fazer a corte, outra: certos homens consideram um jantar caro um investimento prudente na busca de um dividendo sexual.

Mas como as alterações no preço poderiam afetar o comportamento sexual? E será que essas alterações teriam algo a nos dizer a respeito da própria natureza do sexo?

Eis um exemplo perfeito: um homem que vai para a cadeia descobre que o preço de fazer sexo com uma mulher disparou – escassez no fornecimento – e que ele tem muito mais probabilidade de começar a fazer sexo com homens. O comentado predomínio do sexo oral entre adolescentes americanos ricos também parece ilustrar a teoria dos preços: devido ao risco de contrair doenças ou de engravidar, o ato sexual é caro – e passou a ser visto por alguns adolescentes como uma promessa indesejável e onerosa de compromisso. Sob esse ângulo, o sexo oral talvez represente uma alternativa mais barata.

Nas últimas décadas, testemunhamos a alta mais exorbitante de preço associada ao sexo: o vírus HIV. Porque a AIDS é potencialmente letal e porque pode ser disseminada com relativa facilidade por meio do sexo entre dois homens, o surgimento dessa doença no início dos anos 80 provocou um aumento significativo no preço do sexo gay. Andrew Francis, um aluno de mestrado em economia da Universidade de Chicago, tentou pôr uma cifra em dólares nessa alteração de preço. Estabelecendo o valor de uma vida americana em $2 milhões, Francis calculou que em termos de mortalidade relacionada à AIDS, em 1992 (o pico da crise da AIDS) fazer sexo sem proteção com um homem gay americano desconhecido custava para um homem $1.923,75, contra menos de $1 para transar com uma americana desconhecida. Embora o uso de camisinha reduza em muito o risco de contrair AIDS, a camisinha também é, naturalmente, outro custo associado ao sexo. Em um estudo com prostitutas mexicanas, o economista de Berkeley Paul Gertler, com dois co-autores, mostrou que quando um cliente pede para fazer sexo sem camisinha, a prostituta em geral cobra um ágio de 24% sobre seu preço padrão.

Francis, no esboço de uma tese intitulada "A Economia da Sexualidade", tenta ir além dessas cifras em dólares, sugerindo um argumento empírico que talvez desafie os fundamentos da imagem que temos do sexo.

Como acontece com quaisquer comportamentos que os cientistas sociais tentem mensurar, o sexo é assunto delicado. Francis, contudo, descobriu um conjunto de dados que ofereciam algumas possibilidades intrigantes. A pesquisa National Health and Social Life, com o patrocínio do governo americano e de um punhado de fundações, fez a quase 3.500 indivíduos uma variedade de perguntas bastante espantosas a respeito de sexo: quis saber os diferentes atos sexuais desempenhados, ativa ou passivamente, e com que parceiros; perguntou sobre a preferência e a identidade sexual e se o entrevistado conhecia alguém com AIDS. Como acontece com quaisquer dados auto-relatados, é possível que a pesquisa tenha ficado devendo em termos de confiabilidade, mas ela foi elaborada de forma a garantir o anonimato e gerar respostas honestas.

A pesquisa foi realizada em 1992, quando a doença era muito menos tratável do que hoje. Primeiramente, Francis procurou ver se havia uma correlação positiva entre a existência de um amigo com AIDS e a declaração do entrevistado de ter preferência pelo sexo homossexual. Conforme ele antecipara, havia. "Afinal, nós escolhemos os amigos, e homossexuais são mais propensos a ter amigos homossexuais", explicou ele.

Mas não escolhemos os parentes. Por isso, Francis procurou em seguida uma correlação entre a existência de um parente com AIDS e a declaração do entrevistado de ter preferência pelo sexo homossexual. Dessa vez, para os homens, a correlação foi negativa. Não parecia fazer sentido. Muitos cientistas acreditam que a orientação sexual de um indivíduo é determinada antes do nascimento, que ela decorre de um destino genético. Em princípio, pessoas da mesma família deveriam ser *mais* propensas a partilhar a mesma orientação. "Então me dei conta, minha nossa!, de que eles estavam com medo da AIDS", diz Francis.

Francis se concentrou nesse subgrupo de cerca de 150 entrevistados que tinham um parente com AIDS. Como a pesquisa continha a bagagem sexual dessas pessoas, bem como suas respostas atuais acerca de sexo, Francis foi capaz de mensurar, ainda que de forma pouco precisa, o quanto suas vidas podiam ter mudado em conseqüência da observação próxima dos horrores onerosos da AIDS.

Eis o que ele apurou: nem um único homem com parente sofrendo de AIDS respondeu que havia feito sexo com outro homem nos cinco anos anteriores; nem um único homem nesse grupo declarou sentir atração por homens ou se considerar homossexual. As mulheres desse grupo também evitavam fazer sexo com homens. Para elas, os índices de sexo recente com mulheres e a revelação de identidade homossexual e de atração por mulheres foram mais de duas vezes superiores aos daquelas que não tinham um parente com AIDS.

Devido ao fato de a amostragem ser tão pequena – o mero acaso sugere que não mais que um punhado de homens em um grupo desse tamanho se sentiria atraído por outros homens –, é difícil chegar a conclusões definitivas a partir dos dados da pesquisa (obviamente nem todos os homens mudam de comportamento ou de identidade sexual quando um parente contrai AIDS), mas vistos como um todo, os números do estudo de Francis sugerem que pode haver um efeito causal aqui, que o fato de ter um parente com AIDS talvez seja capaz de mudar não só o comportamento sexual, mas também como a pessoa encara a própria identidade e a preferência sexual.

Em outras palavras, a preferência sexual – embora, quem sabe, em boa parte predeterminada – também pode estar sujeita a forças mais comumente associadas à economia do que à biologia. Se vier a ser comprovado, isso mudaria a maneira como todos – cientistas, políticos, teólogos – encaram a sexualidade. Mas provavelmente não mudaria tanto a maneira como os economistas a encaram. Para eles, sempre foi claro: gostemos ou não, tudo tem seu preço.

ENFIANDO A CARAPUÇA?

Faz diferença se um ativista que expõe o funcionamento interno da Ku Klux Klan se recusa a ser franco sobre a forma como obteve esses segredos?

8 de janeiro de 2006

Em nosso livro *Freakonomics* há um capítulo intitulado "Em que a Ku Klux Klan se parece com um grupo de corretores de imóveis?". Esse capítulo resultou de nosso esforço para dar vida ao conceito econômico conhecido como assimetria das informações, situação em que uma parte de uma transação tem informações melhores do que a outra. Provavelmente é óbvio que os corretores de imóveis costumam ser mais bem informados que seus clientes. A história da Klan talvez seja menos óbvia. Defendemos que o secretismo da Klan – seus rituais, a linguagem inventada, senhas etc. – constituía uma assimetria de informações que ampliava seu objetivo de aterrorizar os negros e outros indivíduos.

Mas a Klan não era a heroína de nossa história. O herói se chamava Stetson Kennedy, um branco da Flórida, oriundo de uma família tradicional que desde a tenra idade se esforçou para combater as injustiças raciais e sociais. Afora todas as suas cruzadas – pelo sindicalismo, pelo direito de votar e inúmeras outras causas –, Kennedy é mais conhecido por ter se encarregado da Klan nos anos 40. Em seu livro *A Klan desmascarada* (originalmente publicado em 1954 com o título *I Rode with the Ku Klux Klan*), Kennedy descreve como adotou uma identidade falsa para se infiltrar na sede da Klan em Atlanta, foi escolhido para servir como "klavaleiro" (membro do grupo armado da Klan) e várias vezes se viu no centro de acontecimentos espantosos, o tempo todo correndo enormes riscos.

O que fez Kennedy com todas as informações secretas da Klan que colheu? Ele as espalhou por todo lado: para promotores públicos, grupos de direitos humanos e até mesmo para gente da mídia radiofônica, como Drew Pearson e os produtores da novela radiofônica *Super-homem*, que levaram ao ar para todos ouvirem o funcionamento até então secreto da Klan. Kennedy pegou uma assimetria de informações e virou-a do avesso. E ao fazê-lo, dizemos no livro, teve um papel significativo na sufocação do renascimento da Klan nos Estados Unidos do pós-guerra.

Kennedy foi devidamente louvado por seu ativismo: seu amigo Woody Guthrie escreveu uma canção sobre ele e há pouco tempo foi criado o Dia Stetson Kennedy no Condado de St. John, na Flórida, onde o herói, aos 89 anos, ainda reside. Foi lá que o entrevistamos há quase dois anos; nosso relato de sua incrível história verídica baseou-se nessas entrevistas, em *A Klan desmascarada* e numa pequena montanha de livros de história e artigos de jornais.

Mas será que a história de Kennedy é tão verdadeira quanto é incrível?

Essa foi a indagação perturbadora que passou a assombrar outro escritor da Flórida, Ben Green, que em 1992 começou a escrever um livro sobre Harry T. Moore, um advogado negro defensor dos direitos civis assassinado em 1951. Durante algum tempo, Stetson Kennedy colaborou no livro. Embora estivesse apenas tangencialmente interessado na infiltração de Kennedy na Klan – esse ponto não era fundamental na história de Moore –, Green acabou ganhando acesso aos volumosos arquivos de Kennedy, abrigados em bibliotecas de Nova York e Atlanta.

Esses papéis contavam a extraordinária e animada vida de um homem que havia sido, entre outras coisas, poeta, folclorista, jornalista denunciador e ativista sindical. Mas Green ficou desapontado ao descobrir que a história contada no material do próprio Kennedy diferia um bocado do que Kennedy escrevera em *A Klan desmascarada*.

Em *A Klan desmascarada*, Kennedy se apresentava como um vendedor de enciclopédias chamado John S. Perkins que, numa de suas primeiras manobras de espião, visita o ex-governador da Flórida – um conhecido simpatizante da Klan – e cai nas suas graças ao se oferecer para distribuir correspondência ofensiva. Um documento nos arquivos de Kennedy, contudo, sugere que Kennedy realmente se encontrou com o ex-governador, mas não sob identidade falsa. Ao contrário, entrevistou-o para um livro que estava escrevendo. Este documento também não menciona nenhuma correspondência ofensiva.

Um exame mais detido dos arquivos de Kennedy revela um tema recorrente: entrevistas legítimas que ele fez com líderes e simpatizantes da Klan reapareceriam em *A Klan desmascarada* em contextos diferentes e com fatos diferentes. Na mesma linha, os arquivos fornecem indícios de que Kennedy cobriu os eventos públicos da Klan como repórter, mostrando-os depois em seu livro como sendo aventuras de um espião. Kennedy também reuniu um grande volume de material sobre a Klan e outros grupos radicais aos quais aderiu, mas seus próprios arquivos sugerem que sua participação era por via postal.

Será que Kennedy se infiltrou mesmo, pessoalmente, na Klan de Atlanta, conforme retrata *A Klan desmascarada*?

Nos arquivos há uma série de memorandos que foram entregues à Liga Antidifamação, um dos vários grupos de direitos civis aos quais Kennedy se reportava. Alguns foram escritos por ele; outros, por um homem identificado como John Brown, um sindicalista e ex-membro da Klan que mudara de idéia e se oferecera para espionar a organização. "Este operário vai se juntar à Klan para mim", escreveu Kennedy em um memorando no início de 1946. "Tenho certeza de que é confiável."

Em seus memorandos posteriores – na verdade, em centenas de páginas de vários tipos de correspondência que escreveu na época –, Kennedy atribui, francamente, algumas das informações mais contundentes sobre a Klan a John Brown: identifica um dos memorandos como "um relato do meu informante dentro da organização sobre a reunião da Klan de Atlanta nº 1 em 12 de agosto e da Klan de Atlanta nº 297 em 15 de agosto". Conforme John Brown passava informações privilegiadas a Kennedy, este as repassava a grupos como a Liga Antidifamação, assim como a promotores e jornalistas. Somente quando escreveu *A Klan desmasca-*

rada, vários anos mais tarde, Kennedy pôs a si mesmo, qual um Zelig, no centro de toda a ação.

Ben Green, a despeito de ter passado meses mergulhado nos arquivos de Kennedy, não foi capaz de identificar o homem chamado um dia de John Brown. Green conseguiu, sim, entrevistar Dan Duke, um ex-promotor público que, conforme é contado em *A Klan desmascarada*, trabalhou intimamente ligado a Kennedy. Duke concordou que Kennedy "se infiltrou em algumas reuniões [da Klan]", mas rebateu abertamente o relato dramatizado de todo o relacionamento. "Nada disso aconteceu", afirmou a Green. Em 1999, quando finalmente publicou seu livro sobre Harry T. Moore, *Before His Time*, Green inseriu nele uma nota de pé de página rotulando *A Klan desmascarada* de "uma obra romantizada".

Green não foi o único a concluir que Kennedy torceu a verdade. Jim Clark, que ensina história na Universidade da Flórida Central, diz que Kennedy "construiu uma reputação nacional sobre muita coisa que não aconteceu". Meredith Babb, diretor da University Press da Flórida, que publicou quatro dos livros de Kennedy, agora chama Kennedy de "folclorista empreendedor". Com exceção, porém, da nota de pé de página de Green, todos ficaram calados até que as aventuras de Kennedy foram recontadas em *Freakonomics*, produzindo uma nova onda de atenção. Por quê? "Seria como matar Papai Noel", diz Green. "Para mim, o mais triste da história é ver que o que ele *realmente* fez não lhe bastou, obrigando-o a inventar, romantizar ou assumir o crédito por coisas que não fez."

Quando confrontado com documentos de seus próprios arquivos e indagado sem rodeios, algumas semanas antes durante um almoço perto de sua casa na Flórida, se *A Klan desmascarada* era "meio romantizada ou fictícia", Kennedy negou. "Pode haver no livro alguns diálogos que não sejam exatamente como me lembro deles", respondeu, "mas nada além disso". Pressionado, Kennedy admitiu que "em alguns casos peguei os relatos e ações desse outro sujeito e juntei-os numa única narrativa". Na verdade, Kennedy já admitira isso ao menos uma vez anteriormente. Peggy Bulger, diretora do American Folklife Center na Biblioteca do Congresso, redigiu uma dissertação em 1992 intitulada "Stetson Kennedy: Applied Folklore and Cultural Advocacy" (Stetson Kennedy: Folclore Aplicado e Defesa Cultural), em parte baseada em várias entrevistas com Kennedy. Numa nota de fim, Bulger escreve que "Kennedy combinou suas experiências pessoais de espião com os relatos fornecidos por John Brown ao escrever *I Rode with the Ku Klux Klan*, em 1954".

Lógico que não pulamos de satisfação ao descobrir que a história que incluímos em *Freakonomics* foi construída sobre alicerces tão frágeis – sobretudo porque o livro se propõe a retificar a sabedoria convencional, e não a reforçá-la, e no caso de Stetson Kennedy, a sabedoria convencional mais consistente é sua reputação de espião infiltrado na Klan.

Existe ainda o fato de que em nosso livro fizemos questão de confiar mais em dados do que em lendas, baseados na idéia de que os números costumam mentir menos ostensivamente do que as pessoas. Mas a história de Stetson Kennedy era uma longa série de lendas – que, independente de quantas vezes tenham sido contadas ao longo de décadas, foram todas geradas pela mesma fonte comprometida com o interesse próprio.

Talvez o que importe seja a longa luta de Kennedy em prol do bem. Talvez, pedindo emprestada a fraseologia de Peggy Bulger, para fazer "defesa cultural" seja preciso utilizar "folclore aplicado", em vez de algum tipo de abordagem direta que seria mais própria da história ou do jornalismo. Uma coisa sobre a qual continua a não restar dúvida é que Kennedy com certeza foi um mestre da assimetria de informações. Ou seja, até os dados emparelharem com ele.

PREENCHENDO A LACUNA FISCAL

Por que os americanos deveriam pedir mais fiscalização – e não menos – da Receita

2 de abril de 2006

Esta é a época do ano em que os cidadãos americanos inevitavelmente pensam na Receita Federal e, também inevitavelmente, no quanto a odeiam. Mas a maioria das pessoas que odeia a Receita provavelmente o faz pelos motivos errados. Elas acham que se trata de um órgão cruel e duro, mas na verdade a Receita não é nem de longe dura e cruel como deveria ser.

A primeira coisa a lembrar é que a Receita não cria a legislação fiscal. O órgão não se faz de rogado na hora de apontar o verdadeiro vilão: "Nos Estados Unidos, o Congresso aprova leis fiscais e exige que o contribuinte obedeça", reza sua declaração de propósitos. "O papel da Receita é ajudar a grande maioria de contribuintes obedientes a cumprir a lei fiscal, bem como garantir que a minoria que se nega a obedecer pague sua cota justa."

Assim, a Receita é como um guarda ou, mais precisamente, o maior exército de guardas do mundo, encarregado de exigir o cumprimento de leis redigidas por umas poucas centenas de pessoas em nome de algumas centenas de milhões de pessoas, algumas das quais consideram essas leis complexas demais, onerosas demais e injustas.

Apesar disso, a maioria dos americanos se diz orgulhosa de pagar seus impostos. Numa pesquisa independente encomendada no ano passado pelo Conselho Supervisor da Receita, 96% dos entrevistados concordaram com a declaração do órgão "É o dever cívico de todo americano pagar sua cota justa de impostos", enquanto 93% concordaram que todo mundo "que sonega imposto deve ser punido". Por outro lado, quando indagados sobre o que influenciava a decisão de ser honesto com o pagamento de impostos, 62% responderam ser o "medo da 'malha fina'", enquanto 68% admitiram que eram honestos porque suas rendas já chegavam ao conhecimento da Receita por informação de terceiros. A despeito de todo esse dever cívico pairando no ar, tudo indica que a maior parte da obediência se deve aos velhos e antiquados incentivos.

Então, quais desses incentivos funcionam e quais não funcionam? Para descobrir a resposta, a Receita promoveu o Programa Nacional de Pesquisa, um estudo de três anos durante os quais 46 mil declarações de imposto de renda escolhidas ao acaso foram cuidadosamente revistas (a Receita não especifica a que se sujeitaram esses 46 mil contribuintes, mas é bem provável que tenha sido ao tipo de inquisição que rendeu ao órgão sua abominável reputação). Utilizando essa amostragem, o estudo encontrou uma lacuna fiscal – a diferença entre os impostos devidos e os impostos efetivamente pagos – de $345 bilhões, ou seja, quase um quinto de todos os impostos arrecadados pela Receita. Essa quantia por acaso fica apenas alguns bilhões abaixo do déficit estimado para o orçamento federal de 2007, respondendo ainda por mais de $1 mil de sonegação para cada homem, mulher e criança nos Estados Unidos.

Mas a maioria *não* sonega. E quando se dá uma olhada em quem sonega e em quem não sonega, fica bem claro o motivo pelo qual as pessoas pagam seus impostos. A estatística-chave no estudo da Receita chama-se Percentagem Líquida de Declarações Errôneas. Ela mede a incidência de erro em cada um dos itens nessas 46 mil declarações. Na categoria "proventos, salários, gorjetas", por exemplo, os americanos sonegam apenas 1% da renda efetiva. Enquanto isso, na categoria "renda de proprietário não-rural" – empregados por conta própria, como donos de restaurantes ou de pequenas empreiteiras –, 57% da renda não são declarados. Só aí temos $68 bilhões de impostos não-pagos.

Por que tamanha diferença entre um assalariado e um dono de restaurante? Simples: a única pessoa que declara à Receita sua renda é o próprio dono do restaurante. No caso do assalariado, o empregador preenche um formulário que informa direitinho à Receita quanto paga ao funcionário. E os impostos do assalariado são automaticamente descontados de todos os seus contracheques, enquanto o dono do restaurante tem o ano todo para decidir se vai pagar e quanto vai pagar.

Isso significa que a média dos empregados por conta própria é menos honesta do que a média dos assalariados? Não necessariamente. Significa apenas que os primeiros têm mais incentivo para sonegar. Eles sabem que a única chance de a Receita descobrir sua renda e gastos reais é promovendo uma auditoria. E tudo que eles precisam fazer é verificar o baixíssimo índice de auditorias da Receita – no ano passado, o órgão realizou auditorias cara a cara com apenas 0,19% de todos os contribuintes pessoas físicas – para se sentirem seguros o bastante para sonegar.

Então, por que as pessoas pagam seus impostos? Por que é o certo a fazer ou porque ficam com medo de serem pegos se não o fizerem? Tudo indica que seja pelo segundo motivo. A combinação de uma boa tecnologia (declaração e retenção por parte do empregador) e uma lógica ruim (a maioria dos que não sonegam superestima radicalmente a própria chance de ser pega pela Receita) faz o sistema funcionar. E embora incomode ouvir que os americanos sonegam cerca de um quinto do pagamento de seus impostos, o economista tributário Joel Slemrod calcula que os Estados Unidos se situam tranqüilamente na faixa mais alta de obediência fiscal do mundo.

Ainda assim, a menos que você mesmo ande sonegando um quinto ou mais do pagamento de seus impostos, qualquer um *deveria* ficar furioso com a Receita – não por ela ser vigilante demais, mas por não ser vigilante o bastante. Por que pagar sua cota justa quando o órgão dispensa anualmente alguns bilhões de dólares que lhe são devidos por outros contribuintes?

A própria Receita adoraria alterar essa dinâmica. Nos últimos anos, aumentou consideravelmente a vigilância sobre as declarações, bem como a freqüência das auditorias, a despeito de não ter visto seu orçamento crescer na mesma proporção. Um dos encargos principais de qualquer secretário da Receita (o atual é Mark Everson) consiste em implorar recursos ao Congresso e à Casa Branca. Por mais óbvio que seja o apelo de ver a Receita arrecadar cada dólar devido ao governo, é igualmente óbvia a falta de vontade dos políticos de defender uma Receita mais enérgica. Michael Dukakis tentou fazer isso durante sua campanha presidencial em 1988 e... não deu certo.

Obrigada a exigir o cumprimento de uma legislação fiscal da qual ninguém gosta por parte de um público que sabe ser possível sonegar praticamente a seu bel-prazer, a Receita faz o máximo que pode para aparar as arestas. Vez ou outra, acerta no alvo.

No início dos anos 80, um diretor de pesquisas em Washington chamado John Szilagyi já vira auditorias aleatórias suficientes para saber que alguns contribuintes estavam declarando dependentes inexistentes a fim de fazer jus a abatimentos. Algumas vezes eram erros genuínos (uma divorciada e o marido declarando duas vezes seus filhos); noutras, as declarações eram comicamente fraudulentas (Szilagyi se recorda de ao menos um dependente chamado Fluffy, obviamente um animal de estimação, e não um filho).

Szilagyi concluiu que o meio mais eficaz para pôr ordem na casa era simplesmente exigir que os contribuintes declarassem o número de registro dos filhos na Previdência Social. "No início, houve um bocado de resistência à idéia", diz Szilagyi, hoje com 66 anos e vivendo a aposentadoria na Flórida. "A resposta que ouvi foi que cheirava demais a '1984'." A idéia jamais saiu das quatro paredes da Receita.

Alguns anos depois, porém, com o Congresso clamando por uma arrecadação fiscal maior, a idéia de Szilagyi foi ressuscitada, apresentada e aprovada para o exercício fiscal de 1986. Quando as declarações começaram a chegar no mês de abril, lembra-se Szilagyi, ele e seus superiores ficaram pasmos: sete milhões de dependentes haviam desaparecido das declarações, uma combinação incalculável de animais de estimação e filhos fantasmas. A estratégia inteligente bolada por ele gerou quase $3 bilhões em receita num único ano.

Os superiores imediatos de Szilagyi sentiram que ele merecia algum tipo de recompensa pela idéia, mas não conseguiram convencer disso os próprios superiores. Por esse motivo, Szilagyi procurou seu congressista, que pôs o processo de recompensa novamente em seu curso. Finalmente, cinco anos depois de ver seu plano virar lei, Szlagyi, que ganhava cerca de $80 mil anuais à época, recebeu um cheque de $25 mil. Àquela altura, sua idéia gerara aproximadamente $14 bilhões.

O que sugere, no mínimo, um motivo legítimo para não haver simpatia pela Receita: se o órgão não tivesse sido tão ranzinza com a recompensa de Szilagyi lá atrás, provavelmente teria atraído um número muito maior de gênios anti-sonegação do que hoje em dia necessita.

Do blog *Freakonomics*

Os trechos a seguir se acham inevitavelmente salpicados de pensamentos incompletos (para dizer o mínimo), já que o que se escreve num blog é naturalmente mais impetuoso, mais coloquial e até mais aleatório do que o que se lê num livro ou jornal. Espera-se, porém, que um discurso tão informal tenha seu próprio valor. Os trechos foram ligeiramente editados, na maioria das vezes para contrabalançar o fato de que, ao contrário do que acontece num site, um livro impresso em papel não permite (ainda) *clicar aqui* para ler um pouco mais. Os trechos se dividem em quatro categorias:

1. Ruminações sobre o próprio *Freakonomics* e seu impacto (p. 248).
2. Uma continuação da discussão aborto/criminalidade apresentada em *Freakonomics* (p. 257).
3. Reflexões sobre temas aleatórios, em sua maioria relacionados, ainda que de maneira indireta, a *Freakonomics* – tão indireta talvez quanto comida "tipo kosher" não é propriamente kosher, mas também não é camarão (p. 269).
4. Queixas e elogios de natureza mais pessoal (p. 280).

Essas mensagens representam algo em torno de 3% do que foi escrito em nosso blog desde o seu início, e não incluímos os comentários dos leitores, que quase sempre são mais veementes (e divertidos) do que as nossas mensagens. O blog integral pode ser visitado em www.freakonomics.com/blog/.

Outra grande diferença entre o blog e o nosso livro é que todas as mensagens, exceto os dois primeiros trechos a seguir, foram escritas por apenas um de nós, e não por ambos, e trazem a assinatura "SDL" (Levitt) ou "SJD" (Dubner) para identificar a autoria.

1. SOBRE O PRÓPRIO *FREAKONOMICS*

Um breve compêndio de idéias sobre a maneira como o livro foi escrito, publicado e recebido.

"Tirando a coleira do nosso filhote"

Todo pai acha que tem o bebê mais lindo do mundo. A evolução, aparentemente, moldou nossos cérebros de modo que se você contemplar o rosto do seu filho dia após dia, ele começa a parecer bonito. Quando os filhos dos *outros* têm comida grudada na cara, achamos nojento; quando se trata do nosso filho, achamos uma gracinha.

Ora, passamos tanto tempo contemplando o manuscrito de *Freakonomics* que ele agora nos parece bonito – mesmo com verrugas, com a cara borrada de comida e tudo mais. Assim, começamos a pensar que talvez houvesse gente realmente interessada em lê-lo e que depois de lê-lo, quem sabe, quisesse expressar sua opinião a respeito. Foi assim que nasceu nosso site. Esperamos que ele seja um "lar doce lar" (ou ao menos um lugar onde travar doces batalhas) durante bastante tempo.

– SDL & SJD (30 de março de 2005)

"*Freakonomics* é uma porcaria?"

Nosso editor anda ocupado promovendo e vendendo *Freakonomics* – o que, claro, é função dele, função essa que, não espanta, aplaudimos. Quando acontece alguma coisa boa – uma resenha elogiosa no *Wall Street Journal*, por exemplo, ou o um convite para aparecer no *The Daily Show with Jon Stewart* –, o editor espalha correndo a notícia. Mas achamos que vale a pena refletir sobre impressões alternativas. Esse, afinal, é o espírito de *Freakonomics* – examinar os dados, sejam eles quais forem, e acompanhá-los até o fim, independente de onde formos parar. Por isso, listamos a seguir algumas pessoas que consideram *Freakonomics*, no todo ou em parte, uma estrondosa porcaria:

Felix Salmon, jornalista e blogueiro, que escreveu uma comprida e exasperada crítica chamando *Freakonomics* de "um rosário de capítulos desconexos" nos quais "Levitt e Dubner gostam de parecer donos da verdade" e "passar por cima da sabedoria convencional"; Steve Sailer, que contestou veementemente o vínculo entre *Roe* × *Wade* e a queda da criminalidade (uma busca de "Sailer" e "Freakonomics" no Google revelará uma ampla variedade de comentários); uma resenha da *Newsday* (24 de abril de 2005), assinada por Scott McLemee, censurou o "estilo de lucidez evasiva" do livro; uma resenha na revista *Time* (2 de maio de 2005), assinada por Amanda Ripley, diz que "*Freakonomics*, lamentavelmente assim intitulado", carece de "teoria unificadora... o que é uma pena". Para sermos justos, é preciso dizer que as resenhas tanto da *Time* quanto da *Newsday* são, em boa parte, elogiosas, mas também é preciso dizer que um conhecido autor americano de não-ficção ao receber um dos primeiros exemplares de *Freakonomics* para emitir um comentário, recusou-se a avalizá-lo, com a justificativa de que "a única coisa que falta no capítulo sobre a criminalidade é senso de humildade".

Ficamos tristes com esses comentários? Em termos pessoais, claro que sim. Em termos de *Freakonomics*, não. Anos atrás, Alan Dershowitz, professor de direito de Harvard, abriu uma delicatéssen *kosher* na Harvard Square, gerando protestos de várias naturezas. Dershowitz, tão conhecido por sua defesa da livre expressão quanto por seu talento jurídico, disse – e vamos parafraseá-lo com enorme liberdade – que não havia nada mais precioso para ele do que o direito que todos tinham de protestar contra a sua delicatéssen.

Sendo assim, não se fiem em nossa palavra de que *Freakonomics* é um bom livro. Também não acreditem nas críticas elogiosas. Sintam-se à vontade para tirar suas próprias conclusões – vocês poderão xeretar um pouco aqui mesmo neste site. Talvez decidam que *Freakonomics*, afinal de contas, é uma bela porcaria. Respeitamos seu direito de pensar assim.

– SDL & SJD (26 de abril de 2005)

"Uma mesa-redonda *Freakonomics*"

Já se escreveu um bocado sobre *Freakonomics*, mas em termos de reflexão, nada se compara ao conjunto de ensaios reunidos no blog "Crooked Timber": (http://crookedtimber.org/2005/05/23/steven-levitt-seminar-introduction/). Nele você achará cinco debates sobre *Freakonomics* entre acadêmicos de um leque de disciplinas, juntamente com minha resposta a esses ensaios.

Também cortei e colei aqui minha resposta, que basicamente faz sentido, ainda que você não tenha lido os ensaios originais.

Comecemos com o título. *Freakonomics*. Discutimos exaustivamente o título. Do ponto de vista de achar um título, a dificuldade do livro é que ele não tem um tema. Pensamos em usar uma pergunta ("O que os professores e os lutadores de sumô têm em comum?"), pensamos em alguns títulos não-comprometedores ("O lado oculto de tudo" ou "Não é necessariamente assim") e em outros meio esdrúxulos ("Visão de Raio E", sendo o E de economia).

No final, porém, *Freakonomics* revelou-se a escolha óbvia, por razões baseadas no contraste entre a minha própria pesquisa sobre prenomes e a de outros pesquisadores. Partamos do princípio de que minha pesquisa está certa e seja realmente verdade que um nome num currículo faça diferença na hora em que você é chamado para uma entrevista de emprego, mas não nos sucessos ou fracassos a longo prazo na vida. Isso provavelmente implica dizer que os nomes produzem um pequeno impacto em termos de primeira impressão, mas depois rapidamente perdem importância à medida que adquirimos alguma familiaridade. Quando foi a última vez que você pensou "Oprah é um nome ridículo. Não vou perder meu tempo assistindo ao programa dela"? Ou "Os Beatles... que nome ridículo para uma banda. Ninguém há de querer comprar seus discos"?

Ao batizar um livro, você precisa de algo que prenda a atenção, algo capaz de destacá-lo entre os milhares de livros concorrentes, mas por mais chocante que lhe soe *Freakonomics* quando você ouve pela primeira vez, na vigésima ele se torna familiar, como Oprah. Aposto que os comentaristas do Crooked Timber já o odiavam menos ao terminarem de escrever seus comentários. E daqui a um ano talvez tenham até esquecido que um dia odiaram o título. Ao menos foi o que aconteceu com nosso editor, que a princípio descartou-o de cara, concordando com ele apenas na vigésima quinta hora, e agora nos diz que precisamos lhe dar um segundo livro para publicar porque ninguém é capaz de vender nossos livros tão bem quanto ele. E se houver um segundo livro, já temos um título em mente que é tão chocante que todos vão adorar.

E quanto à ausência de um tema unificador no livro? Meu palpite, nascido da reação do público ao livro, é que ninguém se importa de verdade com um tema unificador num livro, nem mesmo deseja que ele exista. Todo mundo simplesmente teme não ter um tema unificador, já que a maioria dos livros tem (quanto a isso, acho que temas unificadores em livros se assemelham aos gastos de campanha: todo candidato se sente compelido a gastar um monte de dinheiro por medo das conseqüências desastrosas que o fato de não gastar qual um alucinado possa gerar). Mas quando leio os livros incríveis de Malcolm Gladwell, não me incomodo com o tema; apenas adoro suas histórias. Seus livros encabeçam as listas porque ele tem um genuíno bom gosto e é o melhor contador de histórias que existe por aí. Para mim, e para outros com quem converso, os temas unificadores atrapalham as histórias que individualmente são tão interessantes. Livros de contos também não têm um tema unificador. Com certeza, não me sinto ludibriado em nenhum dos dois casos. Mais valioso do que qualquer outra coisa que eu ou Dubner possamos fazer algum dia talvez tenha sido deixar o mundo seguro para livros com grandes histórias mas sem tema unificador.

Todos os comentários do Crooked Timber se preocuparam em abordar se eu me encaixo na economia e nas ciências sociais de forma mais ampla. Se um gênio da lâmpada me oferecesse a realização de três desejos, talvez um deles fosse eu me tornar um cientista social genuinamente interdisciplinar, que usasse os dados para entender o comportamento humano de forma tanto a iluminar quanto a aproveitar não só a economia, mas também a sociologia, a ciência política e a psicologia. Mas sejamos realistas. Tenho certa dificuldade até para manejar com competência as ferramentas de minha própria área. Se você perguntar a meus alunos se entendo de cálculo, eles dirão: "Não muito." Não me orgulho disso, mas sou realista. Se você perguntar a grandes pensadores econômicos como Gary Becker ou Kevin Murphy quantas vezes acerto quando tento aplicar a teoria dos preços da Universidade de Chicago, eles lhe dirão, porque são generosos, simplesmente que estou melhorando um bocado. As únicas coisas em que sou bom, real e honestamente, são formular perguntas que as pessoas parecem achar interessantes e descobrir como enxertar dados nas respostas a essas perguntas. Nunca serei sequer um sociólogo, cientista político ou psicólogo razoável. Mas tudo bem. Acho que o que causa problemas a tantos economistas é o fato de acreditarem falsamente que possam ser bons em tudo.

Alguns anos atrás, quando passei um período sabático no Centro de Estudos Avançados de Ciência do Comportamento em Stanford, fiz uma palestra para alguns colegas sobre a minha pesquisa. Alguns ficaram indignados e perguntaram como eu podia me intitular economista, dado o que fazia. Para eles, eu era, na verdade, um sociólogo. Qualquer um que visse, porém, o olhar de horror no rosto dos sociólogos presentes entenderia que também não sou sociólogo. Mas ao partir do pressuposto de que não entendo de muita coisa, tenho abertura suficiente para ser co-autor de um etnógrafo (Sudhir Venkatesh), de um econometrista (Jack Porter), de um cientista político (Tim Groseclose) e agora de um jornalista (Stephen Dubner). E quem sabe, além de tornar mais fácil para alguém no futuro publicar um livro sem um tema, eu também não torne mais fácil para acadêmicos de todas as ciências sociais adotarem o tipo de caminho "a-disciplinar" (em oposição a interdisciplinar) que escolhi.

Vem agora a questão dos incentivos. Do mesmo jeito que a "maximização da utilidade" pode ser transformada numa tautologia, os comentaristas chamam atenção para o fato de que nosso emprego do termo "incentivo" segue igualmente essa direção. Ao ampliar os incentivos, como fizemos em *Freakonomics*, de forma a abarcar não apenas os financeiros, mas também os incentivos sociais e morais, cobrimos praticamente tudo. Ainda assim, acredito que não haja outra escolha. Concentrar-se apenas nos incentivos financeiros seria induzir, obviamente, ao equívoco. Em compensação – e acho que é isso que me torna, afinal, um economista –, não consigo abandonar a idéia de que os indivíduos são tomadores ativos de decisões tentando conseguir o que querem de uma maneira razoavelmente sofisticada. O sentido mais real em que sinto que os incentivos encarnam o tema unificador de minha pesquisa (mesmo nos casos em que não estão ostensivamente presentes, como na discussão aborto-criminalidade) é que sempre que tento responder a uma pergunta, ponho-me no lugar dos atores e indago de mim mesmo: "O que eu faria se estivesse nesta situação?" Sou o tipo de pessoa que está sempre tentando bolar algum esquema para ganhar do sistema ou evitar ser passado para trás, o que me leva a presumir que aqueles que estou estudando pensem do mesmo jeito. Por isso quando penso no aborto legalizado, penso nele como uma forma realmente insana de apólice de seguro contra uma gravidez indesejada. Quando vejo que um lutador de sumô tem mais a ganhar numa vitória do que o outro a perder numa derrota, imagino ambos entrando num acordo. Quando penso em corretores de imóveis, vejo-me paranoicamente achando que eles vão me sacanear.

Sou o primeiro a admitir que se todos os economistas fossem como eu, a economia provavelmente seria um desastre. Mas o fato de outros economistas, ainda assim, gostarem mais ou menos de mim me diz que existe espaço de sobra na profissão para um economista original.

– SDL (23 de maio de 2005)

"Nossa viagem à Califórnia"

Na semana passada, fomos à Califórnia. Nosso editor, William Morrow, da Harper Collins, concluiu que *Freakonomics* não estava vendendo tão bem por lá quanto nos outros lugares. Talvez tenha sido um simples caso de adoção tardia – Levitt e eu estamos baseados em Chicago e Nova York, respectivamente, duas cidades em que o livro deu uma arrancada forte –, mas a Harper não queria correr riscos. Assim, tendo até então evitado qualquer coisa assemelhada a um tour promocional, fomos despachados para a Costa Oeste para passar três dias. Foi bem mais duro para Levitt do que para mim. Ele odeia interação humana (ou assim afirma). No primeiro dia, em Los Angeles, não parava de dizer que estava tendo impulsos suicidas. Só que dizia isso de forma casual e com um leve sorriso. Eu me senti como Mandy Patinkin em *The Princess Bride*, quando ela fala para Wally Shawn: "Acho que essa palavra não significa o que você acha que ela significa." Mas espere aí: Levitt é mais chegado aos números do que às palavras. Talvez o que quisesse dizer fosse "homicida".

No último dia, visitamos o escritório do Google em Mountain View. Os caras do Google pediram depois para pormos no papel nossas impressões, que apareceriam no blog do Google. Veja a seguir o que escrevemos:

Para: todos os googlers
De: os Caras do Freakonomics
Data: 4 de agosto de 2005
Ref: nossa visita da semana passada

Não sabíamos direito o que esperar encontrar no Google. Alguns meses atrás, fomos convidados a fazer uma espécie de apresentação no Google durante a nossa permanência na Califórnia. Estaríamos interessados? Claro, respondemos. Quando algo está distante assim, geralmente concordamos sem refletir muito.

Por termos chegado tarde ao Googleplex – vínhamos de uma reunião com os sujeitos que talvez quisessem transformar *Freakonomics* num jogo de tabuleiro (?) –, nossa visita foi abreviada. Ainda assim, conseguimos ver:

– As torres coloridas e com o logotipo do Google no posto de "segurança" extremamente discreto.
– O computador self-service gerador de crachás facílimo de usar.
– Seus toaletes elegantíssimos.
– O quadro de servidores primordiais com as finas camadas de cortiça que costumavam deixar o Corpo de Bombeiros tão nervoso.
– Seus cães farejadores, cada qual mais amistoso que o outro.
– As belas telas onde vão passando as consultas feitas pelos usuários, belo exemplo de arte conceitual: *Hilary Duff... filhotes de pitbul... Jenifer Lopes... Dicionário de espanhol* (ficamos um tanto decepcionados por não vermos nem uma consultinha sequer sobre *Freakonomics*, mas talvez o título tenha engasgado no filtro: as pessoas às vezes têm um jeito maldoso de soletrar).
– O tapete quartzo, os cactus avantajados, os sofisticados *yurts* e a escada ecologicamente correta no prédio África.

Então, chegou a hora de nossa "apresentação". Nosso guia, Hunter Walk, nos conduziu até a sala onde falaríamos: *Ooops!* Não era uma salinha modesta, com uma mesa para o palestrante e umas vinte ou trinta pessoas, como imaginávamos. Era um salão, com fileiras e mais fileiras de cadeiras, todas elas ocupadas por googlers, afora mais e mais googlers sentados no chão e em pé lá atrás e... Bem, não exatamente pendurados nas colunas, mas dava essa sensação. As paredes eram pretas e as luzes de palco, fluorescentes. Uma conversa animada enchia a sala. Não seria uma apresentação, mas *a apresentação*. Foi um momento Sally Field: *Eles gostam da gente! Eles nos adoram!* (Estamos cientes, é claro, de que o googler típico é jovem demais para entender a referência.) Quando abrimos espaço entre os googlers sentados no corredor, pareceu que só faltava estarmos munidos de nossas guitarras elétricas: foi o mais próximo de um momento de astro de rock que qualquer de nós jamais chegará a viver (na verdade, fui um astro de rock da divisão mirim, mas isso foi nos idos de 1980, de modo que não conta).

Outra coisa: Hunter encomendara da Amazon[1] algumas centenas de exemplares de *Freakonomics* e os distribuíra aos presentes, de modo que agora era possível ver em todas as fileiras da platéia, googler após googler com o livro aberto no colo, como que se preparando para ouvir um discurso do camarada Mao. Nossa, foi meio assustador, meio como se você entrasse no próprio velório.

Tivemos de trocar idéias entre nós para resolver que tipo de palestra fazer. Nossa experiência era pequena. Hunter foi encorajador e paciente. Havia um pódio e um microfone, por isso decidimos falar alternadamente, debater o livro (por que os traficantes de crack ainda moram com as mães, por exemplo) e contar algumas histórias baseadas em pesquisas desenvolvidas após o lançamento do livro (a prostituição símia em Yale, por exemplo). Aparentemente fomos bem, considerando que a platéia riu um bocado, embora seja possível que estivesse apenas rindo de nós. As maiores gargalhadas se fizeram ouvir quando Levitt mencionou que havíamos feito uma palestra no Yahoo! na véspera para um público bem menor. O engraçado é que fomos sinceros. O compare-

[1]Imediatamente nos perguntamos se a encomenda de Hunter poderia ser considerada uma venda por atacado e, por isso, deixar de ser computada para os fins de figurar na lista dos mais vendidos do *The New York Times*.

cimento no Google foi cerca do dobro do que houve no Yahoo!. Por outro lado, isso significa que talvez o Google tenha perdido em produtividade também o dobro – a menos que vocês acreditem que nossa palestra sobre o *Freakonomics* possa ter de alguma maneira *aumentado* a produtividade, o que indicaria que nos saímos melhor do que achamos. A melhor pergunta do dia foi esta: "O que vocês fariam com os nossos dados se pudéssemos passá-los a vocês?" Acreditem, temos pensado um bocado nisso. Aguardem notícias nossas.

Depois da palestra, ficamos por ali durante algum tempo conversando com um punhado de googlers. Foi a parte mais estimulante do dia. Não só todos eram inteligentes, curiosos e amistosos, como também incrivelmente *felizes*. Em primeiro lugar, com certeza não existe empresa no mundo onde tantos funcionários vistam camisetas com o logotipo de empregador, algo que encaramos como sinal de orgulho genuíno (ou, quem sabe, de um estrondoso desconto). Mas a felicidade se revelava de várias outras maneiras. Parece que esse é o resultado de fazer um trabalho interessante com colegas inteligentes em um ambiente bonito, tudo com uma profunda sensação de ter uma missão a cumprir. O preço da ação em $297 provavelmente também não atrapalha.

– SJD (19 de agosto de 2005)

2. ROE X WADE E A CRIMINALIDADE, CONTINUAÇÃO

De todos os tópicos discutidos em *Freakonomics*, seria de supor que a teoria ligando a legalização do aborto a uma queda da criminalidade geraria a correspondência agressiva mais copiosa. Mas não foi esse o caso. Parece que quando o público lê a argumentação conforme exposta no Capítulo 4 e percebe que não se trata de uma argumentação sequer remotamente política ou religiosa, ele reflete sobre as próprias idéias a respeito da teoria e raramente recorre a uma defesa exacerbada de suas convicções, sejam elas quais forem.

O mesmo não pode ser dito a respeito de outros tópicos abordados no livro. O estudo sobre os corretores de imóveis, por exemplo, provocou uma enxurrada de e-mails furiosos, a maioria de imobiliárias que não gostaram de nossa descrição de como a estrutura de incentivos do negócio que operam estimula os corretores a explorar os clientes. Houve ainda muitos e-mails de professores que não acharam agradável ouvir falar de professores trapaceiros; de pais que não aceitavam nossas conclusões a respeito da paternidade e de leitores que consideraram simplesmente idiota o capítulo inteiro a respeito de prenomes.

Mas se a questão aborto-criminalidade não gerou muita indignação nos leitores, decerto provocou um bocado de polêmica na mídia e em todos os outros segmentos. Mais do que nunca isso ficou comprovado quando William Bennett citou o livro no processo de criação de uma enorme controvérsia racial para ele próprio. Transcrevo a seguir duas mensagens enviadas ao blog abordando elementos diversos do debate aborto-criminalidade. A primeira é um comentário sobre as declarações de Bennett. A segunda, uma reação a uma contestação acadêmica da teoria do aborto-criminalidade. Embora bastante técnica (os de coração fraco talvez prefiram ler apenas os últimos três parágrafos), ela é fundamental para a compreensão da pesquisa original.

"Bill Bennett e *Freakonomics*"

Bill Bennett e eu temos um bocado em comum. Ambos já escrevemos sobre criminalidade (sua teoria do "superpredador" é brevemente discutida em *Freakonomics*), ambos pensamos muito sobre as drogas ilegais e a educação (ele foi o "czar da droga" original e é ex-secretário de Educação), e ambos gostamos de apostar (embora aparentemente eu arrisque bem menos e talvez com mais sucesso).

Agora também devemos partilhar o fato de termos dado declarações polêmicas sobre a ligação existente entre aborto e criminalidade.

Eis o que Bennett disse no programa *Bill Bennett's Morning in America*, da Rede Salem de rádio, no dia 28 de setembro:

OUVINTE: Tenho ouvido a mídia nacional falar um bocado sobre a perda de arrecadação, ou a incapacidade do governo de abastecer de recursos a Previdência Social, e fiquei curioso. Li artigos, nos últimos meses, dizendo que por causa dos abortos feitos depois de *Roe* × *Wade*, o que deixou de ser arrecadado dos indivíduos abortados nos últimos trinta e poucos anos podia financiar a Previdência como ela aí está hoje. E a mídia simplesmente não toca nesse assunto.

BENNETT: Supondo que todos esses indivíduos fossem produtivos, não é mesmo?

OUVINTE: Supondo que fossem produtivos. Mesmo que apenas uma parcela deles fosse, a arrecadação seria enorme.

BENNETT: Talvez, quem sabe? Mas também não sabemos o custo disso, certo? Acho que... A incidência de aborto é desproporcionalmente maior entre as solteiras? Não.

OUVINTE: Não conheço as estatísticas exatas, mas um bom número deles ocorre entre as solteiras, sim.

BENNETT: Tudo bem... Bom, eu não sei. Eu não levantaria essa questão para defender a causa do movimento pró-vida porque não sei. Quer dizer, é uma faca de dois... Sabe, um dos argumentos defendidos no livro *Freakonomics* é que a queda do índice de criminalidade... A hipótese deles é que um dos motivos por que a criminalidade caiu é porque o aborto cresceu. Ora...

OUVINTE: Eu não acho que essa estatística esteja correta.

BENNETT: Nem eu, nem eu, porque em primeiro lugar, acho que tem muita coisa que a gente não sabe. Mas sei com certeza que, se quiser reduzir a criminalidade, você pode... Se esse for seu único objetivo, você pode abortar todo bebê negro neste país e o índice de criminalidade cai. Isso seria uma coisa impossível, ridícula e moralmente censurável, mas a criminalidade cairia. Por isso essas extrapolações abrangentes, de alto alcance, são, em minha opinião, arriscadas.

Não espanta que os comentários de Bennett tenham provocado fúria – na mídia e até na Casa Branca, que repeliu sua declaração.

Eis o que penso dessa conversa:

1. Não se deve esquecer que ela teve lugar num programa de rádio ao vivo durante o telefonema de um ouvinte. Era, nitidamente, um improviso. Trata-se de algo muito diferente de um artigo assinado por Bennett.
2. A raça não é um elemento importante na tese que John Donohue e eu defendemos em trabalhos acadêmicos e que Dubner e eu abordamos em *Freakonomics*. É verdade que, na média, o envolvimento com a criminalidade nos Estados Unidos é mais freqüente entre os negros do que entre os brancos. É importante notar, porém, que quando o controle é feito por renda e abrange a probabilidade de crescer num lar em que o chefe da família é mulher, ter uma mãe adolescente, atentando para as condições do meio, a importância da raça desaparece em relação a todo tipo de crime, salvo homicídio (como dissemos no livro, a diferença no homicídio se deve em parte ao mercado de crack). Em outras palavras, para a maioria dos crimes, um indivíduo branco e um negro, criados em lares vizinhos com renda e estrutura familiar semelhantes, teriam as mesmas chances de se envolver com a criminalidade. Empiricamente, o que importa é o fato de que os abortos são feitos em número desproporcionalmente maior no caso de gravidezes indesejadas e são desproporcionalmente mais freqüentes quando se trata de mulheres adolescentes e de mulheres solteiras.
3. Alguns talvez achem que meus comentários no item 2 acima meramente tentam evitar a questão racial por esta ser politicamente incorreta. Qualquer um que tenha lido *Freakonomics* sabe que não temo enfrentar questões raciais. Boa parte do livro aborda temas raciais polêmicos (por exemplo, as diferenças entre as notas escolares de negros e brancos, os nomes dados aos filhos por casais negros etc.). Falo sério quando digo que, de um ponto de vista puramente factual e estatístico, a raça não é, de forma alguma, o centro de nossa discussão sobre aborto e criminalidade.

4. Quando uma mulher faz um aborto, quase nunca isso altera o número total de filhos que tem; altera, sim, o momento desses nascimentos, adiando-os para mais tarde. Esse fato não deve ser esquecido. Uma em cada quatro gravidezes termina em aborto e isso vem acontecendo há 30 anos nos Estados Unidos. O impacto do aborto, porém, no índice de nascimentos como um todo é bem pequeno.
5. À luz do item 4 acima, é difícil sequer imaginar o que Bennett quis dizer quando sugere que "você pode abortar todo bebê negro neste país que o índice de criminalidade cai". Seu comentário implica a idéia de que alguma força externa, como um governo, esteja obrigando os negros a fazerem aborto. Essa, obviamente, é uma situação totalmente diversa de como funciona o aborto hoje, quando uma mulher escolhe se quer ou não fazer um aborto agora e começar uma família mais tarde, quando sua situação for mais estável e propícia a ter filhos. É fundamental a diferença entre uma mulher optar por controlar a própria fertilidade e o governo optar por controlar a fertilidade dela, e aparentemente todos se esquecem disso.
6. Se vivêssemos num mundo em que o governo escolhesse os indivíduos autorizados a se reproduzir, Bennett teria razão em dizer que "você pode abortar todo bebê negro neste país que a criminalidade cai". Claro que se abortássemos todos os bebês brancos, asiáticos, do sexo masculino, republicanos e democratas num mundo assim, a criminalidade também cairia. Imediatamente após fazer a declaração sobre os negros, Bennett emendou dizendo: "Isso seria impossível, ridículo e moralmente censurável, mas o índice de criminalidade cairia." Sua declaração foi de ordem fática (se você proibir qualquer grupo de se reproduzir, o índice de criminalidade cairá), e ele próprio observou em seguida que só por ser verdade, isso não era automaticamente desejável ou moralmente correto. Existe aí uma distinção extremamente importante, sobre a qual insistimos várias vezes em *Freakonomics*.

7. Há uma coisa pela qual eu *reprovaria* veementemente Bennett: dizer primeiro que não acredita em nossa hipótese aborto-criminalidade, mas depois revelar que acredita nela por meio de seus comentários sobre os bebês negros. Não dá para comer o bolo e ficar com o bolo.
8. Só para constar, a hipótese inicial do ouvinte está totalmente equivocada. Se o aborto fosse ilegal, os problemas de nossa Previdência Social não estariam resolvidos. Conforme observei acima, a maioria dos abortos apenas adia de hoje para alguns anos mais tarde o nascimento de um filho de uma mesma mãe.

– SDL (30 de setembro de 2005)

"De volta ao quadro de nossas críticas mais recentes"

Graças a artigos recentes no *Wall Street Journal* e na *Economist*, um trabalho acadêmico de Chris Foote e Chris Goetz cheio de críticas a John Donohue e a mim chamou um bocado de atenção.

Nesse trabalho, Foote e Goetz criticam a análise em que se baseia uma das tabelas de nosso artigo original que sugere uma ligação entre o aborto legalizado e a criminalidade (vale a pena lembrar que a abordagem que os dois criticam representa uma das quatro provas distintas que apresentamos na tese; eles não fazem qualquer crítica às outras três).

Foote e Goetz efetuaram duas alterações básicas em nossa análise original. Em primeiro lugar, observaram corretamente que o texto de nosso artigo afirmava que havíamos incluído interações estado-ano em nossas especificações de regressão quando, na verdade, a tabela que foi publicada não incluía tais interações. Em segundo lugar, argumentaram corretamente que sem controlar as mudanças no tamanho do grupo, a análise original que fizemos testava se os grupos expostos a altos índices de aborto legalizado produziam menos criminosos, mas não testava diretamente se o fator "indesejabilidade" era um dos canais pelos quais essa redução da criminalidade se operava. (Observação: não afirmamos que essa análise em particular era um teste direto da hipótese da "indesejabilidade". Essa última parte da tese foi, de tudo que fizemos, a análise mais especulativa, e ficamos francamente surpresos ao vê-la funcionar, devido às enormes exigências que pesavam sobre os dados.) Foote e Goetz descobriram que, uma vez efetuadas tais alterações, os resultados em nossa Tabela 7 original basicamente sumiram.

Existe, contudo, um problema fundamental na análise de Foote e Goetz. Os dados disponíveis sobre aborto são propensos a apresentar um bocado de ruído. Quando se acrescentam mais e mais variáveis de controle (por exemplo, quase mil interações individuais estado-ano), a variação significativa nas taxas de aborto desaparece. O coeficiente de informação no que resta da variação em abortos mensurados só faz piorar, o que leva à redução do impacto mensurado dos abortos sobre a criminalidade. Devido ao fato de este trabalho utilizar como unidade de análise um estado/ano/única idade (por exemplo, indivíduos de 19 anos em Ohio, em 1994), as análises realizadas estão altamente saturadas de interações: interações estado-idade, interações idade-ano e interações estado-ano. Juntas, essas interações respondem por mais de 99% da variação nos índices de prisão e por mais de 96% da variação na proxy do aborto. Trata-se de um exercício que exige muito dos dados.

À luz de tudo isso, parece inquestionável que se queira fazer o melhor possível para mensurar o aborto ao realizar um exercício desse tipo.

A medida do aborto utilizada por Foote e Goetz foi produzida pelo Instituto Alan Guttmacher. Este instituto faz estimativas com base em pesquisas junto aos profissionais que realizam abortos quanto ao número deles realizados para cada nascimento com vida em cada estado e a cada ano.

Para calcular a exposição ao aborto, digamos, de indivíduos de 19 anos presos na Califórnia em 1993, Foote e Goetz utilizaram a taxa de aborto na Califórnia em 1973. Esta não é uma primeira aproximação intempestiva (na verdade, foi a que usamos na maior parte de nosso trabalho original por ser simples e transparente), mas não passa de uma aproximação, devido a várias razões:

1. *A existência de uma grande mobilidade de estado para estado.* Por esse motivo, muitos dos indivíduos de 19 anos presos na Califórnia em 1993 não haviam nascido nesse estado, mas em outros, talvez mesmo em outros países. Com efeito, creio que cifras recentes sugerem que mais de 30% dos jovens com idade próxima aos 20 anos não residem no estado em que nasceram.
2. *A utilização de uma data 20 anos anterior para calcular a exposição ao aborto de um indivíduo de 19 anos acarreta uma enorme incidência de ruído.* Um indivíduo de 19 anos em determinado momento de 1993 pode ter nascido entre 2 de janeiro de 1973 (o que o faria ter ainda 19 anos em 1º de janeiro de 1993) e 31 de dezembro de 1974 (o que o faria completar 19 anos em 31 de dezembro de 1993). Os abortos ocorrem com algum tempo de antecedência em relação aos aniversários, em geral por volta da décima terceira semana de gestação. Assim, a data pertinente (aproximadamente) para a exposição potencial ao aborto legalizado para os indivíduos com 19 anos em 1993 se situa por volta de seis meses antes da data em que nasceram, ou seja, de 2 de julho de 1972 a 30 de junho de 1974. Embora esse período abranja o ano de 1973 (que foi o utilizado por Foote e Goetz como período da exposição ao aborto), é relevante observar que esse período *também inclui metade de 1972 e metade de 1974*!
3. *Uma fração nada desprezível dos abortos realizados nos Estados Unidos, principalmente à época em que a legalização estava sendo implantada, envolveu mulheres que cruzaram fronteiras estaduais para ter acesso a um aborto.* Em conseqüência, mensurar abortos em termos do estado no qual o aborto é realizado (o que fazem os dados de Foote/Goetz), em lugar do *estado de residência* da mulher submetida ao aborto, induz a mais um erro de mensuração no estudo dos dois.
4. *Os números sobre aborto do Instituto Alan Guttmacher estão longe de ser perfeitos, segundo admissão dos próprios coletores de dados.* Com efeito, a correlação entre essas estimativas sobre abortos e uma série de outra época coletada pelo CCM fica bem abai-

xo de um, sugerindo que mesmo que os problemas 1, 2 e 3 não existissem, haveria uma incidência substancial de erro de mensuração. Não causa espanto que a correlação entre a medida do Instituto Alan Guttmacher e a medida do CCM diminua mais e mais à medida que se incluem mais variáveis de controle. Seria de se esperar precisamente isso, já que os controles estão retirando o sinal das mensurações do aborto e deixando, na maior parte, ruído.

O que John Donohue e eu fizemos (com a fantástica assistência de Ethan Lieber na pesquisa) foi tentar lidar o melhor possível com esses quatro problemas presentes no padrão de medida do aborto utilizado por Foote e Goetz. Nossas táticas foram basicamente:

1. Como dissemos em nossa tese original sobre o aborto, é possível lidar com a mobilidade de estado para estado utilizando os recenseamentos efetuados por decênios para identificar o estado em que nasceram os atuais residentes de determinada área (os resultados dessa correção em nossas regressões de criminalidade se encontram registrados na Tabela 5 do trabalho original, datado de 1999). Isso é factível porque os microdados do recenseamento informam o estado de nascimento e o atual estado de residência de uma amostragem de 5% da população americana. Reparem que a correção passível de ser efetuada não será perfeita e por isso talvez não resolva totalmente o problema, mas nos põe, sem dúvida, no caminho certo.
2. Como a janela de exposição ao aborto para os indivíduos com 19 anos em 1993 abrange os anos de 1972 a 1974, a solução óbvia para tal problema é admitir que os abortos realizados em 1972, 1973 e 1974 influenciem as prisões de indivíduos com 19 anos em 1993. É válido computar aproximadamente os pesos que se desejam atribuir aos diferentes índices anuais de aborto – ou se pode fazê-lo não-parametricamente e dei-

xar que os dados decidam. As respostas são praticamente idênticas.

3. Para lidar com o fato de que muitas mulheres cruzavam as fronteiras estaduais para fazer abortos nos anos 70, utilizamos as estimativas do Instituto Guttmacher para os abortos realizados em mulheres residentes em um estado relacionando-os aos nascimentos com vida nesse mesmo estado (desconhecíamos a existência desses dados melhores quando redigimos o trabalho original, razão pela qual não os utilizamos então). Poucos duvidam de que mensurar os abortos por estado de residência é melhor do que mensurá-los por lugar onde são feitos.
4. A solução-padrão para o erro de mensuração é realizar uma análise de variáveis instrumentais em que se utilize uma variável proxy com ruído do fenômeno mal mensurado como instrumento para outra variável proxy com ruído (reconheço que a maioria dos leitores deste blog não entenderá o que eu quis dizer). Nesse cenário, é provável que o padrão de medida independentemente gerado do CCM para os abortos legalizados seja uma excelente ferramenta. Por haver tanto ruído em cada um dos padrões de medida, os erros padrão aumentam nesse procedimento com variáveis instrumentais, mas sob um conjunto padrão de hipóteses, as estimativas obtidas serão expurgadas do viés de erro nas variáveis presentes devido ao erro de mensuração.

Creio que praticamente qualquer economista empírico estaria inclinado a crer que cada uma dessas quatro correções que fizemos na medida padrão para o aborto nos aproxima da meta de captar o verdadeiro impacto do aborto legalizado sobre a criminalidade. A pergunta, então, passa a ser: o que acontece quando reproduzimos as especificações relatadas em Foote e Goetz, mas com essa proxy aperfeiçoada?

Os resultados se encontram resumidos na tabela a seguir, que contém dois quadros. O superior mostra os resultados quanto aos crimes violentos. O inferior se refere aos crimes contra a propriedade.

Tabela 1: Os efeitos do aborto sobre a criminalidade

	Coeficiente da variável do aborto quando o crime violento é a variável dependente			
	(1)	(2)	(3)	(4)
Especificações originais Foote/Goetz	-0,027 [0,004]	-0,009 [0,003]**	-0,003 [0,003]	0,000 [0,003]
Resultados obtidos com uma interpretação mais cuidadosa do padrão de medida do aborto	-0,083 [0,008]**	-0,046 [0,008]**	-0,031 [0,008]*	-0,021 [0,008]**
Correção do erro de mensuração do aborto com o emprego de variáveis instrumentais	-0,078 [0,010]**	-0,055 [0,013]**	-0,037 [0,014]**	-0,023 [0,013]
Os controles incluem:				
Efeitos fixos para estado e interações idade-ano	sim	sim	sim	sim
Interações estado-idade	sim	sim	sim	sim
Interações estado-ano	não	não	sim	sim
Log da população	não	não	sim	não
A variável dependente é o índice *per capita* de prisão	não	não	não	não

	Coeficiente da variável do aborto quando o crime contra a propriedade é a variável dependente			
	(1)	(2)	(3)	(4)
Especificações originais Foote/Goetz	-0,027 [0,004]	-0,009 [0,003]**	-0,003 [0,003]	0,000 [0,003]
Resultados obtidos com uma interpretação mais cuidadosa do padrão de medida do aborto	-0,083 [0,008]**	-0,046 [0,008]**	-0,031 [0,008]*	-0,021 [0,008]**
Correção do erro de mensuração do aborto com o emprego de variáveis instrumentais	-0,078 [0,010]**	-0,055 [0,013]**	-0,037 [0,014]**	-0,023 [0,013]
Os controles incluem:				
Efeitos fixos para estado e interações idade-ano	sim	sim	sim	sim
Interações estado-idade	sim	sim	sim	sim
Interações estado-ano	não	não	sim	sim
ln da população	não	não	sim	não
A variável dependente é o índice *per capita* de prisão	não	não	não	não

A variável dependente no quadro superior é ln(prisão por crime violento), salvo na coluna 4, onde a variável dependente é ln(índice per capita de prisões por crime violento). A variável dependente no quadro inferior é ln(prisão por crimes contra a propriedade), salvo na coluna 4, onde a variável dependente é ln(índice per capita de prisões por crimes contra a propriedade). A unidade de observação é um estado por ano por único ano de célula de idade. A amostragem inclui indivíduos de 15 a 24 anos de 1985 a 1998. Se os dados estivessem disponíveis para todos os estados, anos e idades, haveria 7.140 observações. No entanto, devido à falta de alguns dados sobre prisão e eventuais valores nulos, o número de observações nas regressões de crimes violentos é de 6.724 e o número de observações nas regressões de crimes contra a propriedade é de 6.730. O método empregado foi mínimos quadrados ponderado com os pesos determinados pela população total do estado. Erros-padrão foram corrigidos para correlação com um dado grupo de nascimentos em determinado estado. A primeira linha de cada quadro repete as especificações de Foote e Goetz (2005), que usam os abortos em um estado considerando o ano anterior ao do nascimento de um indivíduo (ano - idade - 1) como medida para o aborto. A segunda linha aperfeiçoa a primeira linha levando em conta a mobilidade de estado para estado, mensurando o aborto por estado de residência, em vez de mensurá-lo por local onde o aborto ocorreu e equiparando mais cuidadosamente a idade atual à efetiva exposição potencial ao aborto. A terceira linha é idêntica à segunda, mas os instrumentos para a medida do aborto utilizam uma segunda medida independentemente gerada de abortos conforme cálculos dos Centros de Controle de Moléstias. Os asteriscos indicam significância estatística ao nível 0,05.

Começando com o primeiro quadro, a linha superior registra as mesmas especificações de Foote e Goetz (não me preocupei em mostrar suas estimativas, excluídas as interações estado-idade, porque não faria sentido excluí-las e porque os próprios autores dizem que suas especificações preferenciais incluem interações estado-idade). Conseguimos repetir seus resultados. Como se vê, os coeficientes encolhem quando se acrescentam interações estado-ano e controles de população.

A segunda linha da tabela apresenta os coeficientes obtidos com uma interpretação mais rigorosa da medida para aborto (feitas as alterações 1-3 das páginas 265-66 na medida padrão deles). Com uma medida melhor, como é de se esperar, todos os impactos do aborto calculados aumentam em todos os resultados. Os resultados passam a ser estatisticamente relevantes em todas as especificações de Foote e Goetz. Mesmo no final – a especificação mais exigente –, a magnitude do coeficiente é aproximadamente a mesma presente nos resultados originais publicados por nós que não controlavam as interações estado-ano ou a população. A única diferença entre o que Foote e Goetz fizeram e o que nós informamos na linha 2 é que nós conseguimos medir melhor o aborto. O restante é idêntico.

A terceira linha da tabela registra os resultados de estimativas de variáveis instrumentais utilizando a medida padrão do CCM como ferramenta para a nossa proxy de abortos Guttmacher (mais rigorosamente construída). Todos os resultados crescem um pouco, mas são menos precisamente calculados.

O quadro inferior da tabela mostra os resultados quanto aos crimes contra a propriedade. Passando da medida padrão de Foote e Goetz na primeira linha para a nossa, mais rigorosa, na segunda linha (permanecendo intocado todo o restante), os coeficientes se tornam mais negativos em três das quatro especificações. Efetuar uma estimativa com variáveis instrumentais tem um impacto maior quanto aos crimes contra a propriedade do que quanto aos crimes violentos. As quatro estimativas do aborto legalizado quanto aos crimes contra a propriedade feitas com variáveis instrumentais são negativas (embora novamente calculadas de forma menos precisa).

O fato puro e simples é que, quando se consegue mensurar melhor o aborto, os resultados se tornam mais consistentes. É precisamente o que se espera de uma teoria válida: o trabalho empírico mais próximo da teoria deve gerar resultados melhores do que o trabalho empírico que reflete mais livremente a teoria. As estimativas sem controle de população, mas que incluem interações estado-ano, são tão grandes ou maiores que as que se encontram em nosso trabalho original. Como seria de esperar (já que o canal "indesejabilidade" não é o único por meio do qual o aborto opera para reduzir a criminalidade), os coeficientes obtidos se reduzem quando incluímos controles de população, mas, principalmente quanto aos crimes violentos, persiste um grande impacto do aborto mesmo quando se mede o índice *per capita* de prisões.

Os resultados que mostramos nesta nova tabela são compatíveis com o impacto do aborto sobre a criminalidade que encontramos nos três outros tipos de análise apresentadas no trabalho original com o emprego de diferentes fontes de variação. Esses resultados são compatíveis com a hipótese da "indesejabilidade".

Sem dúvida, haverá pesquisas no futuro que tentarão desqualificar nossas provas quanto ao aborto legalizado. Talvez até consigam fazê-lo. Mas esta não conseguiu.

– SDL (5 de dezembro de 2005)

3. O QUE O KANSAS CITY ROYALS TEM EM COMUM COM UM IPOD?

Um objetivo útil do blog *Freakonomics* (ou de qualquer outro blog) é promover reflexões aleatórias sobre temas aleatórios – inclusive, como se viu, sobre a própria aleatoriedade em si.

"O que o K.C. Royals e meu iPod têm em comum?"

À primeira vista, pouco. O Royals perdeu 19 jogos consecutivos e ameaça quebrar o recorde de inoperância no beisebol da primeira divisão. O meu iPod, em compensação, em pouco tempo se tornou um de meus bens mais queridos.

Então, o que os dois têm em comum? Ambos podem nos dar uma aula de aleatoriedade.

A mente humana lida mal com a aleatoriedade. Se você pedir a alguém para ditar uma série de "caras" e "coroas" que reflita uma seqüência aleatória de arremessos de moeda, a série não parecerá nadinha com uma seqüência aleatória gerada. Tente você mesmo. Primeiro, leia mais um pouquinho, anote o que acredita que se pareça com uma série aleatória de 20 arremessos de moeda. Em seguida, gaste de 15 a 20 minutos jogando a moedinha para o ar (ou utilize um número aleatório gerado pelo Excel). Se você é uma pessoa como as outras, a seqüência "aleatória" que gerar terá muito menos resultados sucessivos de "cara" ou de "coroa" do que os que acontecem na vida real.

O recurso "embaralhar" do meu iPod me faz lembrar disso toda vez que o utilizo. Vivo me surpreendendo com a freqüência com que ele toca duas, três e até quatro músicas do mesmo cantor, embora eu tenha gravadas dezenas de músicas com diferentes cantores. Em várias ocasiões, convenci-me equivocadamente de não ter comandado o iPod para embaralhar as canções, e sim programado para que ele tocasse todas as músicas de um mesmo cantor. Se alguém não tiver mesmo nada para fazer, talvez possa experimentar várias vezes programar o iPod para baralhar as músicas, registrar os dados e verificar se a função "*shuffle*" é realmente aleatória. Aposto que sim, pois o que motivaria a Apple a agir de outra forma? Tenho um amigo, Tim Groseclose, professor de ciência política na UCLA, que se convenceu de que o botão "ao acaso" de seu CD sabia que músicas eram as suas favoritas e as tocava com uma freqüência desproporcional. Fiz, então, uma aposta com ele: mandei que dissesse os nomes de suas músicas favoritas e depois pusesse o CD para tocar. Ganhei um almoço.

O que nos leva de volta ao Kansas City Royals. Quando um time perde 19 jogos, parece razoável que, de tão absurdo, o fato não possa ser atribuído ao acaso. Logicamente, os treinadores, os comentaristas esportivos e a maioria dos fãs acreditam que isso seja verdade. Com que freqüência se ouve dizer que um treinador teve uma reunião a portas fechadas para tentar reverter a situação do time? Mas, do ponto de vista estatístico, espera-se que uma seqüência de 19 derrotas ocorra simplesmente por acaso mais ou menos com a mesma freqüência que elas ocorrem.

Reconheço que as estimativas a seguir são grosseiras, mas fornecem a idéia básica. Todo ano há uns dois times nas primeiras divisões com uma percentagem de vitória por volta de 35% (algumas vezes, nenhum time é tão ruim assim e, em outros anos, aparecem efetivas drogas como o Detroit em 2003, que venceu apenas 26,5% de seus jogos). Para um time com 35% de chance de vencer cada jogo, a chance de perder os próximos 19 é de uma em 4 mil. Cada time faz 162 jogos por ano, logo tem 162 chances de começar uma seqüência dessas (computam-se seqüências que começam num ano e terminam no seguinte, logo é correto usar todos os 162 jogos).

Assim, a cada ano, para os dois times ruins que ganham 35% de seus jogos, existe um total de 324 chances de encarar uma seqüência de 19 derrotas. São necessários cerca de 12 ou 13 anos para esses dois times ruins contarem com um total de quatro mil chances de encarar uma seqüência de 19 derrotas. Por esse motivo espera-se um surto de derrotas desse tamanho com uma freqüência ligeiramente menor que uma vez a cada década.

Na prática, o que costumamos ver são seqüências ligeiramente mais curtas de derrotas do que esses cálculos levariam a esperar. A última seqüência realmente longa de derrotas foi a dos Cubs em 1996-97, com 16 jogos (existe, efetivamente, um bom motivo para que as seqüências longas ocorram com uma freqüência ligeiramente menor do que a calculada por mim com o simples modelo que usei. É que um time que vence 35% de seus jogos não tem a mesma probabilidade de ganhar todos os jogos: em alguns deles a chance é de 50% e em outros pode chegar a 20%; esse tipo de variabilidade reduz a probabilidade de seqüências longas).

Assim, não é preciso recorrer a justificativas do tipo "falta de concentração", "perseguição" ou "desmotivação" para explicar por que o Royals vem perdendo tantos jogos consecutivos. Simplesmente ele é um time ruim enfrentando um surto de má sorte.

– SDL (20 de agosto de 2005)

"Wikipedia? Eca!"

Já sei, já sei: a Wikipedia é uma das maravilhas do mundo on-line. Mas se alguém algum dia precisar de um motivo para desconfiar profundamente da confiabilidade da Wikipedia, insisto para que clique em "lista de economistas", que vem assim apresentada: "Esta é uma lista alfabética de economistas famosos. Os economistas são acadêmicos que realizam pesquisas no campo da economia."

É verdade que a lista inclui George Akerlof e Paul Samuelson e Jeffrey Sachs e até Steve Levitt. Mas se você quiser ver o quanto a Wikipedia pode ser patética, verifique o sexto "economista" na letra D: isso mesmo, este que vos fala. Embora alguns de meus amigos sejam economistas, eu com certeza não sou. (Observação: logo depois que escrevi esta mensagem, um leitor foi prestativo/maldoso o bastante para retificar o registro da Wikipedia, deletando meu nome.) A questão é que a maior força da Wikipedia é também sua maior fraqueza: praticamente qualquer um pode contribuir com qualquer coisa a qualquer hora para uma "enciclopédia" que a maioria dos eventuais usuários considera de fato enciclopédica, mas que de fato muda constantemente, dependendo do abastecimento de dados feito pelos usuários. Por exemplo:

Em *Freakonomics*, fizemos uma referência, de passagem, ao Chicago Black Sox, o nome dado ao Chicago White Sox depois que se descobriu que oito de seus jogadores haviam entrado em conluio com apostadores para perder o campeonato de 1919.

Um leitor recente escreveu: *O White Sox de 1919 não ficou conhecido como Black Sox por ter se vendido para perder o campeonato. Era chamado assim porque o dono do time (cujo nome não sei) era tão sovina que não mandava os uniformes dos jogadores para a lavanderia com re-*

gularidade, de modo que volta e meia eles apareciam em campo com uniformes sujos. Dispenso agradecimentos.

Na verdade, esse foi o segundo leitor a escrever fazendo a mesma correção. Já havíamos perguntado ao primeiro qual era sua fonte; ele respondeu que achava ter "ouvido uma vez na ESPN", mas não tinha certeza. Depois desse segundo e-mail, resolvi investigar. Foi esta minha resposta para o leitor nº 2 e para qualquer um que esteja interessado:

> Investiguei a questão do Black Sox. É verdade que a Wikipedia diz: "Embora muitos acreditem que o nome Black Sox esteja relacionado à natureza fraudulenta e corrupta da conspiração, o termo Black Sox já existia antes da investigação sobre o conluio. O time se chamava Black Sox porque o proprietário pão-duro Charles Comiskey se recusou a pagar a lavagem dos uniformes, insistindo para que os próprios jogadores arcassem com esse custo. Os jogadores se recusaram, e a rodada seguinte de jogos viu o White Sox jogar com uniformes cada vez mais sujos, à medida que os uniformes de lã branca acumulavam poeira, suor e sujeira até adquirirem um tom bem mais escuro." (Alguém tem provas disso? Para mim, cheira mais à lenda urbana.)

Dois comentários a fazer: 1. A observação no final entre parênteses acaba de ser acrescentada – por mim. 2. Em outras palavras, não nos esqueçamos de que a Wikipedia é uma "enciclopédia" com livre acesso que pode ser abastecida (ou vandalizada) ao bel-prazer de qualquer um.

Esta é uma fonte mais confiável: *Eight Men Out: The BlackSox and the 1919 World Series*, de Eliot Asinof (Holt, Rinehart e Winston, 1963). Na página 21, Asinof diz que o dono do White Sox, Charles Comiskey, era realmente um pão-duro quando se tratava dos jogadores: *Sua generosidade aqui (com repórteres) foi ímpar. No entanto, seu grande time pode surgir no campo com os uniformes mais imundos já vistos pelos fãs: Comiskey deu ordens para economizar na conta da lavanderia.*

Será, então, possível que o White Sox já fosse conhecido, ainda que superficial ou informalmente, como Black Sox antes do escândalo de 1919?

Claro que é possível, mas Asinof não faz qualquer insinuação nesse sentido em todo o livro. Com efeito, passadas as primeiras páginas, só fui encontrar novamente o nome "Black Sox" na página 197, onde Asinof escreve, na esteira do escândalo do campeonato mundial: "À medida que o impacto das confissões ia sendo digerido, o povo americano demonstrou em primeiro lugar choque e depois repulsa. Praticamente nenhum jornal de grande circulação poupou censura e indignação. Dali em diante, os jogadores envolvidos passaram a ser chamados de Black Sox."

Reparem na expressão-chave: *dali em diante*. É possível que Asinof estivesse errado? Claro. Mas seu livro é um bom livro, amplamente aceito como biografia definitiva do caso. Não me sinto compelido a continuar investigando o assunto até que surja alguém com provas em contrário mais confiáveis do que a Wikipedia. Se você as tiver, terei prazer em pesquisar mais ou fazer uma alteração nas edições futuras de *Freakonomics*.

Assim, por favor, leitores do blog: queiram nos informar se estamos certos ou errados quanto ao Black Sox. Ficaremos meio tristes se estivermos errados, mas bem mais satisfeitos pela oportunidade de corrigir o erro. Uma camiseta *Freakonomics* de prêmio para a primeira pessoa que apresentar provas conclusivas sobre a teoria das meias encardidas.

– SJD (20 de maio de 2005 e 5 de agosto de 2005)

"'Pico do petróleo': bem-vindos à nova versão da mídia sobre ataques de tubarão"

A matéria de capa da edição de 21 de agosto da revista *New York*, assinada por Peter Maass, é sobre o "Pico do Petróleo". A idéia por trás de "pico do petróleo" é que o mundo há muitos anos vem trilhando um caminho de uma crescente produção de petróleo e agora estamos prestes a atingir o pico e enfrentar uma situação de redução das reservas, que levará a preços de três dígitos por um barril de petróleo e a uma crise econômica sem precedentes no mundo. Como diz uma página da Internet, "a civilização como a conhecemos se aproxima rapidamente do fim".

Seria de imaginar que os profetas do apocalipse já tivessem sido calados pela longa história de gente da mesma cepa que errou feio: Nostradamus, Malthus, Paul Erlich et al. Pelo visto não foram.

O que a maioria desses cenários catastróficos não captou foi a noção fundamental da economia: todo mundo reage a incentivos. Se o preço de uma mercadoria sobe, a demanda cai, as empresas que a produzem encontram um meio de produzir mais e todo mundo tenta descobrir como produzir substitutos para tal mercadoria. Acrescente-se a isso a marcha da inovação tecnológica (como a revolução verde, o controle da natalidade etc.). O resultado final é que o mercado descobre como lidar com os problemas de oferta e procura.

O que é precisamente a situação atual do petróleo. Não entendo muito do mundo das reservas de petróleo. Não estou sequer questionando necessariamente seus argumentos de que a produção dos campos de petróleo existentes vai declinar ou de que a demanda mundial de petróleo está aumentando. Mas essas mudanças na oferta e procura são lentas e gradativas – uns poucos percentuais ao ano. Os mercados têm um jeito para lidar com situações desse tipo: os preços sobem um pouquinho. Isso não é uma catástrofe, mas uma mensagem avisando que algumas coisas que valiam a pena ser feitas quando os preços do petróleo eram baixos já não valem mais. Alguns trocarão seus utilitários por veículos híbridos, por exemplo. Talvez nos disponhamos a construir algumas usinas nucleares ou compense instalar painéis solares em um número maior de casas.

Mas a matéria da *New York Times* volta e meia se confunde na economia. Eis um exemplo:

> As conseqüências de uma real escassez de fornecimento seriam enormes. Se o consumo começar a exceder a produção por uma pe-

> quena margem que seja, o preço do barril de petróleo pode atingir cifras de três dígitos. Isso, por sua vez, pode levar a uma recessão global, como resultado dos preços exorbitantes do combustível para os transportes, bem como dos produtos que dependem dos petroquímicos – ou seja, quase todos que existem no mercado. O impacto no estilo de vida americano seria profundo: os carros não podem ser movidos a moinhos instalados em telhados. O *modus vivendi* suburbano e extra-urbano, apoiado em dois carros por família e constantes viagens para o trabalho, a escola e o supermercado, se tornaria inacessível ou, se for imposto o racionamento de gasolina, impossível. O transporte solidário seria a menor de uma série de inconveniências; o gasto com o aquecimento das casas dispararia – supondo-se, é claro, que ambientes climatizados não passem a ser apenas uma lembrança agradável.

Se os preços do petróleo subirem, os consumidores de petróleo ficarão numa situação (um pouco) pior. Mas estamos falando da necessidade de reduzir a demanda alguns pontos percentuais ao ano. Isso não significa instalar moinhos nos carros, mas cortar algumas viagens de baixo custo-benefício. Não significa mudar-se da Dakota do Norte, mas manter o termostato um ou dois graus menos quente no inverno.

Um pouco mais à frente, o autor escreve:

> O advento dos preços de três dígitos talvez pareça uma bênção para os sauditas – eles receberão quantias maiores de dinheiro por seu petróleo cada vez mais escasso. Mas um equívoco comum quanto aos sauditas – e sobre a OPEP em geral – é que os preços altos, não importa quão altos, lhes sejam benéficos. Embora o preço do barril de petróleo acima de $60 não tenha causado uma recessão mundial, isso ainda pode vir a acontecer: é possível que leve algum tempo para que os preços altos causem esse impacto devastador. E, quanto mais passar de $60 o preço do barril, mais provável se tornará uma recessão. Os preços altos do petróleo são inflacionários; eles elevam o preço de praticamente tudo – da ga-

solina ao combustível de aviões, passando pelos fertilizantes – e isso significa que as pessoas compram menos e viajam menos, o que significa uma queda na atividade econômica. Assim, após um breve período de bênçãos para os produtores, os preços do petróleo cairão quando a recessão se instalar e as economias antes vorazes reduzirem o ritmo, usando menos petróleo. Os preços já caíram antes, e não faz muito tempo: em 1988, o petróleo chegou a $10 o barril após um extemporâneo aumento de produção na OPEP e uma redução de demanda na Ásia, que sofria as conseqüências de uma crise financeira.

Oops! Lá se vai toda a argumentação do pico do petróleo. Quando o preço sobe, a demanda diminui e o preço do petróleo desaba. O que aconteceu com "o fim do mundo como o conhecemos"? Voltamos agora ao barril de $10. Sem perceber, o autor invocou os princípios básicos da economia para invalidar toda a premissa da matéria!

Por via das dúvidas, ele prossegue:

> Os preços altos podem ter outro efeito desastroso para os produtores. Quando o petróleo cru custa $10 ou até $30 o barril, combustíveis alternativos ficam proibitivamente caros. Por exemplo, o Canadá tem vastas extensões de areias betuminosas que podem ser transformadas em óleo pesado, mas o custo envolvido é bastante alto. No entanto, essas areias betuminosas e outras alternativas, como o bioetanol, as células combustíveis a hidrogênio e o combustível líquido derivado do gás natural e do carvão, tornam-se economicamente viáveis quando o preço corrente dos barris sobe acima, digamos, de $40 ou mais, principalmente se os governos consumidores optarem por oferecer os próprios incentivos ou subsídios. Assim, mesmo que os preços altos não provoquem uma recessão, os sauditas se arriscam a perder sua cota de mercado para concorrentes em cujas mãos não-fundamentalistas os americanos sem dúvida prefeririam depositar seus dólares energéticos.

Como ele observa, os preços altos levam os indivíduos a desenvolver alternativas. Esta é a razão pela qual não precisamos, para começar, entrar em pânico quanto ao pico do petróleo.

Então por que comparei o pico do petróleo a ataques de tubarão? Porque os ataques de tubarão em geral permanecem constantes, mas o medo deles cresce vertiginosamente quando a mídia resolve noticiá-los. O mesmo, aposto, vai acontecer agora com o pico do petróleo. Já estou esperando toneladas de artigos semelhantes atiçando os temores dos consumidores quanto à catástrofe derivada do petróleo, mesmo considerando que nada de fundamental mudou no cenário do petróleo na última década.

– SDL (21 de agosto de 2005)

"Os Estados Unidos estão preparados para um mercado de doadores de órgãos?"

Provavelmente, não. No entanto, por uma coincidência estranha ou devido a algum tipo de esforço conjunto para passar a mensagem do mercado de órgãos, há hoje artigos a respeito, tanto no *The New York Times* quanto no *Wall Street Journal*.

O primeiro, intitulado "A lista de espera da morte", vem assinado por Sally Satel, psiquiatra e acadêmica do American Enterprise Institute. Ela própria fez um transplante de rim e agora reclama que o sistema de entrega é péssimo e que o novo relatório do Instituto de Medicina "Doação de Órgãos: Oportunidades de Ação" é ainda pior. "Infelizmente", escreve Sally, "o relatório podia levar um subtítulo mais adequado: 'Instruções sobre a Inércia'". A principal queixa de Sally é que o argumento convencional contra um mercado de órgãos – ou seja, o de que nenhuma parte do corpo humano deve jamais ser "posta à venda" – tornou-se obsoleto, mais ainda depois do advento dos "mercados de óvulos e esperma humanos e mães de aluguel".

A matéria do *WSJ*, intitulada "Balcões de Rins", é de Richard Epstein, o professor de direito da Universidade de Chicago e *fel-*

low da Hoover Institution. Epstein consegue ser mais hostil ainda ao relatório do Instituto de Medicina (ou talvez o *Wall Street Journal* lhe tenha dado mais liberdade do que o *Times* deu a Sally), dizendo que o relatório é "tão tacanho e sem imaginação que deveriam tê-lo abortado dentro do Instituto de Medicina". Epstein prossegue afirmando que "a principal fonte de melhoria futura reside apenas nos incentivos financeiros, mas o comitê do Instituto de Medicina (que abriga um advogado e nenhum economista) descarta de antemão tais incentivos... A lição-chave em tudo isso é a de que devemos encarar com profunda desconfiança qualquer objeção global a incentivos mercadológicos – sobretudo quando partem de moralistas arrogantes que se convenceram de que sua sensibilidade estética e repulsa instintiva devem superar quaisquer esforços para salvar vidas".

Embora seu artigo não declare, tenho quase certeza de que Epstein é consultor do LifeSharers, uma "rede voluntária e sem fins lucrativos de doadores de órgãos", conforme a própria se autodescreve, que busca utilizar incentivos não-financeiros para encorajar a doação de órgãos. Faz pouco tempo, recebemos um e-mail de David Undis, diretor executivo da LifeSharers:

> Faltam incentivos para a doação de órgãos. Essa é uma das razões por que tanta gente morre aguardando transplantes.
>
> Um mercado de órgãos humanos salvaria milhares de vidas por ano, mas politicamente falando, é um castelo de areia. É muito pouco provável que o Congresso legalize a compra e venda de órgãos em um futuro próximo.
>
> Criei a LifeSharers para introduzir um incentivo lícito não-monetário no processo de doação de órgãos: se você concordar em doar seus órgãos ao morrer, terá uma chance maior de conseguir um órgão se algum dia precisar de um deles para viver.

É surpreendente para mim, e para várias pessoas muito mais familiarizadas que eu com esse assunto, que tão pouco tenha sido feito para reformular o processo de doação de órgãos. Nunca ouvi uma única pessoa dizer que está satisfeita com a situação atual e, embora não duvide de que Undis esteja certo quando escreve que um livre mercado de órgãos, politicamente falando, seja um castelo de areia, parece que as coisas começam a andar, ainda que muito lentamente, naquela direção. Como escreve Sally em seu artigo no *Times* de hoje, "os comitês de ética da United Network for Organ Sharing, da American Society of Transplant Surgeons e do World Transplant Congress, juntamente com o Conselho de Bioética do Presidente e outras entidades, começaram a discutir as vantagens" de oferecer aos doadores de órgãos incentivos como "isenções fiscais, seguro médico garantido, bolsas universitárias para os filhos, depósitos em contas de aposentadoria e daí por diante".

O interessante é que, embora todos esses incentivos sejam financeiros, nenhum deles envolve dinheiro vivo, o que talvez os torne mais palatáveis.

Não me causaria surpresa se hoje, diante desses dois artigos, ao menos algumas cabeças mudassem de idéia.

– SJD (15 de maio de 2006)

4. POR QUE PAGAR $36,09 POR UMA GALINHA ESTRAGADA?

Um blog também pode ser um ótimo lugar para catarses – arengas (e, vez por outra, louvores) de natureza mais pessoal.

"Por que pagar $36,09 por uma galinha estragada?"

Um velho amigo esteve na cidade faz pouco tempo e nos encontramos para almoçar no Upper West Side. Trilby pediu um hambúrguer sem pão com queijo Brie; eu pedi meia galinha assada com purê de batata. A comida demorou a chegar, mas tínhamos tanto assunto para pôr em dia que não nos incomodamos.

Minha galinha, quando chegou, não veio com boa aparência, mas provei-a mesmo assim. De tão rançosa, precisei cuspir minha garfada no guardanapo. Uma coisa abominavelmente rançosa de causar náuseas. Chamei a garçonete, que fez uma expressão convenientemente horrorizada e levou o prato embora.

Veio a gerente. Era mais velha que a garçonete, usava cabelos compridos e tinha sotaque francês. Desculpou-se, disse que os *chefs* estavam provando o prato, na tentativa de descobrir se, quem sabe, as ervas ou a manteiga seriam a causa do problema.

– Acho que não – disse eu. – Acho que a galinha está estragada. Estou cansado de cozinhar galinhas e conheço o cheiro de uma galinha estragada.

Trilby concordou: dava para sentir o cheiro de podre do outro lado da mesa, provavelmente do outro lado do restaurante.

A gerente se mostrou relutante em entregar os pontos. As galinhas haviam chegado naquela manhã, insistiu ela, o que a mim não pareceu realmente relevante, soando algo como: "Não, fulano não pode ter cometido um homicídio hoje porque não cometeu um ontem."

A gerente se foi e, cinco minutos depois, voltou.

– O senhor tem razão! A galinha estava estragada.

Segundo ela, os *chefs* haviam checado a galinha, verificando que estava estragada e jogado-a fora. Vitória! Mas de quem? A gerente se desculpou de novo, perguntou se eu gostaria de uma sobremesa ou de um drinque de cortesia.

– Bom, primeiro me deixe encontrar alguma coisa em seu cardápio que não pareça ruim depois daquela galinha.

Pedi uma sopa de cenoura com laranja, batatas fritas e espinafre *sauté*.

Trilby e eu almoçamos, razoavelmente satisfeitos, embora o gosto da galinha estragada continuasse a me perseguir; na verdade, até hoje ele me persegue. Trilby havia tomado uma taça de vinho antes de pedirmos a comida e tomou outra com a refeição, um *sauvignon blanc*. Quanto a mim, tomei água. Quando retirou nossos pratos, a garçonete perguntou se queríamos sobremesa. Só café, respondemos.

Durante a nossa conversa, comentei com Trilby que havia entrevistado, pouco tempo antes, Richard Thaler, o padrinho da economia comportamental, um campo de estudos relativamente novo que tenta explicar por que a psicologia do dinheiro é tão complicada. Mencionei o conceito de "ancoragem" dos comportamentalistas – conceito que os vendedores de carros usados conhecem especialmente bem: fixar um preço que talvez esteja 100% acima do que você *precisa* a fim de garantir que, ainda assim, você leve uns 50% de lucro.

A conversa se voltou para o que diríamos quando chegasse a conta. Havia, aparentemente, duas boas opções: "Não estamos interessados em sobremesa de cortesia, obrigado, mas tendo em vista o que houve com a galinha, queríamos que o almoço todo fosse de graça." Isso fixaria a âncora em 0% da conta. A outra opção era a seguinte: "Não estamos interessados em sobremesa de cortesia, obrigado, mas, tendo em vista o que houve com a galinha, veja com a gerente o que é possível fazer com a conta." Esta âncora estaria fixada em 100% da conta.

Nesse exato momento, a garçonete trouxe a conta. O total era $31,09. Talvez por timidez ou pressa, ou – mais provavelmente – medo de parecer mesquinho (quando se trata de dinheiro, nada é simples), desembuchei a opção 2: Por favor, veja com a gerente "o que pode ser feito com a conta".

A garçonete respondeu, sorrindo, que já nos haviam feito a cortesia de não cobrar as duas taças de vinho. Para mim, pessoalmente, era uma mísera recompensa, já que Trilby foi quem tomou o vinho, enquanto eu continuava a ruminar o gosto de galinha estragada. Mas a garçonete, ainda sorrindo, pegou a conta e se dirigiu à gerente, que veio até nós rapidamente, também sorrindo.

– Tendo em vista o que houve com a galinha – insisti –, eu gostaria de saber o que pode ser feito com a conta.

– Não cobramos as duas taças de vinho – respondeu ela, com imensa delicadeza.

– Esta é a sua melhor proposta para mim? – perguntei (ainda sem conseguir fixar uma âncora em 0%).

A gerente me olhou com firmeza, ainda amistosa. Lá estava ela, calculando, preparando-se para fazer o tipo de joguinho que é, ao mesmo tempo, financeiro e psicológico, o tipo de jogo que cada um de nós faz diariamente. Ela estava prestes a apostar que eu não era o tipo de pessoa que armaria uma cena. Afinal, eu havia sido educado ao longo de todo o dilema, não elevara o tom de voz em momento algum e sequer pronunciara as palavras "vomitar" e "estragada". E ela simplesmente achou que eu manteria esse comportamento. Apostou que eu não jogaria minha cadeira no chão e me poria a gritar, que eu não me postaria à porta do restaurante avisando a potenciais clientes que minha galinha estava podre, que todas as galinhas estavam podres, que os *chefs deviam* ter sentido o cheiro e achado que podiam fingir que não havia nada de errado ou *não tinham* sentido o cheiro, o que indicava que estavam tão desligados que quem sabe o que mais – uma colher, a falange de um dedo, uma dose de desinfetante – poderia encontrar o caminho do próximo prato. E assim, tendo feito essa aposta, a gerente respondeu que "sim", ou seja, "sim, esta *é* a melhor proposta que estou disposta a lhe fazer".

– Tudo bem – respondi, e ela se foi.

Deixei uma gorjeta de $5 – não fazia sentido punir a pobre garçonete, certo? – e saí com Trilby, a quem pus num táxi. A gerente apostara que eu não lhe criaria problemas e estava certa.

Até agora.

O restaurante, se você se der ao trabalho de anotar, chama-se French Roast e fica na esquina da Rua 85 com a Broadway, em Manhattan.

Da última vez que conferi, a galinha assada continuava no cardápio. *Bon appétit.*

– SJD (8 de maio de 2005)

"Lucrando com a falta de civilidade nas estradas"

Praticamente não dirijo mais desde que me mudei para perto de meu local de trabalho. Por isso, sempre que pego o carro, a falta de civilidade nas estradas me chama a atenção. Os motoristas fazem coisas nos carros que jamais fariam em outros lugares. Buzinam. Dizem palavrões. Furam filas. Isso é o que faz minha mulher. Os outros motoristas são bem piores.

Uma razão óbvia é que não é preciso agüentar as conseqüências por tempo algum. Se você furar a fila no controle de segurança do aeroporto, vai ficar perto da pessoa de quem roubou o lugar durante algum tempo, mas com o carro é possível escapar rapidinho.

Quando eu usava o carro para ir trabalhar, havia um cruzamento onde reinava especialmente a falta de civilidade (para quem conhece Chicago, é onde a Dan Ryan encontra a Eisenhower). Há duas pistas na saída de um elevado. Uma delas segue na direção do outro elevado e a segunda desemboca numa rua comum. Praticamente ninguém quer pegar essa rua. As filas de carros que aguardam pacientemente para entrar no elevado podem chegar a mais de meio quilômetro, e cerca de 20% dos motoristas cortam por fora, grosseira e ilegalmente, no último segundo, depois de fingir que vão pegar a rua, e não o elevado. Toda pessoa honesta que aguarda na fila acaba levando 15 minutos extras ou mais por causa dos "espertinhos".

Os cientistas sociais às vezes se referem ao conceito de "identidade". É a idéia de que você tem uma imagem própria do tipo de pessoa que é e se sente péssimo quando faz coisas que contrariam essa imagem. Isso o leva a tomar atitudes que aparentemente não lhe trazem vantagem no curto prazo. Na economia, George Akerlof e Rachel Kranton popularizaram essa idéia. Já li seus trabalhos, mas de modo geral tenho um sentido de identidade tão tênue que nunca entendi direito do que eles estavam falando. A primeira vez que realmente peguei o espírito da coisa foi quando me dei conta de que uma parcela vital de minha identidade não tinha a ver com o tipo de motorista que furaria a fila para encurtar a viagem, embora fosse fácil fazê-lo e embora parecesse loucura esperar 15 minutos nessa fila. Se me dispusesse, porém, a furar a fila, eu teria de repensar os fundamentos da imagem que tenho de mim mesmo.

O fato de não me importar quando o motorista do táxi fura essas filas (francamente, sinto certa alegria) provavelmente demonstra que ainda preciso comer muito feijão para completar meu desenvolvimento moral.

Tudo isso, na verdade, não passa de preâmbulo para o meu tema principal. Outro dia, eu estava em Nova York e meu táxi ultrapassou uma comprida fila de carros no final da via expressa para, no último segundo, furá-la. Como sempre, adorei ser um inocente observador/beneficiário desse pequeno crime. Mas o que aconteceu em seguida foi ainda mais gratificante para o economista que existe em mim. Um guarda estava postado no meio da via, mandando todos os veículos que furavam a fila – inclusive meu táxi – parar no acostamento, onde um segundo guarda distribuía multas como numa linha de montagem. Pelos meus cálculos, aqueles dois guardas distribuíam trinta multas por hora, a $115 cada. Na proporção de $1.500 por guarda/hora (supondo-se que as multas fossem pagas), esta era uma fantástica proposta de arrecadar dinheiro para a cidade. E atingindo apenas as pessoas certas. A velocidade não chega a prejudicar muito os outros, salvo indiretamente. Assim, em minha opinião, faz muito mais sentido atacar diretamente o comportamento mal-intencionado, como furar filas. Isso tem muito a ver com o espírito da filosofia policial das "janelas quebradas", de William Bratton. Não tenho muita certeza se essa manobra diminui substancialmente o número de trapaceiros na estrada, já que a probabilidade de ser pego continua bastante pequena. No entanto, a beleza está em que 1) todo motorista que obedece às regras sente uma onda de júbilo quando os motoristas mal-educados são pegos; e 2) é uma maneira muito eficiente de cobrar imposto sobre o mau comportamento.

Por isso, a política que recomendo aos departamentos de polícia em todo o país é encontrar os pontos nas estradas que se prestem a esse tipo de policiamento e dar início à diversão.

– SDL (18 de novembro de 2005)

"As regras de Vegas"

Levitt e eu estávamos em Las Vegas nesse último fim de semana fazendo pesquisa (falo sério). Tivemos uma folguinha e resolvemos jogar vinte-e-um. Noite de réveillon, no Caesars Palace, por volta de nove da noite. Sentamo-nos a uma mesa vazia em que a crupiê, uma jovem bonita de Michigan, teve a maior paciência para nos passar várias instruções que nenhum de nós conhecia, o que indicava que ambos éramos inexperientes. Manter uma das mãos no colo, por exemplo. Para pedir uma carta, basta bater de leve as cartas no feltro. Se não quiser mais cartas, enfiar uma delas sob a(s) ficha(s), e daí por diante.

A certa altura, parece que Levitt engasgou. Já havia feito vinte-e-um, mas não sei por que pediu outra carta. Essa última era um 2. Não que ele não soubesse jogar ou contar; simplesmente estava distraído – falando comigo, alegou mais tarde –, e a crupiê viu quando ele fez algum gesto, ou deixou de fazer, indicando que queria mais uma carta. Assim, lá estávamos com quatro cartas: uma fechada, um 4, um 7 e um 2. A crupiê parecia solidária. Fechei com Levitt, disse a ela que ele não era idiota e com certeza não teria pedido mais cartas de propósito se tivesse um vinte-e-um. Ela pareceu acreditar e disse que ia chamar o supervisor e ver o que podia ser feito.

Virou a cabeça brevemente e chamou o supervisor pelo nome. Eu o identifiquei e pude ver que ele não a escutara. Veja bem: estávamos num cassino na noite de réveillon, o barulho era enorme. A moça continuou a chamar o supervisor e eu continuei a ver que ele não estava escutando, mas ela não se virava de todo a fim de chamá-lo. Para isso teria de ficar de costas para a mesa cheia de fichas e mesmo sendo imbecil o bastante para pedir mais cartas tendo feito um vinte-e-um, Levitt supostamente seria esperto o bastante para agarrar um punhado de fichas e se mandar (ou talvez ela pensasse que ele na verdade era bobo como uma raposa e usasse esse macete o tempo todo para conseguir que o crupiê ficasse de costas para a mesa).

Finalmente, fui até o supervisor e eu mesmo o chamei. A crupiê explicou a situação. Aparentemente, ele aceitou a explicação de Levitt. Depois se virou para mim:

– O senhor quer a carta? – indagou, indicando o 2 que coubera a Levitt.

– Bem, agora que a vi, quero sim – respondi. Eu tinha 17; certamente não teria pedido mais cartas com 17 na mão, mas um 2 me daria um belo 19.

-Tome – disse ele, entregando-me o 2. – Feliz Ano-Novo.

Depois, a crupiê pegou uma carta e se ferrou.

Não entendo muito de jogo, mas sei que a próxima vez que estiver em Las Vegas e sentir vontade de jogar vinte-e-um, irei ao Caesars.

E apenas para que você não pense que Levitt é um jogador totalmente idiota: no dia seguinte, sentamos no setor do cassino que aceita apostas em corridas de cavalo e pegamos o boletim de turfe diário, que estudamos por cerca de dez minutos antes de nos levantarmos para apostar. Ele encontrou um cavalo, cotado a 7/2, que jamais disputara uma corrida, mas viu nele algo de que gostou. Apostou nele como vencedor apenas. Então fomos assistir à corrida num daqueles telões enormes. O cavalo levou uns sessenta segundos para conseguir entrar no portão de largada – achamos que ele ficaria esfolado –, mas acabou entrando e a largada foi dada. O cavalo liderou a corrida de cabo a rabo. Foi bem mais impressionante do que com o vinte-e-um.

– SJD (3 de janeiro de 2006)

"Quase me mandaram para Guantánamo"

Cheguei ao aeroporto de West Palm Beach ontem, na tentativa de voltar para Chicago, apenas para ver que o horário de meu vôo aparecia no painel de partidas simplesmente como "atrasado". Não estavam sequer fingindo que ele partiria num futuro previsível. Depois de uma rápida investigação detetivesca, descobri outro vôo que me levaria para casa por uma companhia aérea diferente, comprei uma passagem só de ida e me dirigi ao controle de segurança.

Claro que uma compra de última hora de uma passagem só de ida detona todo tipo de alarme no departamento de segurança dos aeroportos. Por isso, fui tirado da fila e passei por uma revista. Primeiro, fui eu mesmo revistado, depois revistaram minha bagagem.

Não me ocorreu que minha última pesquisa fosse me meter em apuros. Venho pensando muito em terrorismo ultimamente. Entre as coisas que eu levava na bagagem de mão, havia uma descrição detalhada das atividades dos terroristas do 11 de setembro, repleta de fotos de cada um dos terroristas e informações sobre o currículo deles, bem como páginas de anotações sobre incentivos terroristas, alvos potenciais etc. Esse material foi a primeira coisa que o sujeito que monitorava a tela tirou da sacola. O clima antes ameno ficou sombrio. Quatro funcionários do aeroporto de repente me cercaram. Minhas explicações não pareceram convencê-los. Quando o chefe chegou, um dos sujeitos diante da tela disse:

– Ele diz que é um professor de economia que pesquisa terrorismo.

Eles se dedicaram a tirar de minhas duas sacolas tudo que nelas restara. Eu passara mais tempo sem limpar minha sacola de livros do que sem atualizar minha página na Internet. A sacola tem 12 compartimentos independentes, todos cheios de lixo.

– O que é isto? – perguntou o rapaz do monitor.

– Um brilho labial *Monsters, Inc.* e um chaveiro – respondi.

E assim continuou durante trinta minutos. Além do brilho labial, ele se interessou principalmente pelo meu passaporte (felizmente meu mesmo), pela minha apresentação em PowerPoint, pelas pílulas perdidas entre as pregas da sacola (cobertas de poeira e grafite depois de anos no purgatório) e por um livro surrado (*Quando coisas ruins acontecem a pessoas boas*).

Finalmente, convencido de que eu jogava no time da casa, o sujeito permitiu que eu embarcasse num vôo para Chicago. Graças a Deus eu deixara em casa meu exemplar do manual do terrorista sobre o qual escrevi recentemente aqui no blog. Caso contrário, estaria a esta hora voando para Cuba.

– SDL (14 de julho de 2005)

"O ganhador do Prêmio Nobel Thomas Schelling"

Mudei de endereço dez vezes desde que me formei na faculdade. E em todas essas vezes sempre me peguei olhando para a velha e maltratada caixa de cadernos da faculdade e me perguntando se não seria hora de jogá-la fora. Afinal, ela já tinha 15 anos e jamais fora aberta uma única vez.

O fato de Thomas Schelling abocanhar o Prêmio Nobel de Economia finalmente me deu motivos para abrir a caixa. No meu segundo ano de faculdade tive aula com Schelling. Acredito que o curso se chamava algo do tipo "Conflito e Estratégia". Ainda tenho uma clara lembrança das aulas. Um Schelling de corte escovinha andava para lá e para cá no tablado (jamais lendo anotações, se não me falha a memória), contando uma história atrás da outra para ilustrar a aplicação dos conceitos simples da teoria dos jogos na vida cotidiana. Os intervalos entre as histórias eram longos o bastante para que eu tivesse a impressão de que ele as inventava na hora, embora minha experiência como professor me leve a pensar que não.

Para mim, essa primeira apresentação à teoria dos jogos foi estimulante. Para alguém que pensa de forma estratégica, ou gostaria de pensar assim, as ferramentas básicas da teoria dos jogos são essenciais. A beleza das aulas de Schelling residia em vislumbrar como era fácil a matemática e com que presteza ela podia ser aplicada às situações do mundo real. Os tópicos do curso eram básicos: o Dilema do Prisioneiro, na primeira aula; o modelo "ponto focal", do próprio Schelling, nas segunda e terceira aulas; a tragédia dos recursos comuns e do bem público em seguida. Depois, vinham os movimentos estratégicos de compromisso, as ameaças críveis e não-críveis e estratégias e táticas para controlar o próprio comportamento (para quem não sabe, Schelling cunhou o termo "ponto focal" trinta anos antes de Malcolm Gladwell popularizá-lo).

Qualquer economista poderia ensinar essas disciplinas em sala de aula, mas ninguém as teria ensinado como Schelling. Cada conceito vinha acompanhado de uma bateria de exemplos. Minhas anotações são tão pobres – eu anotava apenas algumas palavras-chave – que agora só me resta adivinhar que história se escondia por trás das palavras "quando a Rodésia virou Zimbábue", "VHS x Beta", "a natureza do jogo nas ligas de bridge", "a escolha de universidades", "o aeroporto de Dulles x aeroporto National", "'Bear' Bryant não deveria ter votado no USC", "um bom meteorologista faz apostas prováveis", "andando grudado no carro da frente", "Landon x Roosevelt", "dando aleatoriamente a descarga no vaso" etc.

Chego a me lembrar de ter tentado imediatamente pôr em prática as aulas de Schelling. Quem me conhece sabe que posso adormecer em qualquer lugar, a qualquer hora. Imagino que tenha dormido durante cerca de 90% de minhas aulas na faculdade. Por isso, quando Schelling nos ensinou sobre compromisso, resolvi passar a sentar na primeira fila da sala como forma de me comprometer a não dormir. Infelizmente, a tentação do sono revelou-se demasiadamente forte na maioria das vezes. Se Schelling se lembrasse de mim, seria como o único aluno da primeira fila que sempre caía no sono.

Em minha opinião, Schelling representa o que há de melhor na teoria dos jogos. Foi pioneiro na área, um homem de idéias. Infelizmente para a teoria dos jogos, as idéias simples que são tão atraentes foram rapidamente minadas. O que veio a seguir era menos interessante. A moderna teoria dos jogos tornou-se extremamente matemática, carregada de anotações e apartada da vida cotidiana. Muitos de meus colegas não concordariam comigo, mas acho que a teoria dos jogos falhou no cumprimento de sua grande promessa inicial. Não sou o único a se sentir assim. Conversei recentemente com um conhecido teórico dos jogos. Ele me disse que, se soubesse o que sabe hoje e estivesse começando na profissão, sequer pensaria em ser um teórico dos jogos.

Schelling foi uma de minhas primeiras inspirações. Seu curso e seus escritos foram uma das grandes influências que me levaram à Economia. Minha abordagem tem muito em comum com a dele. Comentei isso no ano passado com um de meus colegas, que por acaso encontrou-se com Schelling e lhe disse que podia me contar entre seus ex-alunos. Schelling não demonstrou qualquer emoção.

– SDL (20 de outubro de 2005)

NOTAS

O conteúdo deste livro deriva da pesquisa de Steven D. Levitt, muitas vezes realizada em parceria com um ou mais colaboradores. As notas abaixo incluem menções a trabalhos acadêmicos nos quais o material se baseia. Também fizemos um uso liberal da pesquisa de outros estudiosos, também mencionados abaixo; agradecemos aos mesmos não apenas por seu trabalho, mas pelas conversas posteriores que nos permitiram apresentar melhor suas idéias. O material restante deste livro veio de pesquisas não publicadas anteriormente ou de entrevistas feitas por um dos autores ou ambos. O material não listado nas notas teve como fonte bancos de dados, notícias publicadas na mídia e trabalhos de referência.

NOTA DE ESCLARECIMENTO

xiii-xv OS TRECHOS EM ITÁLICO nesta seção e em qualquer outro trecho do livro apareceram pela primeira vez em Stephen J. Dubner, "The Probability That a Real-Estate Agent Is Cheating You (and Other Riddles of Modern Life)". *The New York Times Magazine*, 3 de agosto de 2003.

INTRODUÇÃO

3-6 A QUEDA RECORRENTE DA CRIMINALIDADE a discussão sobre a queda da criminalidade pode ser encontrada em Steven D. Levitt, "Understanding Why Crime Fell in the 1990's: Four Factors That Explain the Decline and Six that Don't", *Journal of Economic Perspectives* 18, n. 1 (2004), pgs. 163-90. / **3 O superpredador:** Vide "Kids With Guns", de Eric Pooley, *New York Magazine*, 9 de agosto de 1991; "The Coming of the Super-Predators", de John J. Dilulio Jr., *Weekly Standard*, 27 de novembro de 1995; "The Lull Before the Storm?", de Tom Morganthau, *Newsweek*, 4 de dezembro de 1995; "Now for the Bad News: A Teenage Time Bomb", de Richard Zoglin, *Time*, 15 de janeiro de 1996 e "Crime Time Bomb", de Ted Gest, *U.S. News & World Report*, 25 de março de 1996. /**3-4 As sombrias previsões de James Alan Fox** podem ser encontradas em dois relatórios do governo: "Trends in Juvenile Violence: A Report to the United States Attorney General on Current and Future Rates of Juvenile Offending"(Washington, D.C.: Bureau of Justice Statistics, 1996) e "Trends in Juvenile Violence: An Update"(Washington, D.C.: Bureau of Justice Statistics, 1997). / **4 O comentário assustado do Presidente Clinton** foi feito durante um discurso em Boston, em 1997, em que foram anunciadas novas medidas contra a criminalidade; vide "Clinton Urges Campaign Against Youth Crimes", de Alison Mitchell, *New York Times*, 20 de fevereiro de 1997/ **5 A história de Norma Mc Corvey/Jane Roe**: vide "Who is 'Jane Roe'?: Anonymous No More, Norma McCorvey No Longer Supports Abortion Rights", de Douglas S. Wood, CNN.com, 18 de junho de 2003 e "I am Roe: My Life, *Roe x Wade* and Freedom of Choice", Norma McCorvey com Andy Meisler (New York: HarperCollins, 1994)./ **6 O vínculo aborto-criminalidade** foi levantado em dois trabalhos de autoria de Steven D. Levitt e John J. Donohue III: "The Impact of Legalized Abortion on Crime", *Quarterly Journal of Economics 116*, n. 2 (2001), p. 379-420 e "Further Evidence That Legalized Abortion Lowered Crime: A Response to Joyce", *Journal of Human Resources* 39, n. 1 (2004), p. 29-49.

6-9 A HISTÓRIA VERDADEIRA DA CORRETAGEM DE IMÓVEIS: o estudo que avalia como o corretor de imóveis trata do próprio imóvel em comparação ao de um cliente é o trabalho de Steven D. Levitt e Chad Syverson "Market Distortions When Agents Are Better

Informed: A Theoretical and Empirical Exploration of the Value of Information in Real State Transactions", *National Bureau of Economic Research*, 2005. / **7-8 Os lenientes mecânicos de automóveis da Califórnia** são abordados em "An Empirical Examination of Moral Hazard in the Vehicle Inspection Market", de Thomas Hubbard, *RAND Journal of Economics 29*, n. 1 (1998), p. 406-26 e em "How Do Consumers Motivate Experts? Reputational Incentives in an Auto Repair Market", de Thomas Hubbard, *Journal of Law & Economics 45*, n. 2 (2002), p. 437-68./ **7 Os médicos que fazem cesarianas extras** são abordados em "Physician Financial Incentives and Caesaran Section Delivery", de Jonathan Bruber e Maria Owings, *RAND Journal of Economics 27*, n. 1 (1996), p. 99-123.

9-12 O MITO DOS GASTOS DE CAMPANHA é abordado mais detalhadamente em um trio de trabalhos: "Using Repeat Challengers to Estimate the Effect of Campaign Spending on Election Outcomes in the U.S. House", de Steven D. Levitt, *Journal of Political Economy*, agosto de 1994, p. 777-98; "Congressional Campaign Finance Reform", de Steven D. Levitt, *Journal of Economic Perspectives 9* (1995), p. 183-93 e "The Impact of Federal Spending on House Election Outcomes", de Steven D. Levitt e James M. Snyder Jr., *Journal of Political Economy 105*, n. 1 (1997), p. 30-53.

13 OITO COPOS D'ÁGUA POR DIA: vide "Can Water Aid Weight Loss?", de Robert J. Davis, *Wall Street Journal*, 16 de março de 2004, que menciona um relatório do Institute of Medicine que concluiu que "não existe qualquer fundamento científico para que se recomende a ingestão [de oito copos d'água por dia] e que a maioria das pessoas consome água suficiente através da ingestão normal de alimentos e líquidos".

15 ADAM SMITH, é claro, ainda merece ser lido (principalmente se o leitor é dono de uma infinita paciência). O mesmo se aplica a *The Worldly Philosophers*, de Robert Heilbroner (Nova York: Simon & Shuster, 1953), que contém biografias memoráveis de Smith, Karl Marx, Thorstein Veblen, John Maynard Keynes, Joseph Schumpeter e outros papas da economia.

1. O QUE PROFESSORES E LUTADORES DE SUMÔ TÊM EM COMUM?

17, 21 O ESTUDO DAS CRECHES ISRAELENSES: vide "A Fine Is a Price", de Uri Gneezy e Aldo Rustichini, *Journal of Legal Studies 29*, n. 1 (janeiro de 2000), p. 1-17 e "The 'W' Effect of Incentives", de Uri Gneezy, tese da Universidade de Chicago.

20 O HOMICÍDIO AO LONGO DOS SÉCULOS: vide "Secular Trends of Violence, Evidence and Theoretical Interpretations", de Manuel Eisner, *Crime and Justice: a Review of Research 3* (2003), também apresentado em "Violence and the Rise of Modern Society", de Manuel Eisner, *Criminology in Cambridge*, outubro de 2003, pgs. 3-7.

21 CAUSA E EFEITO SEGUNDO THOMAS JEFFERSON: *Autobiography of Thomas Jefferson* (1829; reeditado, Nova York: G.P. Putnam's Sons, 1914), p. 156.

22 SANGUE EM TROCA DE DINHEIRO: vide "The Gift of Blood", de Richard M. Titmuss, *Transaction 8* (1971), também apresentado em *The Philosophy of Welfare: Selected Writings by R. M. Titmuss*, ed. B. Abel-Smith e K. Titmuss (Londres: Allen and Unwin, 1987). Vide, ainda, "Altruism, Attribution, and Intrinsic Motivation in the Recruitment of Blood Donors", de William E. Upton, dissertação de Ph.D., Universidade de Cornell, 1973.

23 QUANDO SETE MILHÕES DE CRIANÇAS SUMIRAM DA NOITE PARA O DIA: vide "Who Are the Ineligible EITC Recipients?", de Jeffrey Liebman, *National Tax Journal 53* (2000), p. 1165-86. O trabalho de Liebman foi feito em cima de "Where Some of Those Dependents Went", de John Szilagvi, *1990 Research Conference Report: How Do We Affect Taxpayer Behavior?* (Departamento da Receita Federal: março de 1991), p. 162-63.

23-35 OS PROFESSORES TRAPACEIROS DE CHICAGO: este estudo, que também fornece consistente material sobre os provões, aparece em detalhes em duas teses: "Rotten Apples: An Investigation on the Prevalence and Predictors of Teacher Cheating", de Brian A. Jacob e Steven D. Levitt, *Quarterly Journal of Economics 118*, n. 3

(2003), p. 843-77 e "Catching Cheating Teachers: The Results of an Unusual Experiment in Implementing Theory", de Brian A. Jacob e Steven D. Levitt, *Brookings-Wharton Papers on Urban Affairs*, 2003, p. 185-209. / **25 A aluna de 5ª série de Oakland que tinha uma professora superboazinha**: baseado numa entrevista do autor com uma ex-superintendente adjunta do Departamento de Educação de Oakland. / **32 A trapaça entre os professores da Carolina do Norte**: vide "Standardized Tests: Irregularities in Administering of Tests Affect Test Results", de G. H. Gay, *Journal of Instructional Psychology 17*, n. 2 (1990), p. 93-103./ **33-35 A história de Arne Duncan, Secretário de Educação de Chicago** baseou-se em grande parte em entrevistas do autor. Vide, ainda, "The Outsider Comes In", de Amy D'Orio, *District Administration: The Magazine for K-12 Education Leaders*, agosto de 2002, bem como vários artigos do *Chicago Tribune* de autoria de Ray Quintanilla.

35-36 O TESTE SOBRE BASQUETE DA UNIVERSIDADE DA GEÓRGIA veio a público quando a universidade apresentou 1.500 páginas de documentos no decorrer de uma investigação feita pela National Collegiate Athletic Association.

37 CHICAGO BLACK SOX: Vários leitores da versão original de *Freakonomics* declararam que o White Sox passou a ser chamado de Black Sox não devido ao escândalo das apostas, mas por uma razão totalmente diferente. Esta é a informação passada pelo wikipedia.org, a enciclopédia elaborada pelos próprios usuários: "O nome 'Black Sox' surgiu antes, em [1919], quando [o dono do time, Charles] Comiskey resolveu fazer os jogadores pagarem a lavagem dos próprios uniformes. Os jogadores, em protesto, pararam de mandar lavar os mesmos, e quando suas meias brancas ficaram sujas e escuras, os jornalistas inventaram esse apelido." Por mais sedutora que pareça tal explicação, Levitt e Dubner não encontraram qualquer fundamento para ela no registro histórico.

36-43 A TRAPAÇA NO SUMÔ: vide "Winning Isn't Everything: Corruption in Sumo Wrestling", de Mark Duggan e Steven D. Levitt, *American Economic Review 92*, n. 5 (dezembro de 2002), p. 1594-1605./ **36-43 Há muito a descobrir a respeito do sumô,** e um bocado pode ser aprendido nos seguintes livros: *The Big Book of Sumo*, de Mina Hall (Berkeley, Calif.: Stonebridge Press, 1997); *Nakabon*, de Keisuke Itai (Tóquio: Shogakkan Press, 2000) e *Yaocho*, de Onaruto (Tóquio: Line Books, 2000)./ **42 Dois lutadores de sumô que põem a boca no trombone morrem misteriosamente**: vide "Sumo Wrestlers (They're BIG) Facing a Hard Fall", de Sheryl WuDunn, *New York Times*, 28 de junho de 1996 e "Sumo Quake: Japan's Revered Sport Is Marred by Charges of Tax Evasion, March Fixing, Ties to Organized Crime and Two Mysterious Deaths", de Anthony Spaeth, abordado por Irene M. Kunii e Hiroki Tashiro, *Time (Internacional)*, 30 de setembro de 1996.

43-49 O HOMEM DAS BROAS: Paul Feldman vinha procurando um economista da área de pesquisas que se interessasse por seus dados e chamou a atenção de Steven Levitt (vários outros estudiosos não mostraram interesse). Levitt e, em seguida, Dubner fizeram uma visita à empresa de broas de Feldman próximo a Washington. A pesquisa de ambos conduziu a um artigo basicamente similar à versão da história que aparece neste livro: "What the Bagel Man Saw", de Stephen J. Dubner e Steven D. Levitt, *The New York Times Magazine*, 6 de junho de 2004. Levitt também está elaborando uma tese acadêmica sobre o negócio das broas de Feldman. / **45 O estudo da "Cerveja na Praia"** é abordado em "Mental Accounting and Consumer Choice", de Richard H. Thaler, *Marketing Science 4* (verão de 1985), pgs. 119-214. Também vale a pena ler "The Winner's Curse: Paradoxes and Anomalies of Economic Life", de Richard H. Thaler (Nova York: Free Press, 1992).

2. EM QUE A KU KLUX KLAN SE PARECE COM UM GRUPO DE CORRETORES DE IMÓVEIS?

51-61 VAZANDO OS SEGREDOS DA KLAN: Este capítulo foi substancialmente revisado depois da publicação da versão original de *Freakonomics*, devido à descoberta dos autores de que Stetson Kennedy – tanto em seu livro de memórias *A Klan desmascarada*, quanto em entrevistas a esses mesmos autores – exagerou seu papel no que tange a ter pessoalmente se infiltrado na Klan e atacado-a (Vide "Enfiando a Carapuça", NYT, 8 de Janeiro de 2006, para uma explicação mais completa sobre esse assunto). Para uma história geral da Klan, vide *Cavaleiros da Ku Klux Klan*, do Cel. Winfield Jones (1941); *Americanismo Encapuzado: o Primeiro Século da Ku Klux Klan, 1865-1965*, de David M. Chalmers (Garden City, NY: Doubleday, 1965); *A Cruz Ardente: a Ku Klux Klan nos Estados Unidos*, de Wyn Craig Wade (Nova York: Simon&Schuster, 1987) e várias outras obras. Os relatos mais relevantes de Stetson Kennedy incluem *Southern Exposure* (Garden City, NY: Doubleday, 1946; republicado em 1991 pela Florida Atlantic University Press, 1990), que havia sido originalmente lançado com o título *I Rode with the Ku Klux Klan* (Londres: Arco Publishers, 1954). De grande ajuda também nos foi o livro de Ben Green *antes de seu tempo: a história não contada de Harry T. Moore, o primeiro mártir americano dos Direitos Humanos* (Nova York: Simon&Schuster, 1999). Os documentos de Stetson Kennedy relativos à Klan, bem como os relatos de "John Brown" e outros materiais correlatos, podem ser encontrados em vários arquivos, inclusive no Schomburg Center for Research in Black Culture, uma biblioteca pública em Nova York; na Biblioteca da Georgia State University, em Atlanta, e nos arquivos da Liga Anti-Difamação na cidade de Nova York. Transcrições do programa radiofônico de Drew Pearson *Washington Merry-Go-Round* podem ser consultadas em http://www.aladin.wrlc.org/gsdl/collect/pearson/pearson.shtml

51-59 DESMASCARANDO A KU KLUX KLAN: muitos livros excelentes já foram escritos sobre a Ku Klux Klan. Com relação aos dados gerais, baseamo-nos, em grande parte, em *The Fiery Cross: The Ku Klux Klan in America*, de Wyn Craig Wade (Nova York: Simon & Schuster, 1987) e em *Hoode Americanism: The First Century of the Ku Klux Klan, 1865-1965*, de David M. Chalmers (Garden City, NY: Doubleday, 1965). Vide, ainda, *After Appomattox: How the South Won the War*, de Stetson Kennedy (Gainesville: University Press of Florida, 1995). De especial interesse para nós foi *The Klan Unmasked*, de Stetson Kennedy (Boca Raton: Florida Atlantic University Press, 1990), originalmente lançado como *I Rode with the Ku Klux Klan* (Londres: Arco Publishers, 1954). No entanto, o próprio Stetson Kennedy deve ser o maior conhecedor vivo da história da Klan (para maiores informações, visite www.stetsonkennedy.com. Vale ressaltar que vários trabalhos de Kennedy se encontram no Schomburg Center for Research in Black Culture em Nova York). Os autores visitaram Kennedy em sua residência próximo a Jacksonville, na Flórida, onde o entrevistaram e consultaram sua enorme coleção de mementos e documentos da Klan (também experimentamos seus camisolões da Klan). Agradecemos imensamente a cooperação recebida. O economista de Harvard Roland G. Fryer Jr. nos acompanhou na visita. Ele e Steven Levitt estão no momento escrevendo uma série de trabalhos sobre a Ku Klux Klan. É preciso que se diga que Fryer dirigia o carro alugado que nos levou até a casa de Kennedy, quando fomos obrigados a parar para pedir informações numa estradinha de terra. Como Kennedy ainda é considerado um inimigo pelos simpatizantes da Klan, o vizinho a quem nos dirigimos nitidamente queria preservar o segredo sobre o seu paradeiro. Assim, ele chegou até a janela do carro, olhou bem nos olhos de Fryer, que é negro, e perguntou com a maior seriedade: "Vocês não são da Klan, são?" Fryer garantiu-lhe que não.

61-62 O QUE ACONTECEU COM O PREÇO DOS SEGUROS POR PRAZO DETERMINADO? Vide "Does the Internet Make Markets More Competitive? Evidence from the Life Insurance Industry", de Jeffrey R. Brown e Austan Goolsbee, *Journal of Political Economy 110*, n. 3 (junho de 2002), pgs. 481-507.

62 A FRASE DO DESEMBARGADOR DA SUPREMA CORTE, LOUIS D. BRANDEIS, "Dizem que a luz do sol é o melhor desinfetante que existe": vide *Other People's Money – and How Bankers Use It*, de Louis D. Brandeis (Nova York: Frederick A. Sotkes, 1914).

62-63 O ENIGMA DO CARRO ZERO USADO: esta tese, bem como grande parte do que entendemos hoje por "informação assimétrica", teve origem em um trabalho escrito por George A. Akerlof em seu primeiro ano como professor assistente em Berkeley, em 1966-67. Três vezes rejeitado – duas das revistas disseram a Akerlof que "não tinham interesse em publicar trabalhos sobre temas tão triviais" – foi finalmente publicado como "The Market for 'Lemons': Quality Uncertainty and the Market Mechanism", de George A. Akerlof, *Quarterly Journal of Economics*, agosto de 1970. Cerca de 30 anos mais tarde Akerlof recebeu o Nobel de Economia com esse trabalho. Todos o consideram o Nobel de Economia mais encantador de todos os tempos.

65-66 AS GRAVAÇÕES DA ENRON: à época em que este livro foi escrito, as fitas podiam ser ouvidas no site http://www.cbsnews.com/stories/2004/06/01/eveningnews/main6_20626.shtml. Vide, ainda, "Enron Traders on Grandma Millie and Making Out Like Bandits", de Richard A. Oppel Jr., *TheNew York Times*, 13 de junho de 2004.

66 AS ANGIOPLASTIAS SÃO REALMENTE NECESSÁRIAS? Vide "New Heart Studies Question the Value of Opening Arteries", de Gina Kolata, *The New York Times*, 21 de março de 2004.

66-71 A VERDADEIRA HISTÓRIA DOS CORRETORES DE IMÓVEIS REVISITADA: vide "Market Distortions When Agents Are Better Informed: A Theoretical and Empirical Exploration of the Value of Information in Real-Estate Transactions", de Steven D. Levitt e Chad Syverson, teses do National Bureau of Economic Research, 2005.

72 TRENT LOTT, UM SEGREGACIONISTA NEM TÃO SECRETO ASSIM: As circunstâncias envolvendo os comentários nefastos de Lott estão muito bem descritas em "Lott: Tripped Up by History", de Dan Goodgame e Karen Tumulty, Time.com/cnn.com., 16 de dezembro de 2002.

73-75 O VÍNCULO MAIS FRACO: vide "Testing Theories of Discrimination: Evidence from *The Weakest Link*", de Steven D. Levitt, *Journal of Law and Economics 17* (outubro de 2004) p. 431-52. **75 A teoria da discriminação baseada na preferência pessoal** surgiu com Gary S. Becker em *The Economics of Discrimination* (Chicago: University of Chicago Press, 1957)./ **75 A teoria da discriminação baseada na informação** derivou de uma série de trabalhos, que inclui o de Edmund Phelps "A Statistical Tehory of Racism and Sexism", *American Economic Review 62*, n. 4 (1972), p. 659-61 e o de Kenneth Arrow "The Theory of Discrimination", em "Discrimination in Labor Markets", ed. Orley Ashenfelter e Albert Rees (Princeton, N.J.: Princeton University Press, 1973).

75-79 A HISTÓRIA DA PAQUERA ONLINE: vide "What Makes You Click: An Empirical Analysis of Online Dating", de Dan Ariely, Günter J. Hitsch e Ali Hortaçsu, trabalhos da Universidade de Chicago, 2004.

80 MENTIRAS ELEITORAIS: DINKINS/GIULIANI: vide "Private Truths, Public Lies: The Social Consequences of Preference Falsification", de Timur Kuran (Cambridge, Mass: Harvard University Press, 1995), bem como "Governor Joins Kinkins Attacks Against Rival", de Kevin Sack, *The New York Times*, 27 de outubro de 1989, e "Uncertainty over Polls Clouds Strategy in Mayor Race", de Sam Roberts, *New York Times*, 31 de outubro de 1989.

80 MENTIRAS ELEITORAIS: DAVID DUKE: vide "Private Truths, Public Lies", de Kuran e também "Republican Quits Louisiana Race in Effort to Defeat Ex-Klansman", de Peter Applebome, *The New York Times*, 5 de outubro de 1990, bem como "Racial Politics in South's Contests: Hot Wind of Hate or Last Gasp", de Peter Applebome, *The New York Times*, 5 de novembro de 1990.

80 DAVID DUKE, MESTRE EM ABUSO DA INFORMAÇÃO: entre as muitas fontes de auxílio foram usados "David Duke's Work-Release Program", de Karen Henderson, *Nation Public Radio*, 14 de maio de 2004 e o completíssimo "Duke's Decline", de John McQuaid, *New Orleans Times-Picayune*, 13 de abril de 2003.

3. POR QUE OS TRAFICANTES CONTINUAM MORANDO COM AS MÃES?

81-82 A "SABEDORIA CONVENCIONAL" DE JOHN KENNETH GALBRAITH: vide "The Concept of the Conventional Wisdom", o segundo capítulo de *The Affluent Society* (Boston: Houghton Mifflin, 1958).

82 MITCH SNYDER E OS MILHÕES DE SEM-TETO: a controvérsia sobre o ativismo de Snyder foi amplamente coberta, principalmente nos jornais do Colorado, ao longo do início da década de 80 e

voltou à tona em 1990 quando Snyder cometeu suicídio. Uma boa visão geral é fornecida em "How the Homeless 'Crisis' Was Hyped", de Gary S. Becker e Guity Nashat Becket, em *The Economics of Life* (Nova York: McGraw-Hill, 1997), pgs. 175-6. O capítulo foi adaptado a partir de um artigo de 1994 na *Business Week* dos mesmos autores.

83 A INVENÇÃO DA HALITOSE CRÔNICA: a estranha e convincente história do Listerine está muito bem contada em *Twenty Ads That Shook the World: The Century's Most Groundbreaking Advertising and How It Changed Us All* (Nova York: Crown, 2000), p. 60-69.

83 GEORGE W. BUSH, UM CAUBÓI DE FAZ-DE-CONTA: vide "New Year's Resolutions", de Paul Krugman, *The New York Times*, 26 de dezembro de 2003.

84 MENOS ESTUPROS DO QUE SE IMAGINA: as estatísticas de 2002 da Pesquisa Nacional sobre Criminalidade, destinada a obter respostas honestas, sugerem que o risco de uma mulher ser vítima, durante toda a sua vida, de uma relação (ou tentativa de uma relação) sexual indesejada é da ordem de um para oito (e não um para três, como costumam afirmar os entendidos). Para os homens, a Pesquisa Nacional sobre Criminalidade indica a incidência de um para 40, em lugar de um em nove, como sustentam os comentaristas.

84 MAIS CRIMES DO QUE SE ACREDITAVA HAVER: vide "Report Says Atlanta Underrreported Crimes to Help Land 1996 Olympics", de Mark Niesse, Associated Press, 20 de fevereiro de 2004.

85-100 A LONGA E ESTRANHA VIAGEM DE SUDHIR VENKATESH À TOCA DO CRACK: à época em que este livro foi escrito, Venkatesh era professor-assistente de sociologia e Estudos Afro-Americanos na Universidade de Columbia./ **85-91 O material biográfico** sobre Venkatesh foi colhido principalmente em entrevistas do autor. Vide, também, "The Gang Way", de Jordan Marsh, *Chicago Reader*, 8 de agosto de 1997 e "The Science of Fitting In", de Robert L. Kaiser, *Chicago Tribune*, 10 de dezembro de 2000./ **91-99 As peculiaridades da gangue do crack** foram abordadas em quatro trabalhos de Sudhir Alladi Venkatesh e Steven D. Levitt: "The Financial Activities of an Urban Street Gang", *Quarterly Journal of Economics 115*, n. 3 (agosto de 2000), p. 755-89; "'Are We a Family or a Business?' History and Disjuncture in the Urban American Street Gang", *Theory and Society 29* (outono de 2000), p. 427-62; "Growing Up in the Projects: The Economic Lives of a Cohort of Men Who Came of Age in Chicago Public Housing", *American Economic Review 91*, n. 2 (2001), p. 79-84 e "The Political Economy of an American Street Gang", teses da American Bar Foundation, 1998. Vide, ainda, "American Project: The Rise and Fall of a Modern Ghetto", de Sudhir Alladi Venkatesh (Cambridge, Mass: Harvard University Press, 2000)./ **96 O tráfico de crack: o emprego mais perigoso nos Estados Unidos**: segundo o Bureau de Estatísticas do Trabalho, as dez mais perigosas atividades legais são as de madeireiro, pescador, piloto e navegador, operário encarregado de estruturas de metal, vendedor motorizado, reparador de telhados, eletricista, trabalhador rural, operário da construção civil e motorista de caminhão.

100 A INVENÇÃO DAS MEIAS DE NÁILON: foi Wallace Carothers, um jovem químico de Iowa funcionário da DuPont que, depois de sete anos de tentativas, descobriu uma forma de soprar polímeros líquidos através de minúsculos bicos para criar uma fibra de fios superfortes. Era o náilon. Vários anos mais tarde, a DuPont distribuiu as meias de náilon em Nova York e em Londres. Ao contrário da lenda, o nome do tecido miraculoso não resultou da combinação dos nomes dessas duas cidades, como também não se trata, como afirmam os boatos, de um acrônimo para "Now You've Lost, Old Nippon" (Agora você está perdido, Japão), uma cutucada no mercado de seda japonês, até então absoluto. O nome, na verdade, era uma corruptela de "No Run" (não desfia), uma promessa que as novas meias não foram capazes de cumprir, fato que em nada diminuiu o seu sucesso. Carothers, um depressivo de longa data, não viveu para ver sua invenção virar moda: suicidou-se em 1937 ingerindo cianureto. Vide *Enough for One Lifetime: Wallace Carothers, Inventor of Nylon*, de Matthew E. Hermes (Filadélfia: Chemical Heritage Foundation, 1996).

101 A GÍRIA DO CRACK: o Greater Dallas Council on Alcohol and Drug Abuse coletou um leque altamente interessante de nomes populares para a cocaína. Para a cocaína em pó: Badrock, Bazooka, Beam, Berni, Bernice, Big C, Blast, Blizzard, Blow, Blunt, Bouncing Powder, Bump, C, Caballo, Caine, Candy, Caviar, Charlie, Chicken Scratch, Coca, Cocktail, Coconut, Coke, Cola, Damablanca, Dust, Flake, Fex, Florida Snow, Foo Foo, Freeze, G-Rock, Girl, Goofball, Happy Dust, Happy Powder, Happy Trails, Heaven, King, Lady, Lady Caine, Late Night, Line, Mama Coca, Marching Dust/Powder, Mojo, Monster, Mujer, Nieve, Nose, Nose Candy, P-Dogs, Peruvian, Powder, Press, Prime Time, Rush, Shot, Sleighride, Sniff, Snort, Snow, Snowbirds, Soda, Speedball, Sporting, Stardust, Sugar, Sweet Stuff, Toke, Trails, White Lady, White Powder, Yeyo, Zip. Para cocaína para fumar: Base, Ball, Beat, Bisquits, Bonés, Boost, Boulders, Brick, Bump, Cakes, Casper, Chalk, Cookies, Crumbs, Cubes, Farbags, Freebase, Gravel, Hardball, Hell, Kibbles n'Bits, Kryptonite, Love, Moonrocks, Nuggets, Onion, Pebbles, Piedras, Piece, Ready Rock, Roca, Rock(s), Rock Star, Scotty, Scrabble, Smoke House, Stones, Teeth, Tornado.

102 JOHNNY REI DO CRACK: Oscar Danilo Blandon e sua alegada aliança com a CIA são discutidos em detalhe e de uma forma que suscitou enorme controvérsia em uma série em três partes chamada "San Jose Mercury News", de Gary Webb, lançada em 18 de agosto de 1996. Vide, ainda, "Though Evidence is Thin, Tale of CIA and Drugs Has a Life of Its Own", de Tim Golden, *New York Times*, 21 de outubro de 1996 e *Dark Alliance: The CIA, the Contras, and the Crack Cocaine Explosion*, de Gary Webb (Nova York: Seven Stories Press, 1998). O Departamento de Justiça americano examinou detalhadamente a questão mais tarde, em *The CIA-Contra-Crack Cocaine Controversy: A Review of the Justice Department's Investigations and Prosecutions*, disponível no site www.usdoj_gov/oig/special/9712/ch01p1.htm.

103 AS GANGUES NOS ESTADOS UNIDOS: vide *The Gang*, de Frederick Thrasher (Chicago: University of Chicago Press, 1927).

104-05 A REDUÇÃO DE VÁRIOS ABISMOS ENTRE NEGROS E BRANCOS ANTES DO CRACK: vide "An Overview of Social and Economic Trends By Race", de Rebecca Blank, em *America Becoming: Racial Trends and Their Consequences*, ed Neil J. Smelster, William Julius Wilson e Faith Mitchell (Washington, DC: National Academy Press, 2001), pgs. 21-40./ **105 Com relação à mortalidade de crianças negras**, vide "Civil Rights, the War on Porverty, and Black-White Convergence in Infant Mortalitity in Mississipi", de Douglas V. Almond, Kenneth Y. Chay e Michael Greenstone, teses do National Bureau of Economic Research, 2003.

105-06 OS INÚMEROS EFEITOS DESTRUTIVOS DO CRACK são discutidos em "The Impact of Crack Cocaine", de Roland G. Fryer Jr., Paul Heaton, Steven D. Levitt e Kevin Murphy, tese da Universidade de Chicago, 2005.

4. ONDE FORAM PARAR TODOS OS CRIMINOSOS?

109-11 O VÍNCULO ABORTO-CRIMINALIDADE é exposto em "O Impacto da Legalização do Aborto sobre a Criminalidade", de John J. Donohue III e Steven D. Levitt, *Quarterly Journal of Economics* 116, n. 2 (2001), pp. 379-420. Outros estudiosos discordam de partes da teoria. Vide "A Legalização do Aborto Reduziu a Criminalidade?", de Ted Joyce, *Journal of Human Resources* 39, n. 1 (2004), pp. 1-28, bem como a resposta de Donohue-Levitt, "Provas Adicionais de que a Legalização do Aborto Reduziu a Criminalidade: Uma Resposta a Joyce", *Journal of Human Resources*, 39, n. 1 (2004), pp. 29-49. Vide, ainda, "Testando a Hipótese Econômica com Dados em Nível Estadual": Um comentário sobre Donohue e Levitt (2001)", estudo do Federal Reserve Bank of Boston, no. 05-15 (2005); e, novamente, a resposta de Donohue-Levitt, "Erro de Mensuração, Legalização do Aborto, a Redução da Criminalidade: Uma Resposta a Foote e Goetz (2005)", estudo do National Bureau of Economic Research, 2006.

107-09 A PROIBIÇÃO DE NICOLAE CEAUSESCU AO ABORTO: as informações gerais sobre a Romênia e sobre os Ceausescu foram tiradas de uma variedade de fontes, incluindo "Eastern Europe, the Third Communism", *Time*, 18 de março de 1966; "Ceausescu Ruled with an Iron Grip", *Washington Post*, 26 de dezembro de 1989; "The Ceausescus: 24 Years of Fierce Repression, Isolation and Independence", de Ralph Blumenthal, *The New York Times*, 26 de dezembro de 1989; "In Craddle of Rumanian Revolt, Anger Quickly Overcame Fear", de Serge Schmemann, *The New York Times*, 30 de dezembro de 1989; "Overplanned Parenthood: Ceausescu's Cruel Law", de Karen Breslau, *Newsweek*, 22 de janeiro de 1990 e "The Economic Legacy of Ceausescu", de Nicolas Holman, *Student Economic Review*, 1994./**108 O vínculo entre a proibição romena do aborto e o futuro dos nascituros** foi explorado em uma dupla de trabalhos: "The Impact of an Abortion ban on Socio-Economic Outcomes of Children: Evidence from Romania", de Cristian Pop-Eleches, tese da Universidade de Columbia, 2002 e "The Supply of Birth Control Methods, Education and Fertility: Evidence from România", de Cristian Pop-Eleches, tese da Universidade de Columbia, 2002.

109-10 A GRANDE QUEDA AMERICANA DA CRIMINALIDADE: conforme observado anteriormente, este material foi retirado de "Understanding Why Crime Fell in the 1990's: Four Factors That Explain the Decline and Six That Do Not", de Steven D. Levitt, *Journal of Economic Perspectives, 18* n. 1 (2004), p. 163-90./ **109 A "declaração intencionalmente óbvia" de James Alan Fox:** vide "No Simple Solution for Solving Violent Crimes", de Torsten Ove, *Pitsburgh Post-Gazette*, 12 de setembro de 1999.

112 OS POLÍTICOS ESTAVAM CADA VEZ MAIS COMPLACENTES COM A CRIMINALIDADE: este e vários outros temas correlatos são discutidos em "Stiffer Jail Terms Will Make Gunmen More Gun-Shy", "How to Tackle Crime? Take a Tough, Head-On Stance" e "The Economic Approach to Fighting Crime", de Gary S. Becker e Guity Nashat Becker, todos publicados em *The Economics of Life* (Nova York: McGraw-Hill, 1997), p. 135-44. Os capítulos foram adaptados a partir de artigos na *Business Week* dos mesmos autores.

112-14 MAIOR CONFIANÇA NAS PRISÕES: com relação ao número 15 vezes maior de presos por crimes envolvendo drogas, vide "An Empirical Analysis of Imprisoning Drug Offenders", de Ilyana Kuziemko e Steven D. Levitt, *Journal of Public Economics 88*, n. 9-10 (2004), p. 2043-66./ **113 E se soltássemos todos os presos?** Vide "On Behalf of a Moratorium on Prison Construction", de William Nagel, *Crime and Delinquency 23* (1977), p. 152-74./ **113 "Aparentemente, é preciso ser PhD..."**: vide "Arresting Ideas: Tougher Law Enforcement Is Driving Down Urban Crime", de John J. Dilulio Jr., *Policy Review*, n. 75 (outono de 1995).

114-15 A PENA CAPITAL: para um esclarecimento completo sobre o fato do estado de Nova York não ter executado um único criminoso vide "Capital Punishment in New York State: Statistics from Eight Years of Representation, 1995-2003" (Nova York: Gabinete do Defensor Público de Condenados à Pena Capital, agosto de 2003), disponível no site nycdo.org/8yt.html. Mais recentemente, o Tribunal de Recursos de Nova York considerou a própria pena de morte inconstitucional, suspendendo efetivamente todas as execuções./ **114 Executar 1 criminoso resulta em 7 homicídios a menos**: vide "The Deterrent Effect of Capital Punishment: A Question of Life and Death", de Isaac Ehrlich, *America Economic Review 65* (1975) e "Capital Punishment and Deterrence: Some Further Thoughts and Evidence", de Isaac Ehrlich, *Journal of Political Economy 85* (1977), p. 741-88./ **115 "Não pretendo mais me envolver com a mecânica da morte":** trecho do parecer dissidente do desembargador Harry A. Blackmun em uma sentença de 1994 da Suprema Corte negando provimento à apelação em um caso de pena de morte no Texas, *Callins x Collins*, 510 U.S. 1141 (1994); citado em *Congressional Quarterly Researcher 5*, n. 9 (10 de março de 1995). Vale a pena observar que os júris americanos também parecem ter perdido o apetite para a pena capital – em parte, ao que tudo indica, devido à freqüência com que inocentes têm sido executados nos últimos anos ou inocentados enquanto aguardam a execução no corredor da morte. Na década de 90, 290 criminosos, em média, eram condenados à morte anualmente; nos primeiros quatro anos da década de 2000, esse número caiu para 174. Vide "Fewer Death Sentences Being Imposed in U.S.", de Adam Liptak, *The New York Times*, 15 de setembro de 2004.

115-17 A POLÍCIA REALMENTE REDUZ A CRIMINALIDADE? Vide "Using Electoral Cycles in Police Hiring to Estimate the Effect of Police on Crime", de Steven D. Levitt, *American Economic Review 87*, n. 3 (1997), p. 270-90; "Why Do Increased Arrest Rates Appear to Reduce Crime: Deterrence, Incapacitation, or Measurement Error?", de Steven D. Levitt, *Economical Inquiry 36*, n. 3 (1998), p. 353-72 e "The Response of Crime Reporting Behavior to Changes in the Size of the Police Force: Implications for Studies of Police Effectiveness Using Reported Crime Data", de Steven D. Levitt, *Journal of Quantitative Criminology 14* (fevereiro de 1998), p. 62-81./ **116 A década de 1960 foi ótima para quem queria ser criminoso**: vide *The Economics of Life*, de Gary S. Becker e Guity Nashat Becker (Nova York: Mc Graw-Hill, 1997), p. 142-43.

117-19 O "MILAGRE" DA CRIMINALIDADE EM NOVA YORK: a citada expressão "período ateniense" surgiu numa entrevista do autor com o ex-comandante da polícia William J. Gorta, um dos inventores do CompStat./ **118 A teoria da janela quebrada**: vide "Broken Windows: The Police and Neighborhood Safety", de George L. Kelling, *Atlantic Monthly*, março de 1982./ **120 A contratação de mais policiais por Bratton em Los Angeles**: vide "The Gang Buster", de Terry McCarthy, *Time*, 19 de janeiro de 2004.

120-24 AS LEIS CONTRA AS ARMAS: quanto ao fato de haver mais armas do que adultos nos Estados Unidos, vide *Guns in America: Result of a Comprehensive Survey of Gun Ownership and Use*, de Philip Cook e Jens Ludwig (Washington: Police Foundation, 1996)./ **121 O vínculo arma-criminalidade**: vide "More Guns, More Crime", de Mark Duggan, *Journal of Political Economy 109*, n. 5 (2001), p. 1086-1114./ **122 Armas na Suíça**: vide "Armed to the Teeth, and Free", de Stephen P. Halbrook, *Wall Street Journal Europe*, 4 de junho de 1999./ **122 A inócua Lei Brady**: vide "Homicide and Suicide Rates Associated with Implementation of the Brady Handgun Violence Prevention Act", de Jens Ludwig e Philip

Cook, *Journal of the American Medical Association 284*, n. 5 (2000) p. 585-91./ **122 Infratores que compram armas no mercado negro**: vide "Armed and Considered Dangerous: A Survey of Felons and Tehir Firearms", de James D. Wright e Peter H. Rossi (Hawthorne, NY: Aldine de Gruyter, 1986)./ **123 A troca da arma pela psicoterapia**: vide "Wise Climb-Down, Bad Veto", *Los Angeles Times*, 5 de outubro de 1994./ **123 Por que a entrega remunerada de armas não funciona**: vide "Money for Guns: Evaluation of the Seattle Gun Buy-Back Program", de C. Callahan, F. Rivera e T. Koepsell, *Public Health Reports 109*, n. 4 (1994), p. 472-77; "Youth Violence in Boston: Gun Mrkets, Serious Youth Offenders, a a Use-Reduction Strategy", de David Kennedy, Anne Piehl e Anthony Braga, *Law and Contemporary Problems 59* (1996), p. 147-83 e "Austrália: A Massive Buy-back of Low-Risk Guns", de Peter Reuter e Jenny Mouzon, em *Evaluating Gun Policy: Effects on Crime and Violence*, ed. Jens Ludwig e Philip Cook (Washington, DC: Brookings Institution, 2003)./ **123-24 A teoria do "direito de portar" de John Lott**: vide "Right-to-Carry Concealed Guns and the Importance of Deterrence, de John R. Lott Jr. e Devid Mustard, *Journal of Legal Studies 26* (janeiro de 1997), p. 1-68 e *More Guns, Less Crime: Understanding Crime and Gun Control Laws*, de John R. Lott Jr. (Chicago: University of Chicago Press, 1998)./ **124 John Lott como Mary Rosh**: vide "The Mistery of Mary Rosh", de Julian Sanchez, *Reason*, maio de 2003 e "Scholar Invents Fan to Answer His Critics", de Richard Morin, *Washington Post*, 1 de fevereiro de 2003./ **124 Derrubada a teoria sobre armas de Lott**: vide "Shooting Down the 'More Guns, Less Crime's Hypothesis'", de Ian Ayeres e John J. Donohue III, *Stanford Law Review 55*(2003), p. 1193-1312 e "More Guns, More Crimes", de Mark Duggan, *Journal of Political Economy 109*, no. 5 (2001), p. 1086-1114.

124-25 O ESTOURO DA BOLHA DO CRACK: para uma abordagem da história do crack e suas peculiaridades, vide "The Impact of Crack Cocaine", de Roland G. Fryer Jr., Paul Heaton, Steven Levitt e Kevin Murphy, tese da Universidade de Chicago, 2005./ **124 25 por cento de homicídios**: vide "Crack and Homicide in New York City: A Case Study in the Epidemiology of Violence", de Paul J.

Gldstein, Henry H. Brownstein, Patrick J. Ryan e Patricia A. Bellucci, em *Crack in America: Demon Drugs and Social Justice*, ed. Craig Reinarman e Harry G. Levine (Berkeley: University of California Press, 1997), pgs. 113-30.

126-27 A TEORIA DO "ENVELHECIMENTO DA POPULAÇÃO": vide "The Limited Role of Changing Age Structure in Explaining Aggregate Crime Rates", de Steven D. Levitt, *Criminology 37* n. 3 (1999), pgs. 581-99. Embora a teoria do envelhecimento esteja atualmente descartada, estudiosos de renome continuam a circulá-la. Vide "Most Crimes of Violence and Property Hover at 30-Year Low", de Matthew L. Wald, *The New York Times*, 13 de setembro de 2004, em que Lawrence A. Greenfield, diretor do Bureau of Justice Statistics, diz: "É provável que não exista um fator isolado que explique por que os índices de criminalidade vêm caindo ao longo de todos esses anos, encontrando-se atualmente em seu nível mais baixo desde que começamos a mensurá-los em 1973. Isso deve ter relação com o elemento demográfico e, muito provavelmente, com o fato de muitos infratores contumazes estarem presos."/ **126 "No horizonte espreita uma nuvem"**: vide "Crime and Public Policy", de James Q. Wilson, em *Crime*, ed. James Q. Wilson e Joan Petersilia (São Francisco: ICS Press, 1995), p. 507.

126-35 O VÍNCULO ABORTO-CRIMINALIDADE: para uma noção geral, vide "The Impact of Legalized Abortion on Crime", de John J. Donohue III e Steven D. Levitt, *Quarterly Journal of Economics 116*, n. 2 (2001), p. 379-420 e "Further Evidence That Legalized Abortion Lowered Crime: A Response to Joyce", de John J. Donohue III e Steven D. Levitt, *Journal of Human Resources 39*, n. 1 (2004), p. 29-49./ **127 Estudos sobre o aborto na Europa Oriental e na Escandinávia**: vide "The Psychological Sequelae of Therapeutic Abortion – Denied and Completed", de P.K. Dagg, *American Journal of Psychiatry 148*, n. 5 (maio de 1991), p. h578-85 e *Born Unwanted: Developmental Effects of Denied Abortion*, de Henry David, Zdenek Dytrych et al. (Nova York: Springer, 1998)./ **127-28 O parecer em *Roe x Wade***: *Roe x Wade*, 410 U.S. 113(1973)./ **129 Um estudo demonstrou que a criança típica:** vide "Abortion Legalization and Child Living Circunstances: Who is the 'Marginal Child'?", de Jonathan Gruber, Philip P. Levine e Douglas Staiger, *Quarterly Journal of Economics 114* (1999) p. 263-91./ **129 Os mais determinantes indicadores de um futuro criminoso**: vide "Family Factors as Correlates and Predictors of Juvenile Conduct Problems and Deliquency", de Rolf Loeber e Magda Stouthamer-Loeber, *Crime and Justice, vol* 7, ed. Michael Tonry e Norval Morris (Chicago: University of Chicago Press, 1986). Vide, também, *Crime in the Making: Pathways and Turning Points Through Life*, de Robert Sampson e John Laub (Cambridge, Mass.: Harvard University Press, 1993)./ **129 Assim como ter uma mãe adolescente**: vide "The Impact of Income and Family Structure on Deliquency", de William S. Comanor e Llad Phillips, tese da Universidade da Califórnia – Santa Bárbara, 1999./ **129 Outro estudo mostrou que a baixa instrução materna**: "Maternal Smoking During Preganancy and Risk of Criminal Behavior Among Adult Male Offspring in the Northern Finland 1966 Birth Cohort", de Pijkko Rasanen et al., *American Journal of Psychiatry 156* (1999), p. 857-62./ **129 O infanticídio teve queda dramática**: vide "Legalized Abortion and the Homicide of Young Children: An Empirical Investigation", de Susan Sorenson, Douglas Wiebe e Richard Berk, *Analyses of Social Issues and Public Policy 2*, n. 1 (2002), p. 239-56./ **131-32 Estudos na Austrália e no Canadá**: vide "Does Increased Abortion Lead to Lower Crime? Evaluating the Relationship between Crime, Abortion and Fertility", de Anindya Sen, manuscrito não publicado, e "Abortion and Crime", de Andrew Leigh e Justin Wolfers, *AQ:Journal of Contemporary Analysis* 72, n. 4 (2000), p. 28-30./ **132 Muitos dos fetos do sexo feminino abortados**: vide "The Impact of Legalized Abortion on Teen Childbearing", de John J. Donohue III, Jeffrey Grogger e Steven D. Levitt, tese da Universidade de Chicago, 2002./ **132 O aborto é pior do que a escravidão**: vide "Accusing Justice: Some Variations on the Themes of Robert M. Cover's *Justice Accused*", de Michael S. Paulsen, *Journal of Law and Religion* 7, n. 33 (1989), pgs. 33-97./ **132 O aborto como "o único instrumento eficaz na prevenção da criminalidade"**: vide *The Police Mystique: An Insider's Look at Cops, Crime, and the Criminal Justice System*, de Anthony V.

Bouza (Nova York: Plenum, 1990)./ **133 Nove milhões para salvar uma coruja pintalgada**: vide "Economics of the Endangered Species Act", de Gardner M. Brown e Jason F. Shogren, *Journal of Economic Perspectives 12*, n. 3 (1998) p. 3-20./ **133 Trinta e um dólares para evitar outro derramamento de óleo como o do *Exxon Valdez***: vide "Assessing Damages for the Exxon Valdez Oil Spill", de Glenn W. Harrison, tese da Universidade do Centro da Flórida, 2004./ **133-34 Lista de preços das partes do corpo**: obtida a partir do Worker's Compensation Information Packet do estado de Connecticut, p. 27, disponível no site wcc.state.ct.us/download/acrobat/info-packet.pdf.

5. O QUE FAZ UM PAI SER PERFEITO?

137-40 A INCONSTANTE SABEDORIA DOS ESPECIALISTAS EM PARENTALIDADE: *Raising America: Experts, Parents, and a Century of Advice About Children*, de Ann Hulbert (Nova York: Knopf, 2003) é um compêndio extremamente útil de conselhos aos pais./ **137-38 A "estratégia para cuidar de bebês" e o conselho sobre a falta de sono com a chancela de Gary Ezzo**: vide *On Becoming Babywise*, de Gary Ezzo e Robert Bucknam (Sisters, Oregon: Multnomah, 1995), p. 32 e 53./ **138 T. Berry Brazelton e a criança "interativa"**: *Infants and Mothers: Difference in Development*, edição revisada, de T. Berry Brazelton (Nova York: Delta/Seymour Lawrence, 1983), p. xxiii./ **138 O alerta de Emmet Holt contra "estímulos indevidos"**: *The Happy Baby*, de L. Emmet Holt (Nova York: Dodd, Mead, 1924), p. 7./ **138 O choro como "exercício do bebê"**: *The Care and Feeding of Children: A Catechism for the Use of Mothers and Children's Nurses*, de L. Emmet Holt (Nova York: Appleton, 1894), pg. 53.

139-42 UMA ARMA OU UMA PISCINA? Vide "Pools More Dangerous than Guns", de Steven Levitt, *Chicago Sun-Times*, 28 de julho de 2001.

140-44 A OPINIÃO DE PETER SANDMAN SOBRE O MAL DA VACA LOUCA E OUTROS RISCOS: vide "Squeaky Clean? Not Even Close", de Amanda Hesser, *The New York Times*, 28 de janeiro de 2004 e

"The Peter Sandman Risk Communication Web Site", em http:// www.psandman.com/index.htm.

144-47 QUANTA IMPORTÂNCIA REALMENTE TÊM OS PAIS? Vice *The Nurture Assumption: Why Children Turn Out the Way They Do*, de Judith Rich Harris (Nova York: Free Press, 1998). Para um perfil de Judith Harris que também fornece uma excelente abordagem da polêmica natureza-criação, vide "Do Parents Matter?", de Malcolm Gladwell, *The New Yorker*, 17 de agosto de 1998 e "Peer Pressure", de Carol Tavris, *The New York Times Book Review*, 13 de setembro de 1998./ **145 "Lá vem mais uma"**: vide Tavris, *The New York Times*./ **145 Pinker chamou de "perturbadoras" as idéias de Judith Harris**: "Sibling Rivalry: Why the Nature/Nurture Debate Won't Go Away", de Steven Pinker, *Boston Globe*, 13 de outubro de 2002, adaptado a partir de *The Blank Slate: The Modern Dinial of Human Nature*, de Steven Pinker (Nova York: Viking, 2002).

147-50 A ESCOLHA DE ESCOLAS EM CHICAGO: este material foi colhido em "The Impact of School Choice on Student Outcomes: An Analysis of the Chicago Public Schools", de Julie Berry Cullen, Brian Jacob e Steven D. Levitt, *Journal of Public Economics*, em edição e "The Effect of School Choice on Student Outcomes: Evidence from Randomized Lotteries", de Julie Berry Cullen, Brian Jacob e Steven D. Levitt, trabalho do National Bureau of Economic Research, 2003.

150 ALUNOS QUE CHEGAM À ESCOLA SECUNDÁRIA DESPREPARADOS PARA ACOMPANHAR O CURRÍCULO: vide "More Students Passing Regents, but Achievement Gap Persists", de Tamar Lewin, *The New York Times*, 18 de março de 2004.

150 O ABISMO ENTRE A RENDA DE NEGROS E A DE BRANCOS REFLETE O ABISMO ENTRE SUAS NOTAS ESCOLARES NA OITAVA SÉRIE: vide "The Role of Pré-Market Factors in Black-White Wage Differences", de Derek Neal e William R. Johnson, *Journal of Political Economy 104* (1996), p. 869-95 e "The Role of Human Capital in Earnings Differences Between Black and White Men", de June O'Neill, *Journal of Economic Perspectives 4*, n. 4 (1990), p. 25-46./ **150 "Redução da**

diferença das notas escolares de negros e brancos": vide "America's Next Achievement Test: Closing the Black-White Test Score Gap", de Christopher Jencks e Meredith Phillips, *American Prospect 40* (setembro-outubro de 1998), p. 44-53.

151 "COMPORTAMENTO BRANCO": vide "The Economics of 'Acting White', de David Austen-Smith e Roland G. Fryer Jr., trabalho de National Bureau of Economic Research, 2003./ **151 Kareem Abdul-Jabbar**: *Giant Steps*, de Kareem Abdul-Jabbar e Peter Knobler (Nova York: Bantam, 1983), p. 16.

151-65 O ABISMO ENTRE AS NOTAS ESCOLARES DOS NEGROS E AS DOS BRANCOS E O ESTUDO LONGITUDINAL DA PRIMEIRA INFÂNCIA: este material foi obtido em "Understanding the Black-White Score Gap in the First Two Years of School", de Roland G. Fryer Jr. e Steven D. Levitt, *The Review of Economics and Statistics 86*, n. 2 (2004), p. 447-464. Enquanto este trabalho contém uma rápida abordagem da correlação entre as notas escolares e os fatores de ordem doméstica (se a criança assiste à tevê, se é espancada etc.), esses dados são passados em revista no apêndice do trabalho. Com relação ao Estudo Longitudinal da Primeira Infância propriamente dito, uma visão geral do mesmo pode ser obtida em nces.ed.gov/ecls/.

161 PAIS ADOTIVOS COM QIs MAIS ALTOS DO QUE A MÃE BIOLÓGICA: vide "The Nature and Nurture of Economic Outcomes", de Bruce Sacerdote, trabalho do National Bureau of Economic Research, 2000.

163 A INSTRUÇÃO NA FINLÂNDIA: vide "Educators Flocking to Finland, Land of Literate Children", de Lizette Alvarez, *The New York Times*, 9 de abril de 2004.

164 UM LIVRO PARA CADA CRIANÇA: vide "Governor Wants Books for Tots: Kids Would Get 60 by Age 5 in Effort to Boost Literacy", de John Keilman, *Chicago Tribune*, 12 de janeiro de 2004.

166-67 A INFLUÊNCIA DOS PAIS ADOTIVOS: vide "The Nature and Nurture of Economic Outcomes", de Sacerdote.

6. PAIS PERFEITOS, PARTE II; OU: UMA ROSHANDA SERIA TÃO DOCE SE TIVESSE OUTRO NOME?

169-70 A HISTÓRIA DE LOSER LANE: colhida em entrevistas do autor e em "Winner and Loser: Names Don't Decide Destiny", de Sean Gardiner, *Newsday*, 22 de julho de 2002.

170-71 O JUIZ E A PROVOCADORA (TEMPTRESS): baseado em entrevistas do autor.

172 ROLAND G. FRYER E O ESTUDO DO SUBDESEMPENHO DOS NEGROS: colhido em entrevistas do autor.

172-73 A DIFERENÇA DAS MARCAS DE CIGARRO DE NEGROS E BRANCOS; vide "Cigarette Brand Preferences Among Adolescents", de Lloyd Johnston, Patrick O'Malley, Jerald Bachman e John Schulenberg, *Monitoring the Future Occasional Paper 45*, Intitute for Social Research, Universidade de Michigan, 1999.

172-79 NOMES NEGROS (E OUTRAS DIFERENÇAS CULTURAIS ENTRE NEGROS E BRANCOS): vide "The Causes and Consequences of Distinctively Black Names", de Roland G. Fryer Jr. e Steven D. Levitt, *Quarterly Journal of Economics 119*, n. 3 (agosto de 2004), p. 767-805.

176 CURRÍCULOS "BRANCOS" GANHAM DE CURRÍCULOS "NEGROS": o mais recente estudo atuarial a chegar a uma conclusão foi "Are Emily and Greg More Employable than Lakisha and Jamal? A Field Experiment Evidence on Labor Market Discrimination", de Marianne Bertrand e Sendhil Mullainathan, trabalho do National Bureau of Economic Research, 2003.

177-78 YO XING HEYNO AUGUSTUS EISNER ALEXANDER WEISER KNUCKLES JEREMIJENKO-CONLEY: vide "A Boy Named Yo, Etc.: Name Changes, Both Practical and Fanciful, Are on the Rise", de Tara Bahrampour, *The New York Times*, 25 de setembro de 2003.

178 MICHAEL GOLDBERG, SIKH NASCIDO NA ÍNDIA: vide "Livery Driver Is Wounded in a Shooting", de Robert F. Worth, *The New York Times*, 9 de fevereiro de 2004.

178 WILLIAM MORRIS, NASCIDO ZELMAN MOSES: entrevista do autor com Alan Kannof, ex-diretor de operações da Agência William Morris.

180 MARCAS COMO PRENOMES: colhido nos dados relativos a certidões de nascimento da Califórnia e abordado em "Naming the Baby: Parents Brand Tehir Tot with What's Hot", de Stephanie Kang, *The Wall Street Journal*, 26 de dezembro de 2003.

180 UMA GAROTA CHAMADA SHITHEAD: é possível que a mulher que ligou para o programa radiofônico para contar a Roland Fryer sobre sua sobrinha Shithead estivesse mal informada ou até mesmo mentindo. Não obstante, ela não é a única a considerar que os nomes negros algumas vezes extrapolam: Bill Cosby, durante um discurso em maio de 2004 na NAACP (Associação Nacional para o Avanço de Pessoas de Cor) por ocasião da solenidade do 50º aniversário do caso *Brown x Conselho de Educação* repreendeu os negros de baixa renda por uma variedade de atitudes autodestrutivas, inclusive a de pôr nos filhos nomes pertencentes a "guetos". Cosby foi sumariamente criticado tanto por brancos quanto por negros (vide "The New Cosby Kids", de Barbara Ehrenreich, *The New York Times*, 8 de julho de 2004 e "America's Granddad Gets Ornery", de Debra Dickerson, *Slate*, 13 de julho de 2004). Logo após, o secretário de Educação da Califórnia, Richard Riordan – o abastado ex-prefeito branco de Los Angeles – foi vítima de ataques sob a alegação de racismo (vide "Riordan Stung by 'Gotcha' News", de Tim Rutten, *Los Angeles Times*, 10 de julho de 2004). Riordan, em visita a uma biblioteca em Santa Bárbara para promover um projeto de leitura, conheceu uma menina chamada Isis, que lhe disse que seu nome significava "princesa egípcia". Riordan, tentando ser engraçado, respondeu: "O significado é 'ignorante', sua nojenta." A indignação daí resultante levou os ativistas negros a pedirem a renúncia de Riordan. Mervyn Dymally, um congressista negro de Compton, explicou que Isis era "uma menina afro-americana. Será que ele teria feito o mesmo com uma menina branca?" A verdade, porém, é que Isis *era* branca. Alguns ativistas tentaram manter vivo o protesto contra Riordan, mas a mãe de Isis, Trinity, encorajou-os a afrouxar a

pressão. A filha, explicou ela, não havia levado a sério a brincadeira de Riordan. "Tenho a impressão", disse Trinity, "de que ela o achou meio bobão".

184 UMA LISTA BEM MAIS COMPRIDA DE NOMES DE MENINOS E MENINAS: a seguir uma coleção aleatória de nomes que são interessantes, bonitos, incomuns, muito comuns ou que são típicos do grau de instrução que representam (cada um deles com índice mínimo de ocorrência de dez vezes no banco de nomes da Califórnia).

ALGUNS NOMES DE MENINAS
(anos de escolaridade da mãe entre parênteses)*

Abigail (14,72), Adelaide (15,33), Alessandra (15,19), Alexandra (14,67), Alice (14,30), Alison (14,82), Allison (14,54), Amalia (15,25), Amanda (13,30), Amber (12,64), Amy (14,09), Anabelle (14,68), Anastasia (13,98), Angelina (12,74), Annabel (15,40), Anne (15,49), Anya (14,97), Ashley (12,89), Autumn (12,86), Ava (14,97), Aziza (11,52), Bailey (13,83), Beatrice (14,74), Beatriz (11,42), Belinda (12,79), Betty (11,50), Breanna (12,71), Britt (15,39), Brittany (12,87), Bronte (14,42), Brooklyn (13,50), Brooklynne (13,10), Caitlin (14,36), Caitlynn (13,03), Cammie (12,00), Campbell (15,69), Carly (14,25), Carmella (14,25), Cassandra (13,38), Cassidy (13,86), Cate (15,23), Cathleen (14,31), Cecilia (14,36), Chanel (13,00), Charisma (13,85), Charlotte (14,98), Chastity* (10,66), Cherokee (11,86), Chloe (14,52), Christina (13,59), Ciara (13,40), Cierra (12,97), Cordelia (15,19), Courmey (13,55), Crimson (11,53), Cynthia (12,79), Dahlia (14,94), Danielle (13,69), Daphne (14,42), Darlene (12,22), Dawn (12,71), Deborah (13,70), December (12,00), Delilah (13,00), Denise (12,71), Deniz (15,27), Desiree (12,62), Destiny (11,65), Diamond (11,70), Diana (13,54), Diane (14,10), Dora (14,31), Eden (14,41), Eileen (14,69), Ekaterina (15,09), Elizabeth (14,25), Elizabethann (12,46), Ella (15,30), Ellen (15,17), Emerald (13,17), Emily (14,17), Emma (15,23), Faith (13,39), Florence (14,83),

*Com relação à adolescente chamada Temptress da p. 170, a julgar pela má posição ocupada por "Chastity" (castidade) na lista, é improvável que auferisse grandes benefícios caso se chamasse Chastity.

Francesca (14,80), Frankie (12,52), Franziska (15,18), Gabrielle (14,26), Gennifer (14,75), Georgia (14,82), Geraldine (11,83), Ginger (13,54), Grace (15,03), Gracie (13,81), Gretchen (14,91), Gwyneth (15,04), Haley (13,84), HalIe (14,86), Hannah (14,44), Hilary (14,59), Hillary (13,94), Ilana (15,83), Ilene (13,59), Indigo (14,38), Isabel (15,31), Isabell (13,50), Ivy (13,43), Jacquelin (12,78), Jacqueline (14,40), Jade (13,04), Jamie (13,52), Jane (15,12), Janet (12,94), Jeanette (13,43), Jeannette (13,86), Jemma (15,04), Jennifer (13,77), Johanna (14,76), Jordan (13,85), Joyce (12,80), Juliet (14,96), Kailey (13,76), Kara (13,95), Karissa (13,05), Kate (15,23), Katelynne (12,65), Katherine (14,95), Kayla (12,96), Kelsey (14,17), Kendra (13,63), Kennedy (14,17), Kimia (15,66), Kylie (13,83), Laci (12,41), Ladonna (11,60), Lauren (14,58), Leah (14,30), Lenora (13,26), Lexington (13,44), Lexus (12,55), Liberty (13,36), Liesl (15,42), Lily (14,84), Linda (12,76), Linden (15,94), Lizabeth (13,42), Lizbeth (9,66), Lucia (13,59), Lucille (14,76), Lucy (15,01), Lydia (14,40), MacKenzie (14,44), Madeline (15,12), Madison (14,13), Mandy (13,00), Mara (15,33), Margaret (15,14), Mariah (13,00), Mary (14,20), Matisse (15,36), Maya (15,26), Meadow (12,65), Megan (13,99), Melanie (13,90), Meredith (15,57), Michaela (14,13), Micheala (12,95), Millicent (14,61), Molly (14,84), Montana (13,70), Naomi (14,05), Naseem (15,23), Natalie (14,58), Nevada (14,61), Nicole (13,77), Nora (14,88), Olive (15,64), alivia (14,79), Paige (14,04), Paisley (13,84), Paris (13,71), Patience (11,80), Pearl (13,48), Penelope (14,53), Phoebe (15,18), Phoenix (13,28), Phyllis (11,93), Portia (15,03), Precious (11,30), Quinn (15,20), Rachel (14,51), Rachell (11,76), Rebecca (14,05), Renee (13,79), Rhiannon (13,16), Rikki (12,54), Ronnie (12,72), Rosalind (15,26), Ruby (14,26), Sabrina (13,31), Sadie (13,69), Samantha (13,37), Sarah (14,16), Sasha (14,22), Sayeh (15,25), Scarlett (13,60), Selma (12,78), September (12,80), Shannon (14,11), Shayla (12,77), Shayna (14,00), Shelby (13,42), Sherri (12,32), Shira (15,60), Shirley (12,49), Simone (14,96), Siobhan (14,88), SkyIynn (12,61), Solveig (14,36), Sophie (15,45), Stacy (13,08), Stephanie (13,45), Stevie (12,67), Storm (12,31), Sunshine (12,03), Susan (13,73), Suzanne (14,37), Svetlana (11,65), Tabitha (12,49), Talia (15,27), Tallulah (14,88), Tatiana (14,42), Tatum (14,25), Taylor (13,65), Tess (14,83), Tia (12,93), Tiffany (12,49), Tracy (13,50), Trinity (12,60), Trudy (14,88), Vanessa (12,94), Venus (12,73), Veronica (13,83), Veronique (15,80), Violet (13,72), Whitney (13,79), Willow (13,83), Yael (15,55), Yasmine (14,10), Yvonne (13,02) e Zoe (15,03).

ALGUNS NOMES DE MENINOS
(anos de escolaridade da mãe entre parênteses)

Aaron (13,74), Abdelrahman (14,08), Ace (12,39), Adam (14,07), Aidan (15,35), Alexander (14,49), Alistair (15,34), Andrew (14,19), Aristotle (14,20), Ashley (12,95), Atticus (14,97), Baylor (14,84), Bjorn (15,12), Blane (13,55), Blue (13,85), Brian (13,92), Buck (12,81), Bud (12,21), Buddy (11,95), Caleb (13,91), Callum (15,20), Carter (14,98), Chaim (14,63), Christ (11,50), Christian (13,55), Clyde (12,94), Cooper (14,96), Dakota (12,92), Daniel (14,01), Dashiell (15,26), David (13,77), Deniz (15,65), Dylan (13,58), Eamon (15,39), Elton (12,23), Emil (14,05), Eric (14,02), Finn (15,87), Forrest (13,75), Franklin (13,55), Gabriel (14,39), Gary (12,56), Giancarlo (15,05), Giuseppe (13,24), Graydon (15,51), Gustavo (11,68), Hashem (12,76), Hugh (14,60), Hugo (13,00), Idean (14,35), Indiana (13,80), Isaiah (13,12), Jackson (15,22), Jacob (13,76), Jagger (13,27), Jamieson (15,13), Jedidiah (14,06), Jeffrey (13,88), Jeremy (13,46), Jesus (8,71), Jihad (11,60), Johan (15,11), John-Paul (14,22), Jonathan (13,86), Jordan (13,73), Jorge (10,49), Joshua (13,49), Josiah (13,98), Jules (15,48), Justice (12,45), Kai (14,85), Keanu (13,17), Keller (15,07), Kevin (14,03), Kieron (14,00), Kobe (13,12), Kramer (14,80), Kurt (14,33), Lachlan (15,60), Lars (15,09), Leo (14,76), Lev (14,35), Lincoln (14,87), Lonny (11,93), Luca (13,56), Malcolm (14,80), Marvin (11,86), Max (14,93), Maximilian (15,17), Michael (13,66), Michelangelo (15,58), Miro (15,00), Mohammad (12,45), Moises (9,69), Moses (13,11), Moshe (14,41), Muhammad (13,21), Mustafa (13,85), Nathaniel (14,13), Nicholas (14,02), Noah (14,45), Norman (12,90), Oliver (15,14), Otlando (12,72), Otto (13,73), Parker (14,69), Parsa (15,22), Patrick (14,25), Paul (14,13), Peter (15,00), Philip (14,82), Philippe (15,61), Phoenix (13,08), Presley (12,68), Quentin (13,84), Ralph (13,45), Raphael (14,63), Reagan (14,92), Rex (13,77), Rexford (14,89), Rocco (13,68), Rocky (11,47), Roland (13,95), Romain (15,69), Royce (13,73), Russell (13,68), Ryan (14,04), Sage (13,63), Saleh (10,15), Satchel (15,52), Schuyler (14,73), Sean (14,12), Sequoia (13,15), Sergei (14,28), Sergio (11,92), Shawn (12,72), Shelby (12,88), Simon (14,74), Slater (14,62), Solomon (14,20), Spencer (14,53), Stephen (14,01), Stetson (12,90), Steven (13,31), Tanner (13,82), Tariq (13,16), Tennyson (15,63), Terence (14,36), Terry (12,16), Thaddeus (14,56), Theodore (14,61), Thomas (14,08), Timothy (13,58), Toby (13,24), Trace (14,09),

Trevor (13,89), Tristan (13,95), Troy (13,52), Ulysses (14,25), Uriel (15,00), Valentino (12,25), Virgil (11,87), Vladimir (13,37), Walker (14,75), Whitney (15,58) , Willem (15,38), William (14,17), Willie (12,12), Winston (15,07), Xavier (13,37), Yasser (14,25), Zachary (14,02), Zachory (11,92), Zane (13,93) e Zebulon (15,00).

189 OS NOMES MAIS POPULARES PARA MENINAS, 1960 E 2000: o banco de nomes da Califórnia foi criado em 1961, mas a diferença ano a ano é insignificante.

191 SHIRLEY TEMPLE É UM SINTOMA, NÃO UMA CAUSA: vide *A Matter of Taste: How Names, Fashions, and Culture Change*, de Stanley Lieberson (New Haven, Conn.: Yale University Press, 2000). Sociólogo de Harvard, Lieberson é o renomado mestre do estudo acadêmico dos nomes (entre outros). *A Matter of Taste*, por exemplo, conta em detalhes como, a partir de 1960, são as famílias judias americanas que primeiro introduzem muitos nomes femininos (Amy, Danielle, Erica, Jennifer, Jessica, Melissa, Rachel, Rebecca, Sarah, Stacy, Stephanie, Tracy), enquanto apenas um punhado deles (Ashley, Kelly e Kimberly) surgiu em famílias não-judias. Outra boa abordagem de como são escolhidos os nomes pode ser encontrada em "Where Have All the Lisas Gone?", de Peggy Orenstein, *The New York Times Magazine*, 6 de julho de 2003. Vale a pena, ainda que apenas por curiosidade, ver *The Sweetest Sound* (2001), o documentário de Alan Berliner sobre nomes.

191 NOMES DE MENINOS SE TORNAM NOMES DE MENINAS (MAS NÃO O CONTRÁRIO): tal observação foi retirada do trabalho de Cleveland Kent Evans, psicólogo e onomatólogo na Universidade Bellevue em Bellevue, Nebrasca. Uma amostra do trabalho de Evans pode ser vista em academic.bellevue.edu/-CKEvans/cevans.html. Vide, ainda, *Unusual & Most Popular Baby Names*, de Cleveland Kent Evans (Lincolnwood, Illinois: Publications International/Signet, 1994) e *The Ultimate Baby Name Book*, de Cleveland Kent Evans (Lincolnwood, Illinois: Publications International/Plume, 1997).

EPÍLOGO: DOIS CAMINHOS PARA HARVARD

196 O MENINO BRANCO QUE CRESCEU NOS ARREDORES DE CHICAGO: este trecho, bem como o anterior sobre o mesmo menino (p. 146), foi tirado de entrevistas do autor e de "Truth Versus Lies", manuscrito não-publicado de Ted Kaczynski, 1998. Vide, ainda, "I Don't Want to Live Long. I Would Rather Get the Death Penalty than Spend the Rest of My Life in Prison", de Stephen J. Dubner, *Time*, 18 de outubro de 1999.

196 O MENINO NEGRO DE DAYTONA BEACH: este trecho, bem como o anterior sobre o mesmo menino (p. 146-147) foi tirado de entrevistas do autor com Roland G. Fryer Jr.

AGRADECIMENTOS

Gostaríamos de agradecer a duas pessoas que contribuíram para a elaboração deste livro: Claire Wachtel, da William Morrow, e Suzanne Gluck, da William Morris. Este é o terceiro livro escrito por Stephen Dubner sob os auspícios das duas, que continuam a lhe inspirar gratidão e, algumas vezes, pasmo. Para Steven Levitt, este livro é o primeiro nessas circunstâncias, e ele se declara devidamente impressionado. Agradecemos muito aos colegas talentosos e que nos deram apoio, tanto na William Morrow quanto na William Morris: Jane Friedman, Michael Morrison, Cathy Hemming, Lisa Gallagher, Debbie Stier, Dee Dee De Bartlo, George Bick, Brian McSharry, Jennifer Pooley, Kevin Callahan, Trent Duffy e vários outros na William Morrow; Tracy Fisher, Raffaella DeAngelis Karen Gerwin, Erin Malone, Candace Finn, Andi McNicol, e vários outros na William Morris. Também queremos agradecer a muitos personagens deste livro (principalmente a Stetson Kennedy, Paul Feldman, Sudhir Venkatesh, Arne Duncan e Roland Fryer) pelo tempo e atenção que nos dedicaram. Igualmente somos gratos aos amigos e colegas que ajudaram a aperfeiçoar o manuscrito, incluídos aí Melanie Thernstrom, Lisa Chase e Colin Camerer, sem esquecer Linda Jines, que concebeu o título: bom trabalho.

AGRADECIMENTOS PESSOAIS

Devo muito aos meus vários co-autores e colegas, cujas fantásticas idéias recheiam este livro, e a todos os indivíduos generosos que me ensinaram tudo o que sei sobre economia e sobre a vida. Sou particularmente grato à Universidade de Chicago, que me fornece o campo ideal de pesquisa em sua Initiative on Chicago Price Theory, e a American Bar Foundation pelo apoio e acolhida como membro. Minha mulher, Jeannette, e nossos filhos, Amanda, Olivia, Nicholas e Sophie fazem de cada dia uma alegria, embora sintamos imensa falta de Andrew. Agradeço a meus pais, que me mostraram que não há mal em ser diferente. Acima de tudo, quero agradecer ao meu amigo e co-autor Stephen Dubner, que é um autor brilhante e um gênio criativo.

– S.D.L.

Todos os livros que escrevi deram frutos ou, no mínimo, chegaram às páginas da *The New York Times Magazine*. Este não é exceção. Por esse motivo agradeço a Hugo Lindgren, Adam Moss e Gerry Marzorati. Agradeço, igualmente, a Vera Titunik e a Paul Tough por convidarem o Homem das Broas para aparecer na *The New York Times*. Sou imensamente grato a Steven Levitt, que é tão sábio e inteligente, e até mesmo gentil, a ponto de me deixar arrependido – isto é, quase arrependido – por não ser um economista. Agora sei por que a metade desses profissionais sonha em ter um escritório ao lado do de Levitt. Finalmente, como sempre, minha gratidão e amor vão para Ellen, Solomon e Anya. A gente se vê no jantar.

– S.J.D.

ÍNDICE

Este livro foi impresso nas oficinas gráficas da Editora Vozes Ltda.,
Rua Frei Luís, 100 – Petrópolis, RJ.